KB261999

빈도별
토픽

한 권으로 끝내는
빈도별 토픽

초판 1쇄 발행 2013년 8월 30일
초판 3쇄 발행 2025년 2월 15일

지 은 이   조윤경·양희진·김서윤·전하나

펴 낸 이   박찬익
펴 낸 곳   도서출판 박이정
주   소   경기도 하남시 조정대로45 미사센텀비즈 8층 F827호
전   화   031)792-1195
팩   스   02)928-4683
홈페이지   www.pijbook.com
이 메 일   pijbook@naver.com
등   록   1991년 3월 12일 제1-1182호

ISBN 978-89-6292-432-9(13710)
*책 값은 뒤표지에 있습니다.

한 권으로 끝내는

빈도별 토픽

TOPIK

조윤경 | 양희진 | 김서윤 | 전하나

도서출판 박이정

『빈도별 토픽 한국어 문법 고급』은 고급토픽을 준비하는 외국인 학습자를 위한 책입니다. 이 책은 다른 한국어 문법서와는 달리 빈도별로 문법을 구성하였습니다. 그러므로 첫 페이지부터 차근차근 공부해 간다면 빈도가 높은 문법을 공부하게 되는 것입니다.

많은 학습자들이 토픽을 공부할 때 여러 가지 어려움을 호소하고 있습니다. 특히 토픽에 자주 출제되는 문법이 어떤 것인지 그리고 토픽에서 접해 본 많은 문법들 중에서 어떤 것이 중요한 것인지를 잘 모르는 경우가 많습니다.

이러한 문제로 어려움을 겪고 있는 학습자들에게 이 책은 토픽공부를 위해 알아야 할 빈도별 문법항목을 잘 알려줄 것입니다.

이 책에 대해서 좀 더 자세하게 말하자면

1) 이 책은 문법을 선정할 때 빈도별로 선정하고 배치하였습니다.
2) 문법 항목을 연습할 수 있는 연습문제도 충분히 배치하였습니다.
3) 문법 항목을 연습한 후에 토픽 실전문제를 충분히 풀 수 있도록 하였습니다.

끝으로 이 책이 나오기까지 많은 도움을 주신 선생님들과 학생들에게 감사드립니다. 그리고 저희 집필자의 의도를 잘 이해하고 아낌없는 지원을 해 주신 출판사 분들께도 감사의 말씀을 드립니다.

2013. 7. 집필자 일동

(1) 문법 항목

각 장마다 고급 TOPIK에 나오는 문법을 빈도순으로 제시하였다.

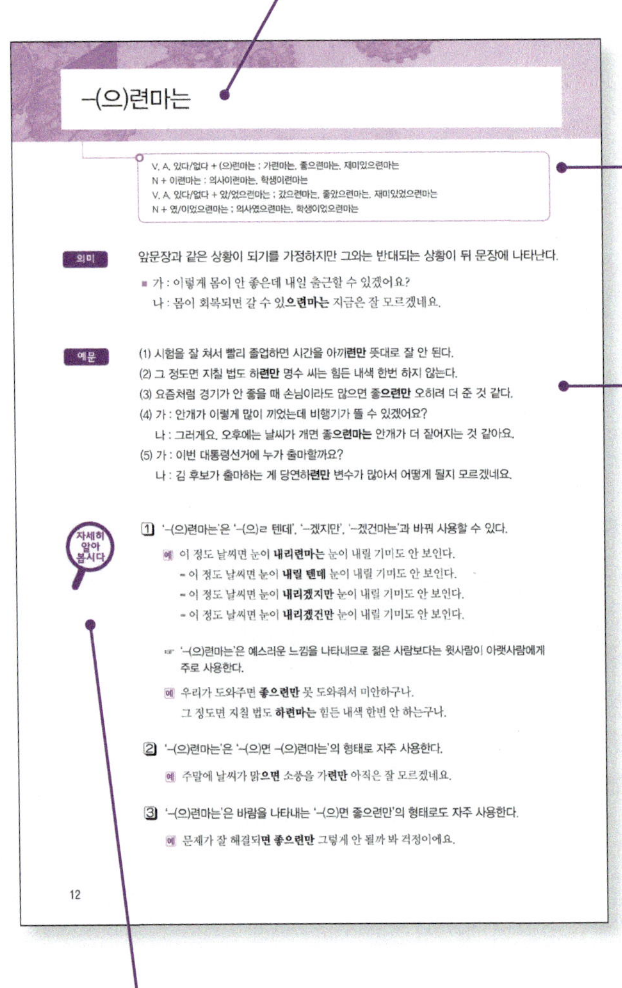

(2) 문법 형태

문법 항목에 따라 다양한 형태로 활용되는 예를 제시하여 학습자들의 이해를 높였다.

(3) 의미 설명 및 예문

문법 항목에 대한 의미 설명과 함께 문법의 의미를 잘 이해할 수 있도록 대표 예문을 제시하였다. 문법의 의미가 두 개일 경우 ①, ②로 나누어 각각의 의미와 예문을 제시하였다.

또한, 대표 예문을 제외한 다섯 개의 예문을 제시하여 학습자들이 예문을 통해 문맥상에서 문법의 의미를 확실하게 이해할 수 있도록 하였다.

(3) 자세히 알아봅시다!

'자세히 알아봅시다'에서는 각 문법 항목에 대한 상세한 설명과 문법의 제약이나 유사 문법을 비교, 대조하였다. 다양한 경우에 맞추어 부연가 설명과 그에 맞는 예문을 실어 학습자가 쉽게 이해할 수 있도록 하였다.

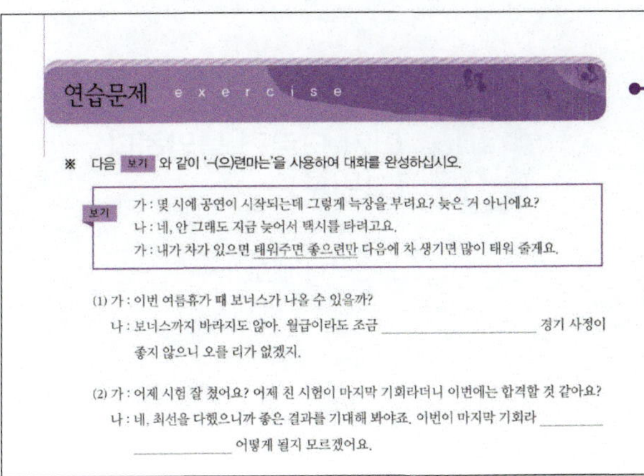

(5) 연습문제

각 항목에 대한 문법의 의미와 구조를 맥락과 상황으로 이루어진 다양한 텍스트를 통해 학습자들이 쉽게 이해할 수 있도록 하였다.

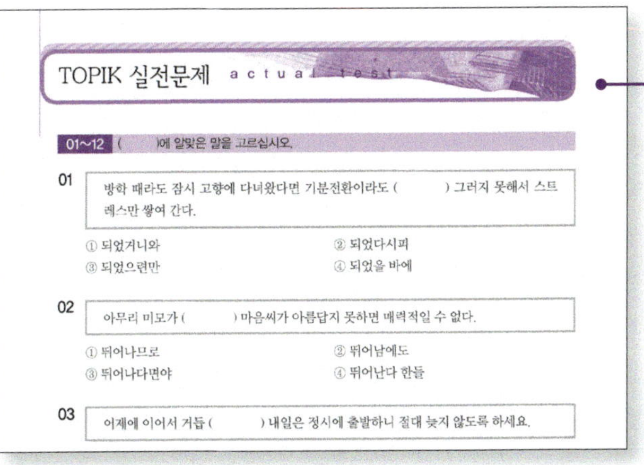

(6) TOPIK 실전문제

'TOPIK 실전문제'에서는 학습자들이 TOPIK 시험에 대비할 수 있도록 실제 각 문법 항목들을 TOPIK에서 출제되는 문제를 제시하였다. '빈도별 토픽 문법 고급'에서는 '빈 칸 채우기', '비슷한 문법 찾기', '짧은 글읽고 대답 찾기'가 수록되어 있다.

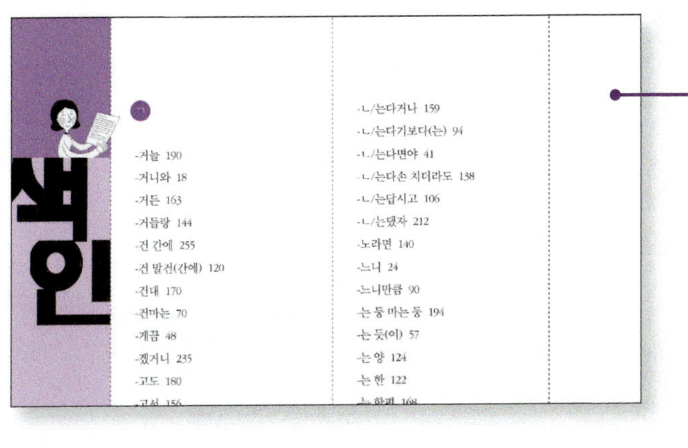

(7) 색인

'빈도별 토픽 문법 고급'에 나타 문법의 형태를 '가나다'순으로 정리, 그 문법이 실린 쪽수와 함께 제시하였다.

차례

PART 1 이거 모르면 **떨어진다.** (최다빈도)

-(으)ㄹ마는 | 12
-ㄴ/는다 한들 | 15
-거니와 | 18
-(으)ㄹ 바에 | 21
-느니 | 24
-(으)ㄹ뿐더러 | 26
-기로서니 | 28
-(으)ㄹ라치면 | 31
-(으)ㅁ에도 불구하고 | 33
-던 차에 | 35
-고서야 | 37
-다시피 하다 | 39
-ㄴ/는다면야 | 41
TOPIK 실전문제 | 43

-게끔 | 48
-(으)면 몰라도 | 50
-(으)ㄴ/는 것일지라도 | 54
-는 듯(이) | 57
-(으)ㄹ지언정 | 60
-다(가) 보니 | 62
-(으)ㄹ망정 | 64
-은/는 고사하고 | 67
-건마는 | 70
-다 못해 | 72
-은/는커녕 | 74
TOPIK 실전문제 | 77

PART 2 이거 모르면 **불안하다.** (고빈도)

-(으)려니 해도 | 84
-(으)ㄴ/는 이상 | 86
-(으)ㄹ 세라 | 88
-느니만큼 | 90
-(으)ㄹ진대 | 92
-ㄴ/는다기보다(는) | 94
-(으)ㄹ 법하다 | 96
-(으)ㄹ 리가 만무하다 | 98
-(으)ㅁ으로써 | 100
-기에 망정이지 | 102
-(으)ㄴ 나머지 | 104
-ㄴ/는답시고 | 106
-기에 | 108
-기 나름이다 | 111
TOPIK 실전문제 | 113

-(으)ㄴ/는가 하면 | 118
-건 말건(간에) | 120
-는 한 | 122
-는 양 | 124
-(으)ㅁ으로 말미암아 | 126
-(으)ㄹ 대로 | 128
-자니 | 130
-(으)ㄹ 턱이 없다 | 132
-기 십상이다 | 134
-(으)ㄹ까 싶어(서) | 136
-ㄴ/는다손 치더라도 | 138
-노라면 | 140
-(으)리만치 | 142
-거들랑 | 144

-(으)ㄴ/는 탓에 | 146
-(으)ㄴ/는/(으)ㄹ 판이다 | 148
TOPIK 실전문제 | 150

-고서 | 156
-ㄴ/는다거나 | 159
-아/어 봤자 | 161
-거든 | 163
-(으)ㄴ/는 셈치다 | 166
-는 한편 | 168
-건대 | 170
-(으)ㄴ즉 | 173
-(으)ㄴ/는 바 | 176
-기(가) 일쑤이다 | 178
-고도 | 180
TOPIK 실전문제 | 183

-ㄴ/는댔자 | 212
-(으)리라 | 215
-아/어서인지 | 218
-(으)ㄹ지니 | 220
-(으)ㄴ/는 까닭에 | 222
-(으)로 하여금 | 224
-자면 | 226
-(으)로 미루어 | 229
-을/를 비롯해(서) | 231
-되 | 233
-겠거니 | 235
-(으)ㅁ 직하다 | 237
-기(가) 그지없다 | 240
-기(가) 이를 데 없다 | 242
TOPIK 실전문제 | 244

-기(가) 무섭게 | 249
-(으)ㄴ/는 가운데 | 251
-을/를 막론하고 | 253
-건 간에 | 255
-(으)ㄹ 겨를이 없다 | 258
-(으)ㄹ 여지가 없다 | 260
-(으)려고 들다 | 262
-에 비추어 | 265
-(으)ㄴ/는 터에 | 267
-(으)ㄹ 나위(가) 없다 | 270
-기(가) 짝이 없다 | 272
TOPIK 실전문제 | 274

PART 3 이것도 알면 **고득점** (저빈도)

-거늘 | 190
-(으)ㄴ/는 마당에 | 192
-는 둥 마는 둥 | 194
-을/를 무릅쓰고 | 196
-은/는 차치하고(차치하더라도) | 198
-고자 | 200
-(으)ㄹ 따름이다 | 202
-(으)ㄹ 성싶다 | 204
-(으)면 그만이다 | 206
TOPIK 실전문제 | 208

연습문제 정답 | 280
실전문제 정답 | 291
색인 | 292

PART

1

이거 모르면 **떨어진다.**
(최다빈도)

–(으)련마는

의미

앞문장과 같은 상황이 되기를 가정하지만 그와는 반대되는 상황이 뒤 문장에 나타난다.

- 가 : 이렇게 몸이 안 좋은데 내일 출근할 수 있겠어요?
  나 : 몸이 회복되면 갈 수 있**으련마는** 지금은 잘 모르겠네요.

예문

(1) 시험을 잘 쳐서 빨리 졸업하면 시간을 아끼**련만** 뜻대로 잘 안 된다.

(2) 그 정도면 지칠 법도 하**련만** 명수 씨는 힘든 내색 한번 하지 않는다.

(3) 요즘처럼 경기가 안 좋을 때 손님이라도 많으면 **좋으련만** 오히려 더 준 것 같다.

(4) 가 : 안개가 이렇게 많이 끼었는데 비행기가 뜰 수 있겠어요?
  나 : 그러게요. 오후에는 날씨가 개면 **좋으련마는** 안개가 더 짙어지는 것 같아요.

(5) 가 : 이번 대통령선거에 누가 출마할까요?
  나 : 김 후보가 출마하는 게 당연하**련만** 변수가 많아서 어떻게 될지 모르겠네요.

1 '–(으)련마는'은 '–(으)ㄹ 텐데', '–겠지만', '–겠건마는'과 바꿔 사용할 수 있다.

  예 이 정도 날씨면 눈이 **내리련마는** 눈이 내릴 기미도 안 보인다.
    = 이 정도 날씨면 눈이 **내릴 텐데** 눈이 내릴 기미도 안 보인다.
    = 이 정도 날씨면 눈이 **내리겠지만** 눈이 내릴 기미도 안 보인다.
    = 이 정도 날씨면 눈이 **내리겠건만** 눈이 내릴 기미도 안 보인다.

  ☞ '–(으)련마는'은 예스러운 느낌을 나타내므로 젊은 사람보다는 윗사람이 아랫사람에게
    주로 사용한다.

  예 우리가 도와주면 **좋으련만** 못 도와줘서 미안하구나.
    그 정도면 지칠 법도 **하련마는** 힘든 내색 한번 안 하는구나.

2 '–(으)련마는'은 '–(으)면 –(으)련마는'의 형태로 자주 사용한다.

  예 주말에 날씨가 맑**으면** 소풍을 가**련만** 아직은 잘 모르겠네요.

3 '–(으)련마는'은 바람을 나타내는 '–(으)면 좋으련만'의 형태로도 자주 사용한다.

  예 문제가 잘 해결되**면 좋으련만** 그렇게 안 될까 봐 걱정이에요.

④ '-(으)련마는'은 '어찌/어디~(으)랴마는 (= -겠냐마는)'의 형태로 사용하여 강한 긍정을 나타낸다.

예 우등생인 네가 **어찌** 시험에 **떨어지랴마는** 실수할 수 있으니 조심하도록 해라.
흡연이 건강에 이롭다고 생각하는 사람이 **어디 있겠냐마는** 금연을 하는 것은 쉽지 않다.

연습문제 e x e r c i s e

※ 다음 보기 와 같이 '–(으)련마는'을 사용하여 대화를 완성하십시오.

> 보기
>
> 가 : 몇 시에 공연이 시작되는데 그렇게 늑장을 부려요? 늦은 거 아니에요?
> 나 : 네, 안 그래도 지금 늦어서 택시를 타려고요.
> 가 : 내가 차가 있으면 <u>태워주면 좋으련만</u> 다음에 차 생기면 많이 태워 줄게요.

(1) 가 : 이번 여름휴가 때 보너스가 나올 수 있을까?

　　나 : 보너스까지 바라지도 않아. 월급이라도 조금 ＿＿＿＿＿＿＿＿＿＿ 경기 사정이
　　　　좋지 않으니 오를 리가 없겠지.

(2) 가 : 어제 시험 잘 쳤어요? 어제 친 시험이 마지막 기회라더니 이번에는 합격할 것 같아요?

　　나 : 네, 최선을 다했으니까 좋은 결과를 기대해 봐야죠. 이번이 마지막 기회라 ＿＿＿＿＿
　　　　＿＿＿＿＿＿ 어떻게 될지 모르겠어요.

(3) 가 : 자야 씨가 향수병에 걸려서 많이 힘들어하는데 어떡하면 좋을까요?

　　나 : 방학이면 고향에 잠깐 ＿＿＿＿＿＿＿＿＿＿ 지금은 방학도 아니고, 얼마 후면 또
　　　　시험이라서 어떻게 할 도리가 없네요. 나중에 밥이라도 같이 먹을까요?

(4) 가 : 철수 씨, 가방을 잃어버렸다면서요? 분실물 센터에 문의해 봤어요?

　　나 : 벌써 연락해서 비슷한 가방이 접수되면 연락 달라고 했어요. 지갑 안에 외국인등록증
　　　　이랑 서류가 들어있는데 그것만이라도 ＿＿＿＿＿＿＿＿＿＿ 걱정이네요.

(5) 가 : 직업을 구할 때 어떤 점을 우선으로 두어야 할까요? 많은 전문가들은 먼저 각자의 인성과
　　　　적성을 고려해야 한다고 말합니다.

　　나 : 네, 직업을 구할 때 인성과 적성을 고려해야 한다는 걸 모르는 사람이 어찌＿＿＿＿＿
　　　　＿＿＿＿＿＿ 현실에서는 직장 구하기가 급급해 그런 점을 지나치기 쉽다는 것이
　　　　문제입니다.

ㅡㄴ/는다 한들

> V + ㄴ/는다 한들 ; 간다 한들, 먹는다 한들
> A, 있다/없다 + 다 한들 ; 예쁘다 한들, 아름답다 한들
> N + (이)라고 한들 ; 가수라고 한들, 학생이라고 한들
> V, A, 있다/없다 + 았/었다 한들 ; 갔다 한들, 예뻤다 한들
> N + 였/이었다 한들 ; 가수였다 한들, 학생이었다 한들

의미

앞 문장에서 가정한 상황이 뒤 문장의 상황에 영향을 주지 않거나 그 결과가 기대한 것과 다르게 나타날 때 사용한다.

■ 가 : 미의 기준이 마음이 아니라 외모로 점점 바뀌고 있다니 정말 안타까울 따름이에요.

　나 : 그렇죠? 미모가 뛰어나**다 한들** 마음씨가 아름다운 것만 못한데 말이죠.

예문

(1) 아무리 똑똑한 학생**이라 한들** 이렇게 어려운 문제는 풀 수 없을 것이다.

(2) 부지런히 돈을 모**은다 한들** 과연 10년 안에 내 집을 장만할 수 있을까?

(3) 대통령 후보가 좋은 공약을 내세**운다 한들** 실천할 수 없다면 무용지물이 되겠죠?

(4) 가 : 정부가 올 초부터 새로 바뀐 세금인하 정책을 시행한다고 해요.

　　나 : 그래요? 하지만 시행**한다 한들** 세금 감면 효과는 작년과는 크게 달라질 리가 없을 것 같은데요.

(5) 가 : 상대방의 말을 경청하는 자세야말로 현대 사회에 필요한 덕목이 아닐까요?

　　나 : 그럼요. 아무리 말을 조리있게 **한다 한들** 상대방에 대한 배려가 없다면 진정으로 말을 잘 하는 사람이라 할 수 없겠죠.

1 'ㅡㄴ/는다 한들'은 'ㅡ아/어도', 'ㅡㄴ/는다 하더라도(해도)', 'ㅡㄴ/는다 할지라도', 'ㅡㄴ/는다손 치더라도'와 바꿔 사용할 수 있다.

　예 부지런히 돈을 **모은다 한들** 과연 10년 안에 내 집을 장만할 수 있을까?

　　= 부지런히 돈을 **모아도** 과연 10년 안에 내 집을 장만할 수 있을까?

　　= 부지런히 돈을 **모은다 하더라도(해도)** 과연 10년 안에 내 집을 장만할 수 있을까?

　　= 부지런히 돈을 **모은다 할지라도** 과연 10년 안에 내 집을 장만할 수 있을까?

　　= 부지런히 돈을 **모은다손 치더라도** 과연 10년 안에 내 집을 장만할 수 있을까?

　☞ 다음과 같이 제시의 순서대로 앞 문장에서 가정한 일의 실현 가능성이 낮아지는 경향이 있다.

'ㅡㄴ/는다손 치더라도'	'ㅡㄴ/는다 한들'	'ㅡㄴ/는다 할지라도'	'ㅡㄴ/는다 하더라도(해도)'	'ㅡ아/어도'

실현 가능성 낮음　　　　　　　　　　　　　　　　　　　실현 가능성 높음

2️⃣ '-ㄴ/는다 한들'은 의미를 강조하기 위해 문장의 앞에 '아무리', '비록', '설령', '설사'와 같이 사용하며, 의문문의 형태를 사용하기도 한다.

예 **아무리** 똑똑한 학생이라 한들 이렇게 어려운 문제는 풀 수 없을 것이다.
　　대통령 후보가 좋은 공약을 내세운다 한들 실천할 수 없다면 무용지물이 **되겠죠?**

※ 다음 보기 와 같이 '-ㄴ/는다 한들'을 사용하여 대화를 완성하십시오.

> 보기
>
> 가 : 지희 씨, 내일 밤에는 해운대에 한번 가 볼래요?
>   밤바다의 야경이 그렇게 아름다울 수가 없대요.
> 나 : 내일 밤이요? 내일부터 한파가 시작된다고 하는데 <u>야경이 아무리 멋지다 한들</u>
>   감기에 걸리면 어떡하려고 그래요?

(1) 가 : 며칠째 잠을 자고 일어나도 상쾌하지 않고 오히려 더 피곤한 것 같아요. 마사지라도 받아 봐야겠어요.

    나 : 피곤한 게 당연하죠. 매일 야근에 시달리는데 ___________________ 피곤이 풀리겠어요?

(2) 가 : 그 회사는 올해도 월급이 인상되지 않아서 직원들의 불만이 계속 커지고 있나 봐요.

    나 : 월급이 문제가 아니에요. 직원들이 요구하는 실질적인 문제가 해결되지 않는 이상 ___________________ 양측의 대립은 계속될 거예요.

(3) 가 : 어제 뉴스를 봤는데 최근 경기불황으로 인해 절반 이상의 기업들이 신입사원 채용 규모를 축소 한대. 취업이 갈수록 힘들어지는 것 같아.

    나 : 그러게 말이야. 우리가 아무리 취업을 위해 ___________________ 일자리가 없다면 무슨 소용이 있겠어?

(4) 가 : 제시카 씨, 지난 토요일에 서울 잠실 운동장에서 가수 '샤이' 씨가 외국인 유학생을 위한 콘서트를 열었는데 외국인 등록증이나 학생증만 있어도 무료입장이 가능했대요.

    나 : 정말요? '샤이' 씨의 콘서트라면 볼거리도 많고 재미있었겠죠? 정말 좋은 기회를 놓쳐 버린 것 같네요.

    가 : 그렇죠, 만약 기회가 돼서 콘서트에 ___________________ 그때는 시험 기간이라 마음이 불편했을 것 같아요.

(5) 가 : 명수 씨, 정부에서 올해 초부터 반값 등록금 제도를 시행하는데 소득에 따라 등록금을 감면해 준대요.

    나 : 네, 저도 들었어요. 하지만 반값 등록금에 필요한 재정 중에서 상당부분은 국민들의 세금에서 충당한대요.

    가 : 그래요? 그럼 ___________________ 국민들이 마냥 좋아하지는 않겠어요.

–거니와

의미

① 앞 문장의 내용을 인정하면서 뒤 문장의 상황이 더 있음을 덧붙여 나타낸다.

- 가 : 최근에 나온 뮤지컬 영화 봤어요? 그 영화가 그렇게 볼 만하대요.
  나 : 네, 어제 봤는데 내용도 내용**이거니와** 주인공의 연기력이 대단했어요.

② 뒤 문장과 관련 있는 내용을 다시 말함을 나타낸다.

- 가 : 선생님, 내일 몇 시까지 학교에 오면 돼요?
  나 : 다시 한 번 말하**거니와** 내일만큼은 절대 늦어서는 안 돼요.

예문

(1) 해운대는 경치는 물론**이거니와** 즐길 거리가 가득한 곳이다.

(2) 김치는 맛도 좋**거니와** 건강에도 좋아서 세계인의 사랑을 받고 있다.

(3) 재차 이야기하**거니와** 두 번 다시는 이런 행동을 하지 마라!

(4) 가 : 요즘 경기가 안 좋아서 그런지 복권을 사려는 사람이 많대. 우리도 사 볼까?
   나 : 복권을 살 돈도 없**거니와** 그런 곳에는 돈을 쓰고 싶지 않아.

(5) 가 : 명수 씨, 여기 있던 내 전화기 못 봤어요? 조금 전까지 분명 여기에 있었는데...
   나 : 저는 지금 막 도착했**거니와** 내가 왔을 땐 아무 것도 없었어요.

1. '–거니와'는 ①의 의미일 때 '–(으)ㄹ뿐더러', '–(으)ㄴ/는데다가', '–(으)ㄹ 뿐만 아니라', '–(으)ㄴ/는 것은 물론이고'와 바꿔 사용할 수 있다.

   예 담배는 자신에게 **해롭거니와** 다른 사람에게도 해롭다.

      = 담배는 자신에게 **해로울뿐더러** 다른 사람에게도 해롭다.

      = 담배는 자신에게 **해로운데다가** 다른 사람에게도 해롭다.

      = 담배는 자신에게 **해로울 뿐만 아니라** 다른 사람에게도 해롭다.

      = 담배는 자신에게 **해로운 것은 물론이고** 다른 사람에게도 해롭다.

2. '–거니와'는 ①의 의미일 때 앞 문장이 긍정이면 뒤 문장도 긍정, 앞 문장이 부정이면 뒤 문장도 부정이 되어야 한다.

   예 이 집은 가격도 **좋거니와** 주변 환경도 **쾌적하다**. (○)

      이 집은 가격도 **좋거니와** 주변 환경도 **쾌적하지 않다**. (×)

③ '-거니와'는 ①의 의미일 때 명령·청유문과 함께 쓰일 수 없으며, 보통 문어적인 표현으로 많이 사용한다.

> 예 오늘은 날씨가 춥거니와 바람까지 심하게 **부세요**. (×)
> 담배는 자신에게도 해롭거니와 주변 사람에게도 해롭게 **하지 마세요**. (×)

④ '-거니와'는 ①의 의미일 때 그 의미를 강조하기 위해 '-기도 -거니와', '-도 -(이)거니와'의 형태로 사용한다.

> 예 날씨가 **춥기도 춥거니와** 바람까지 불어서 더 춥게 느껴진다.
> 요즘은 **능력도 능력이거니와** 사회성까지 좋아야 면접에서 유리하다.

⑤ '-거니와'는 ②의 의미일 때 문장의 앞에 '다시 말하다/설명하다, 거듭/재차 덧붙이다'와 함께 사용한다.

> 예 **다시 말하거니와** 내일 있을 행사 준비에 최선을 다해 주시기 바랍니다.
> = **거듭 덧붙이거니와** 내일 있을 행사 준비에 최선을 다해 주시기 바랍니다.

☞ '-거니와'는 큰 의미 차이 없이 '-는데'와 바꿔 사용할 수 있다.

> 예 **거듭 말하거니와** 내일만큼은 절대 늦어서는 안 돼요.
> = **거듭 말하는데** 내일만큼은 절대 늦어서는 안 돼요.

※ 다음 보기 와 같이 '–거니와'를 사용하여 대화를 완성하십시오.

> 보기
>
> 가 : 여러분, 한국에 살면서 어떤 점 때문에 힘들었는지 좀 말씀해 주시겠어요?
>
> 나 : 저는 맵고 짠 한국 음식 때문에 힘들었어요. 저희 고향 음식이랑 달라서 자주 배탈이 나곤 했어요.
>
> 다 : 저는 음식도 음식이거니와 고향이 그리워서 혼났어요. 향수병에 걸려서 헤어 나오기 힘들었죠.

(1) 가 : 하나 씨는 어쩜 저렇게 친구가 많을까요? 성격이 밝아서 그런가요?

　　나 : 네, ＿＿＿＿＿＿＿＿＿＿＿＿ 남을 배려할 줄 아는 따뜻한 마음씨 때문인 것 같아요. 그런 점 때문에 주변에 사람이 많은 것 같아요.

(2) 가 : 조금 있으면 설날인데, 설날 하면 뭐가 떠오르세요? 저는 한복을 입은 모습이 생각나는데요.

　　나 : 설날하면 한복은＿＿＿＿＿＿＿＿＿＿＿ 따뜻한 고향, 정성이 담긴 떡국 등이 떠오르네요. 저도 빨리 고향에 돌아가고 싶어요.

(3) 가 : 출퇴근 시 대중교통을 자주 이용하신다고 들었는데 어떤 점에서 대중교통이 효과적인지 말씀 좀 부탁드립니다.

　　나 : 우선 대중교통을 이용하면 교통비를 절약할 수 있어서 좋습니다. 또 무엇보다 교통비도 ＿＿＿＿＿＿＿＿＿＿＿ 출퇴근 시간을 나만의 시간으로 활용할 수 있어서 좋다고 봅니다.

(4) 가 : 요즘 김장철을 맞아 김장 택배가 늘어나면서 김치로 인한 사고가 많이 발생한다고 해요. 특히 약한 종이 박스가 무게를 이기지 못해 찢어지는 사고가 많다고 해요.

　　나 : 맞아요. 김장 택배는 무게도＿＿＿＿＿＿＿＿＿＿＿ 특히 기온이 오르면 부풀어 오르는 김치의 특성 때문에 쉽게 터지기도 한다는군요.

(5) 가 : 요즘 스마트 폰을 이용한 인터넷 사용이 활발해졌지요? 하지만 wi-fi 서비스가 제공되는 공간에서만 무료로 이용할 수 있어 경제적인 부분에서는 그다지 실용적이지는 않은데요.

　　나 : 맞습니다. wi-fi 서비스 외 지역에서는 요금도＿＿＿＿＿＿＿＿＿＿＿ 속도 또한 느려서 여러모로 불편한 것이 사실입니다.

–(으)ㄹ 바에

의미   앞 문장의 일이 화자의 기대에 못 미쳐서 어쩔 수 없이 뒤 문장을 선택함을 나타낸다.

■ 가 : 저희 가족은 주말인데도 아무 계획 없이 하루 종일 집에만 있어요.

　 나 : 하루 종일 집에만 있**을 바에** 차라리 밖으로 좀 나가는 게 어때요?

예문   (1) 사랑하지도 않는 사람과 결혼**할 바에** 차라리 혼자 살겠어요.

(2) 도와주면서 그렇게 불평을 **할 바에** 아예 안 하는 게 나아요.

(3) 그 가격에 그곳으로 여행을 **갈 바에** 차라리 국내로 가는 게 낫겠어요.

(4) 가 : 명수 씨, 아무래도 내가 교수님께 말실수를 한 것 같아요. 어떡하죠?

　 나 : 이렇게 걱정**할 바에** 아예 교수님을 찾아가서 사과하는 게 나을 것 같은데요.

(5) 가 : 자야 씨, 빨리 서둘러요. 지금 출발해도 다음 버스를 못 탄단 말이에요.

　 나 : 어차피 다음 버스를 놓**칠 바에** 서두르지 말고 천천히 갑시다.

1　'–(으)ㄹ 바에'는 '–느니', '–는 것 보다는'과 바꿔 사용할 수 있다.

예　얼굴도 모르는 남자와 **결혼할 바에** 혼자 사는 게 낫겠어요.

　 ＝ 얼굴도 모르는 남자와 **결혼하느니** 혼자 사는 게 낫겠어요.

　 ＝ 얼굴도 모르는 남자와 **결혼하는 것 보다는** 혼자 사는 게 낫겠어요.

☞　'–(으)ㄹ 바에'는 '최선의 선택은 아니지만 어쩔 수 없다'는 뜻을 나타낸다.

예　맛없는 음식을 억지로 **먹을 바에** 차라리 굶는 게 낫겠어요.

　 출퇴근하느라 시간을 **버릴 바에** 차라리 회사 근처로 이사하겠어요.

☞　'–(으)ㄹ 바에'는 '–(으)ㄹ 바에야', '–(으)ㄹ 바에는'으로 쓰여 그 의미를 강조한다.

예　맛없는 음식을 억지로 **먹을 바에야** 차라리 굶겠어요.

　 ＝ 맛없는 음식을 억지로 **먹을 바에는** 차라리 굶겠어요.

2　'–(으)ㄹ 바에'는 그 의미를 강조하기 위해 뒤 문장에 '차라리, 오히려' 등과 같이 사용한다.

예　안 하고서 후회할 바에야 **차라리** 과감하게 시작하겠다.

　 중고차를 살 바에야 **오히려** 돈을 더 들여 새 차를 사겠다.

☞ '-(으)ㄹ 바에'는 문장의 앞에 '기왕에, 이왕에, 어차피' 등과 같이 사용하여 '그러한 경우에는' 이라는 뜻을 나타내기도 한다.

예 **기왕에** 공부를 할 바에야 즐기면서 하는 게 어떨까?

이왕에 지각할 바에야 차라리 아침이나 먹고 가야겠다.

어차피 제 시간에 도착하지 못할 바에야 아예 출발하지 말자.

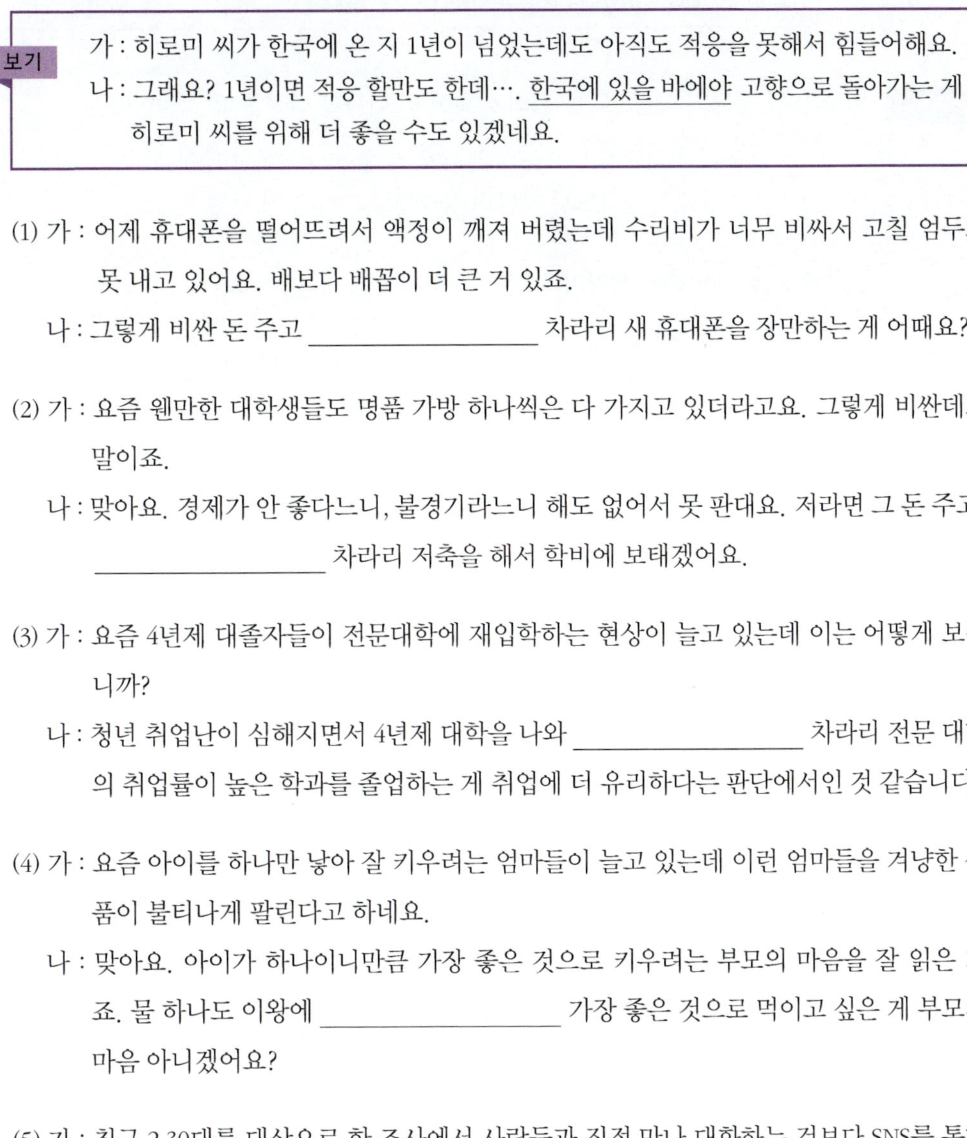

※ 다음 보기 와 같이 '-(으)ㄹ 바에'를 사용하여 대화를 완성하십시오.

> 보기
>
> 가 : 히로미 씨가 한국에 온 지 1년이 넘었는데도 아직도 적응을 못해서 힘들어해요.
> 나 : 그래요? 1년이면 적응 할만도 한데…. 한국에 있을 바에야 고향으로 돌아가는 게
>   히로미 씨를 위해 더 좋을 수도 있겠네요.

(1) 가 : 어제 휴대폰을 떨어뜨려서 액정이 깨져 버렸는데 수리비가 너무 비싸서 고칠 엄두도
    못 내고 있어요. 배보다 배꼽이 더 큰 거 있죠.

  나 : 그렇게 비싼 돈 주고 ________________ 차라리 새 휴대폰을 장만하는 게 어때요?

(2) 가 : 요즘 웬만한 대학생들도 명품 가방 하나씩은 다 가지고 있더라고요. 그렇게 비싼데도
    말이죠.

  나 : 맞아요. 경제가 안 좋다느니, 불경기라느니 해도 없어서 못 판대요. 저라면 그 돈 주고
    ________________ 차라리 저축을 해서 학비에 보태겠어요.

(3) 가 : 요즘 4년제 대졸자들이 전문대학에 재입학하는 현상이 늘고 있는데 이는 어떻게 보십
    니까?

  나 : 청년 취업난이 심해지면서 4년제 대학을 나와 ________________ 차라리 전문 대학
    의 취업률이 높은 학과를 졸업하는 게 취업에 더 유리하다는 판단에서인 것 같습니다.

(4) 가 : 요즘 아이를 하나만 낳아 잘 키우려는 엄마들이 늘고 있는데 이런 엄마들을 겨냥한 상
    품이 불티나게 팔린다고 하네요.

  나 : 맞아요. 아이가 하나이니만큼 가장 좋은 것으로 키우려는 부모의 마음을 잘 읽은 거
    죠. 물 하나도 이왕에 ________________ 가장 좋은 것으로 먹이고 싶은 게 부모의
    마음 아니겠어요?

(5) 가 : 최근 2,30대를 대상으로 한 조사에서 사람들과 직접 만나 대화하는 것보다 SNS를 통한
    대화를 선호하는 것으로 나타났는데요.

  나 : 네, 이러한 경향은 현대 사회의 경쟁 속에서 SNS가 서로를 숨긴 채 자유롭게 의사소통
    할 수 있는 수단이 되기 때문인데요. 굳이 스트레스를 받아가며 ________________
    차라리 SNS를 통해 자신을 숨기며 의사소통하는 것이 더 편하기 때문인 것으로 보입
    니다.

–느니

의미

① 앞 문장의 상황보다는 뒤의 상황이 더 나음을 나타낼 때 사용한다.

- 가 : 오늘 성적표가 나왔는데 결과가 안 좋아서 아빠한테 못 보여 드리겠어.

  나 : 그렇게 걱정하**느니** 차라리 사실대로 말하는 게 낫겠어.

② 서로 대비되는 생각이나 의견 등을 나열할 때 사용한다.

- 가 : 이 음식 너무 맛이 없네.

  나 : 시간이 없으니까 맛이 있**느니** 없**느니** 불평하지 말고 빨리 먹어.

예문

(1) 적성에 맞지 않는 일을 평생 하며 사**느니** 월급이 적어도 적성에 맞는 일을 찾겠다.

(2) 숙제를 다 하지 못해서 선생님께 혼이 나**느니** 차라리 학교를 가지 않겠다.

(3) 다른 사람들이 아무리 잘 **했느니** 못 **했느니** 해도 자신이 만족하면 된다.

(4) 가 : 다음 시합에는 도전하지 않을래요.

  나 : 실패가 무서워서 아무것도 안 하**느니** 실패하더라도 해 보는 것이 더 도움이 될 거야.

(5) 가 : 학교 문화체험 장소는 정해졌어요?

  나 : 산으로 가**느니** 바다로 가**느니** 의견이 분분합니다.

1 '–느니'가 ①의 의미일 때 뒤의 상황을 선택하는 것도 아주 만족하는 상황은 아니기 때문에 '차라리'나 '아예' 등과 자주 어울려 사용된다.

  예 집에서 이렇게 빈둥거리느니 **차라리** 청소라도 해야겠다.

  이런 형편없는 음식을 먹느니 **아예** 안 먹고 말겠다.

2 '–느니'가 ①의 의미일 때 '–을 바에'와 바꿔 사용할 수 있다.

  예 이런 형편없는 음식을 **먹느니** 아예 안 먹고 말겠다.

  = 이런 형편없는 음식을 **먹을 바에** 아예 안 먹고 말겠다.

※ 다음 보기 와 같이 '-느니'를 사용하여 대화를 완성하십시오.

> 보기
>
> 가 : 오늘 성적표가 나왔는데 결과가 안 좋아서 아빠한테 못 보여 드리겠어.
>
> 나 : 그렇게 <u>걱정하느니</u> 사실대로 말하는 게 낫겠어.

(1) 가 : 발표 수업에서 제일 게으른 현우와 한 팀이 되었어.

　　나 : 그래? 현우와 같이 발표 준비를 ＿＿＿＿＿＿＿＿ 혼자 하는 게 낫겠어.

(2) 가 : 이번 사업발표회에 심사위원들에게 잘 보이도록 아는 분에게 청탁을 한 번 해 보세요.

　　나 : 아니에요. ＿＿＿＿＿＿＿＿ 지더라도 정정당당하게 도전해 볼래요.

(3) 가 : 뉴스에서 봤는데 범인이 뺑소니 사고를 내고 도망친 범인이 불안해하다가 결국 자수를 했대.

　　나 : 응, 나도 봤어. 자수를 안 하고 ＿＿＿＿＿＿＿＿ 자수를 하는 게 맘 편하겠지.

(4) 가 : 그 때 내가 좀 더 잘 했다면 지금 상황이 이러진 않았을 텐데….

　　나 : 이미 지나간 일을 두고 ＿＿＿＿＿＿＿＿ 앞으로 어떻게 하면 더 잘할 수 있을지 생각하는 게 낫지 않을까?

(5) 가 : 며칠 전에 신문에서 장수하는 사람들의 건강관리법을 읽었는데, 채식과 소식도 물론 중요하지만 가장 중요한 것은 스트레스를 받지 않는 것이래요.

　　나 : 맞아요. ＿＿＿＿＿＿＿＿ 차라리 스트레스없이 맘 편하게 살고 싶어요.

–(으)ㄹ뿐더러

V, A, 있다/없다 + (으)ㄹ뿐더러 ; 먹을뿐더러, 예쁠뿐더러, 맛있을뿐더러
N + 일뿐더러 ; 학생일뿐더러, 의사일뿐더러
V, A, 있다/없다 + 았/었을뿐더러 ; 갔을뿐더러, 좋았을뿐더러
N + 였/이었을뿐더러 ; 의사였을뿐더러, 학생이었을뿐더러

의미 앞 문장의 상황 외에도 뒤 문장의 상황이 더 있음을 덧붙여 나타낸다.

- 가 : 히로미 씨, 차를 가지고 갈까요?
  나 : 퇴근시간이라 차가 막**힐뿐더러** 주차한 곳도 마땅치 않을 테니 버스로 갑시다.

예문 (1) 한여름 무더위는 기온이 높**을뿐더러** 습도까지 높다.

(2) 도심은 사람이 많**을뿐더러** 교통까지 복잡해서 주거지로는 적당하지 않다.

(3) 전통 시장은 마트에 비해 가격이 저렴**할뿐더러** 정도 느낄 수 있어서 좋다.

(4) 가 : 요즘 서구화된 식습관으로 인해 젊은 사람도 암에 걸리기 쉽대요.

   나 : 맞아요. 고기를 많이 먹**을뿐더러** 인스턴트 음식 또한 많이 먹어서 그렇다네요.

(5) 가 : 요즘 갑자기 추워진 날씨 탓으로 크고 작은 교통사고가 많이 발생한다고 하네요.

   나 : 날씨도 추**울뿐더러** 연말이라 잦은 회식으로 음주운전이 늘어서 그렇다네요.

① '–(으)ㄹ뿐더러'는 '–거니와', '–(으)ㄴ/는데다가', '–(으)ㄹ 뿐만 아니라', '–(으)ㄴ/는 것은 물론이고'와 바꿔 사용할 수 있다.

   예 날씨가 **춥거니와** 바람까지 심하게 분다.
      = 날씨가 **추울뿐더러** 바람까지 심하게 분다.
      = 날씨가 **추운데다가** 바람까지 심하게 분다.
      = 날씨가 **추울 뿐만 아니라** 바람까지 심하게 분다.
      = 날씨가 **추운 것은 물론이고** 바람까지 심하게 분다.

② '–(으)ㄹ뿐더러'의 앞 문장이 긍정이면 뒤 문장도 긍정, 앞 문장이 부정이면 뒤 문장도 부정이 되어야 한다.

   예 우유는 맛도 **좋을뿐더러** 건강에도 **좋은** 완전식품이다. (○)
      우유는 맛도 **좋을뿐더러** 건강에도 **안** 좋은 완전식품이다. (×)

      인스턴트 음식은 영양가도 **없을뿐더러** 건강에도 **좋지 않다**. (○)
      인스턴트 음식은 영양가도 **좋을뿐더러** 건강에도 **좋지 않다**. (×)

※ 다음 보기 와 같이 '-(으)ㄹ뿐더러'를 사용하여 대화를 완성하십시오.

> 보기
>
> 가 : 민호 씨, 지난 번 출장은 날씨도 나쁘고 건강도 안 좋아서 고생했다고 들었는데 이번 출장은 어땠나요?
>
> 나 : 다행히 이번 출장에는 <u>날씨도 좋을뿐더러</u> 몸의 컨디션까지 최상이어서 맡은 일을 잘 수행하고 돌아올 수 있었어요.

(1) 가 : 탕홍 씨, 한국 유학 생활이 어때요? 한국에 온 지 2년이 넘었으니 이제 거의 적응이 됐지요?

　　나 : 네, 유학 초기에는 한국어며, 음식이며 모든 게 낯설어서 힘들었지만 시간이 지날수록 괜찮아졌어요. 지금은 ＿＿＿＿＿＿＿＿＿ 음식 또한 가리는 게 없을 정도로 익숙해졌어요.

(2) 가 : 스티브 씨, 이번에 새로 들어온 신입사원 있잖아요, 어떤 사람이에요?

　　나 : 성실한데다가 사교적이어서 좋은 평을 듣고 있어요. 명수 씨네 신입사원은 어때요?

　　가 : 말도 마세요. 첫날부터 지각에, 변명까지 스티브 씨네 신입사원과는 달리 ＿＿＿＿＿＿ ＿＿＿＿＿＿ 이기적이기까지 해서 좋은 평을 못 듣고 있어요.

(3) 가 : 김빠진 맥주를 어떻게 생활에서 유용하게 활용할 수 있을까요?

　　나 : 우선 김빠진 맥주에는 영양분이 들어 있어서 식물이 시들었을 때 맥주를 활용하면 식물의 생기를 ＿＿＿＿＿＿＿＿＿ 색이 바랜 옷에 사용하면 원래의 색대로 선명하게 되돌려줍니다.

(4) 가 : 요즘 아이 한 명을 키우는데 상당히 많은 비용이 든다고 하는데요. 이 때문에 '출산율 저하' 등의 사회적 문제들이 나타나고 있다고 합니다.

　　나 : 맞습니다. 아이에게 들어가는 교육비며 양육비가 엄청나서 자연히 ＿＿＿＿＿＿＿ ＿＿＿ 그로 인한 인구 감소와 노인 부양 문제 등이 나타나는 거죠.

(5) 가 : 사회적 기업이라고 들어봤어요?

　　나 : 네, 재활용품을 수거하거나 기증받은 물건을 깨끗이 세탁해서 필요한 사람에게 되팔아 ＿＿＿＿＿＿＿＿ 이웃 사랑도 실천하는 기업이에요. 또한 사회에서 소외된 계층을 고용해서 일자리도 부여한대요. 자연보호, 이웃사랑, 일자리 창출 이것이 바로 사회적 기업이라고 할 수 있죠.

−기로서니

의미

아무리 앞의 사실을 인정한다고 해도, 뒤에 오는 사실의 이유나 조건이 될 수 없음을 강하게 나타낸다.

- 가 : 이번에도 또 떨어지고 말았어요. 정말 이렇게 계속 떨어지면 인생을 포기하고 싶어지네요.

  나 : 아무리 시험에 떨어졌**기로서니** 인생을 포기한다는 말을 할 수 있어요? 그런 밀은 함부로 하는 게 아니에요.

예문

(1) 아무리 돈이 없**기로서니** 차비도 없었다는 게 이해가 안 된다.

(2) 아무리 바쁘**기로서니** 부모님들한테 전화 한 통 하지 않는다는 게 말이 안 된다.

(3) 윗사람이 일을 좀 시켰**기로서니** 아랫사람이 그렇게 불만을 토로해서야 되겠어?

(4) 가 : 인생에서 제일 중요한 건 아무래도 돈이라고 생각해요.

  나 : 돈이 아무리 중요하**기로서니** 건강보다 중요할까요?

(5) 가 : 하나가 조금 늦게 왔**기로서니** 기다려 주지도 않고 그냥 가 버리면 안 되지.

  나 : 하나가 12시까지 안 오면 먼저 출발하라고 했단 말이야.

① '−기로서니'는 앞 문장에 '아무리'와 같이 사용하여 문장의 의미를 분명하게 강조하기도 하며, 뒤 문장에는 '−겠어요?', '−(으)ㄹ까요?'와 같은 표현을 사용하여 문장에 나타난 의미와는 반대의 의미를 나타낸다.

  예 **아무리** 바쁘기로서니 부모님 생일을 **잊겠어요?**

  아무리 돈이 중요하기로서니 건강보다 **중요하겠어요?**

  아무리 돈이 없기로서니 차비도 없다는 게 말이 **될까요?**

② '−기로서니'는 '−아/어도', '−다고 해서'와 바꿔 사용할 수도 있다.

  예 아무리 집안 사정이 **어렵기로서니** 남의 물건에 손을 대면 되겠어요?

  = 아무리 집안 사정이 **어려워도** 남의 물건에 손을 대면 되겠어요?

  = 아무리 집안 사정이 **어렵다고 해서** 남의 물건에 손을 대면 되겠어요?

  ☞ '−기로서니'는 '−아/어도'와 의미가 유사하나 뒤의 내용에 반어적 의문문이 사용되기 때문에 그렇지 않은 문장에서는 바꿔 사용할 수 없다.

  예 아무리 바빠도 운동을 하셔야 해요.

  = 아무리 바쁘기로서니 운동을 하셔야 해요. (×)

예 힘든 일이 있어도 끝까지 포기하지 마세요.

= 힘든 일이 있기로서니 끝까지 포기하지 마세요. (×)

※ 다음 보기 와 같이 '−기로서니'를 사용하여 대화를 완성하십시오.

> 보기
>
> 가 : 너 어제 하나 기다려 주지도 않고 그냥 혼자 집에 왔다면서? 하나가 얼마나 기분 나빠했는지 몰라.
>
> 나 : 자기가 12시까지 안 오면 갈 생각이 없는 걸로 생각하라고 했단 말이야.
>
> 가 : 아무리 하나가 <u>조금 늦게 왔기로서니</u> 기다려 주지도 않고 그냥 가 버리면 안 되지.

(1) 가 : 요즘 빚을 지면서까지 자식 뒷바라지를 하는 부모들이 많대요. 그만큼 자녀가 잘 되기를 바라는 것이겠죠?

　　나 : 아무리 ＿＿＿＿＿＿＿＿＿＿ 빚을 지면서까지 자식 뒷바라지를 한다는 게 이해가 안 되네요.

(2) 가 : 부장님, 저 내일부터 출근 못하겠습니다. 출장이 너무 많아서 도저히 못 다니겠습니다.

　　나 : 아무리 ＿＿＿＿＿＿＿＿＿＿ 회사를 그만둔다는 게 말이 되는 겁니까?

(3) 가 : 얼마 전에 뉴스를 보는데 학생 처벌에 불만을 품은 학부모가 수업하는 교실까지 찾아와 행패를 부렸대요.

　　나 : 아무리 ＿＿＿＿＿＿＿＿＿＿ 교실까지 찾아가서 행패를 부리는 건 말이 안 되는 것 같아요.

(4) 가 : 이번에도 시험에 떨어졌어. 벌써 다섯 번째야. 난 아무리 노력을 해도 할 수 없나 봐. 이럴 때면 정말 인생을 포기하고 싶다는 생각까지 들어.

　　나 : ＿＿＿＿＿＿＿＿＿＿ 어떻게 인생을 포기한다는 말을 할 수 있어?

(5) 가 : 어떻게 그 사람은 3년이나 사귄 사람에게 문자 메시지로 일방적으로 헤어지자고 말할 수 있지? 난 더 이상 남자를 사귀기는커녕 쳐다보지도 않을 거야.

　　나 : 아무리 좋지않게 ＿＿＿＿＿＿＿＿＿＿ 남자를 안 만날 것까지야 있겠어?

–(으)ㄹ라치면

V + (으)ㄹ라치면 ; 갈라치면, 받을라치면

의미

어떤 의도를 가지고 행동을 할 때마다 뒤 문장의 상황이 일어나 그 행동을 하기 힘듦을 나타낸다.

- 가 : 어제 서면에 가서 허세형의 신작 소설 샀어요?
  나 : 아니요, 이번에도 못 샀어요. 항상 **살라치면** 품절이라서 못 사네요.

예문

(1) 모처럼 세차를 **할라치면** 항상 비가 온다.

(2) 잠깐이라도 눈을 붙**일라치면** 아기가 울어서 쉴래야 쉴 수가 없어요.

(3) 모처럼 가족과 여행을 **할라치면** 매번 회사에 일이 있어서 못 가게 되었어요.

(4) 가 : 항상 공부**할라치면** 잠이 쏟아지는 이유가 뭘까요?
  나 : 괜히 공부하기 싫어서 핑계를 대는 거 아니에요?

(5) 가 : 어제 스티브 씨와 본 영화는 재미있었나요?
  나 : 재미있기는요. 집중해서 영화를 **볼라치면** 자꾸 말을 시켜서 제대로 영화를 못봤어요.

1 '–(으)ㄹ라치면'은 '–(으)려고 하면'과 바꿔 사용할 수 있다.

  예 막상 **공부할라치면** 항상 잠이 쏟아져요.
    = 막상 **공부하려고 하면** 항상 잠이 쏟아져요.

    평소 여기저기 뒹굴어 다니던 지우개가 막상 **쓸라치면** 보이지가 않는다.
    = 평소 여기저기 뒹굴어 다니던 지우개가 막상 **쓰려고 하면** 보이지가 않는다.

  ☞ '–(으)려고 하면'이 어떤 의도를 가정하여 말할 때는 '–(으)ㄹ라치면'과 바꿔 사용할 수 없다.

  예 세차를 하려고 하면 세차장에 가면 돼요.
    = 세차를 할라치면 세차장에 가면 돼요. (×)

※ 다음 보기 와 같이 '-(으)ㄹ라치면'을 사용하여 대화를 완성하십시오.

> 보기
>
> 가 : 명수 씨, 새해 계획으로 술을 끊을 거라고 하셨는데 잘 지키고 계세요?
>
> 나 : 아니요, <u>술을 끊을라치면</u> 친구들이 술을 마시자고 해서 한 번도 계획을 못 지켰어요.

(1) 가 : 어제 일찍 집에 들어갔잖아. 그런데 왜 그렇게 피곤해 해?

　　나 : 말도 마. 모처럼 일찍 집에 들어가서 ＿＿＿＿＿＿＿＿ 전화가 자꾸 와서 잠을 제 대로 이루지 못했어.

(2) 가 : 현우 씨는 여행을 좋아하니까 가족과 여행을 많이 다니시겠어요.

　　나 : 결혼하기 전에는 자주 가는 편이었는데 결혼하고 나서는 여행을 간 적이 없어요.

　　가 : 왜 결혼하고 못 가신 거예요?

　　나 : 가족과 ＿＿＿＿＿＿＿＿ 매번 회사에 일이 생겨서 못 갔어요.

(3) 가 : 너 노트북 산다고 했잖아. 샀니?

　　나 : 아니, 못 샀어.

　　가 : 왜? 사려고 계속 돈 모으고 있었잖아.

　　나 : 그게 말이야. ＿＿＿＿＿＿＿＿ 뉴스에서 새로운 기능의 노트북이 곧 출시된다고 하더라고. 그래서 아직까지 못 샀어.

(4) 가 : 어제 스티브 씨와 본 영화는 재미있었나요?

　　나 : 재미있기는요. 무슨 영화를 봤는지 기억도 안 나요.

　　가 : 왜요? 스티브 씨와 무슨 일 있었어요?

　　나 : 영화를 집중해서 ＿＿＿＿＿＿＿＿ 스티브 씨가 자꾸 말을 시켜서 영화를 볼 수 있어야지요.

(5) 가 : 현우 씨, 지난 번에 집을 팔 거라고 하셨는데 잘 파셨어요?

　　나 : 아니요, 아직도 못 팔았어요. 제가 ＿＿＿＿＿＿＿＿ 꼭 집값이 떨어지더라고요.

　　가 : 아무래도 요즘 부동산 경기가 좋지 않아서 그런가 봐요.

　　나 : 그러게요. 다음 주까지 기다렸다가 안 팔리면 그 집에 계속 살려고요.

–(으)ㅁ에도 불구하고

V, A, 있다/없다 + (으)ㅁ에도 불구하고 ; 감에도 불구하고, 많음에도 불구하고
V, A, 있다/없다 + 았/었음에도 불구하고 ; 갔음에도 불구하고, 많았음에도 불구하고

의미

앞 문장의 상태나 상황에서 자연스럽게 연상되는 결과와는 다른 결과가 나오게 되었음을 나타낸다.

- 가 : 결국 두 사람이 이혼하네요.
  나 : 그러게요. 부모님이 반대**함에도 불구하고** 결혼하길래 잘 살 줄 알았는데….
  안타깝네요.

예문

(1) 저 사람은 마음이 따뜻한 사람**임에도 불구하고** 말을 잘 하지 않아 냉정해 볼일 때가 있다.

(2) 미리 예상 질문을 뽑아 연습**했음에도 불구하고** 긴장한 나머지 면접에서 한 마디도 못했다.

(3) 업무 능력이 뛰어**남에도 불구하고** 동료들과의 관계가 원만하지 못해서 회사를 그만두는 사람들도 많다.

(4) 가 : 이번 달 수출이 늘**었음에도 불구하고** 작년에 비해 수익이 줄어든 이유는 뭘까요?
  나 : 아무래도 수출량은 많았지만 원자재 가격이 상승하였기 때문에 수익은 오히려 줄어든 것으로 보입니다.

(5) 가 : 사람들은 품질에 큰 차이가 없**음에도 불구하고** 유명한 상품만 찾는 경향이 있는 것 같습니다.
  나 : 대부분의 사람들은 비싼 만큼 제값을 한다고 생각하기 때문이 아닐까 싶습니다.

1 '–(으)ㅁ에도 불구하고'는 뒤에 '불구하고'를 생략하여 사용하기도 한다.

예 평소보다 집에서 일찍 **나왔음에도** 30분이나 지각했다.
  이번 달 수출이 **늘었음에도** 작년에 비해 수익은 줄어들었다.

☞ '–(으)ㅁ에도'보다 '–(으)ㅁ에도 불구하고'가 문장의 의미를 강조하는 느낌이 있다.

2 '–(으)ㅁ에도 불구하고'는 '–(으)ㄴ/는데도 불구하고'와 바꿔 사용할 수 있다.

예 사람들은 품질에 큰 차이가 **없음에도 불구하고** 유명한 상품만 찾는다.
  = 사람들은 품질에 큰 차이가 **없는데도 불구하고** 유명한 상품만 찾는다.

  연휴임에도 (불구하고) 고속도로는 한산했다.
  = **연휴인데도 (불구하고)** 고속도로는 한산했다.

※　다음 보기 와 같이 '–(으)ㅁ에도 불구하고'를 사용하여 대화를 완성하십시오.

> 보기
>
> 가 : 사람들은 품질에 큰 차이가 <u>없음에도 불구하고</u> 유명한 상품만 찾는 경향이 있는 것 같아요.
>
> 나 : 대부분의 사람들은 비싼 만큼 제값을 한다고 생각하기 때문이 아닐까요?

(1) 가 : 얼마 전에 드라마 여주인공이 들었던 가방이 그렇게 비싸다면서요?

　　나 : 네, 해외 브랜드 제품이라서 많이 비싸다고 해요.

　　가 : 가격이 ＿＿＿＿＿＿＿＿＿＿ 그 제품은 날개 돋친 듯 팔린대요.

(2) 가 : 부모님께서 남자친구와 결혼하는 걸 완강히 반대하셔. 그래서 남자친구와도 자주 다투곤 하는데 그럴 때면 헤어져 버릴까라는 생각이 들기도 해.

　　나 : 그래도 두 사람의 사랑이 진실하다면 괜찮지 않을까.

　　　내 주위에도 부모님이 ＿＿＿＿＿＿＿＿＿＿ 결혼에 성공한 사람이 많아. 그러니까 너무 걱정하지 마.

(3) 가 : 요즘 텔레비전에서 강연 프로그램이 인기가 있대.

　　나 : 어, 나도 즐겨 보는 편이야. 명사의 특강이었나? 어제 장애인에 대한 사회적 편견이 ＿＿＿＿＿＿＿＿＿＿ 당당히 꿈을 이룬 동시통역사 특강 봤어?

　　가 : 어, 나도 봤어. 그 사람뿐만 아니라 20대 여성 최초 대기업 간부 성공 스토리도 인상적이었어.

(4) 가 : 지금 상영되고 있는 영화 '여름에 부는 바람'이 인터넷에 유출되었다는 뉴스 봤어?

　　나 : 그래서 그 영화가 예매율이 ＿＿＿＿＿＿＿＿＿＿ 불법 복제로 인해 영화 제작사가 큰 타격을 입고 있다고 해.

(5) 가 : 타사보다 가격을 많이 ＿＿＿＿＿＿＿＿＿＿ 월 평균 판매량이 계속 줄고 있는 이유는 도대체 무엇입니까?

　　나 : 가격 경쟁력을 ＿＿＿＿＿＿＿＿＿＿ 소비자들의 눈길을 끌지 못하는 원인을 분석하여 그 대책을 마련하는 것이 좋을 것 같습니다.

–던 차에

V + 던 차에 ; 가던 차에, 받던 차에
V + (으)려던 차에 ; 가려던 차에, 받으려던 차에

의미

'어떤 일을 하려는 기회에 잘 되었다'는 뜻을 나타내거나 앞 문장의 일을 하려는 기회에 뒤 문장의 일을 한다는 뜻을 나타낸다.

- 가 : 현우 씨, 정말 멋진 의자네요. 어디에서 샀어요?
  나 : 친구한테 받았어요. 의자가 망가져서 사**려던 차에** 친구가 안 쓰는 의자를 주더라고요.

예문

(1) 내가 일어나**려던 차에** 마침 그 사람이 들어왔다.

(2) 막 밥을 먹으려고 나가**던 차에** 친구가 와서 같이 시켜 먹었다.

(3) 취직 때문에 힘들어 하**던 차에** 선배가 소개해 준 회사에서 일하게 되었다.

(4) 가 : 친구 집에 간다더니 왜 안 갔어?

  나 : 마침 나가**려던 차에** 친구한테서 전화가 와서는 다음에 만나자고 하더라고.

(5) 가 : 이 요리법을 어떻게 알게 되었나요?

  나 : 아이에게 채소를 먹일 방법을 찾**던 차에** TV를 보고 아이디어를 얻었지요.

1 '–던 차에'는 '–던 참에', '–던 찰나에' 와 바꿔 사용할 수 있다.

  예 막 잠이 들려고 **하던 차에** 그에게서 전화가 왔다.

    = 막 잠이 들려고 **하던 참에** 그에게서 전화가 왔다.

    = 막 잠이 들려고 **하던 찰나에** 그에게서 전화가 왔다.

  취직 때문에 **고민하던 차에** 선배의 소개로 이 회사에 들어오게 됐습니다.

    = 취직 때문에 **고민하던 참에** 선배의 소개로 이 회사에 들어오게 됐습니다.

※　다음 　보기　와 같이 '-던 차에'를 사용하여 대화를 완성하십시오.

> 보기
> 가 : 친구 집에 간다더니 왜 이렇게 빨리 왔니?
> 나 : 친구 집에 가려던 차에 걸어서 그 친구를 만났는데 일이 있어서 나간다고 하더라고요.

(1) 가 : 왜? 무슨 일이길래 소리를 지른 거야? 잠 자러 들어간 거 아니었어?

　　 나 : ＿＿＿＿＿＿＿＿＿＿＿ 창문에서 누군가 지나가잖이.

　　 가 : 그렇다고 해서 소리를 질러? 내가 얼마나 놀랐다고.

(2) 가 : 히로미 씨, 아르바이트 구했다면서요?

　　 나 : 네, 아르바이트를 ＿＿＿＿＿＿＿＿＿＿＿ 마침 현우 씨가 좋은 자리를 소개해 주었거
　　　　든요.

(3) 가 : 너 돈 없다면서 또 옷 산 거야?

　　 나 : 이 옷 산거 아니야. 어떤 옷을 입을까 ＿＿＿＿＿＿＿＿＿＿＿ 언니 옷이 눈에 띄어서
　　　　입고 온 거야.

(4) 가 : 이은지 님의 요리법은 매번 새로운데요. 이번에 소개해 준 요리법도 아주 놀라워요.
　　　　어떻게 해서 이 요리법을 개발하셨나요?

　　 나 : 아이가 어떻게 하면 다양한 채소를 섭취할 수 있을까 ＿＿＿＿＿＿＿＿＿＿＿ 나오게
　　　　된 요리법입니다.

(5) 가 : 탕홍 씨도 한국에 온 지 3년이 되었지요?

　　 나 : 네, 올해로 3년이 됩니다.

　　 가 : 그런데 탕홍 씨는 왜 한국에 왔나요?

　　 나 : 대학을 졸업하고 취업을 할까 대학원에 갈까 ＿＿＿＿＿＿＿＿＿＿＿ 형이 한국으로
　　　　유학 가기를 권했어요. 제 친 형이 한국에서 유학 중이었거든요.

–고서야

V, 있다/없다 + 고서야 ; 가고서야, 먹고서야, 재미없고서야
N + 이고서야 ; 사람이고서야, 여자이고서야

의미

① 앞 문장의 행동을 한 후에 마침내 뒤 문장의 상황에 도달하게 됨을 나타낸다.

- 가 : 그때 보니까 감기가 심하게 걸린 것 같던데 지금은 괜찮니?

  나 : 말도 마. 약을 보름이나 먹**고서야** 겨우 나았어.

② 뒤 문장의 일이 일어나기 힘들거나 불가능함을 나타낸다.

- 가 : 그렇게 놀**고서야** 이번 시험에 합격할 수 있겠니?

  나 : 죄송해요. 다음 시험에는 열심히 해서 꼭 합격하도록 할게요.

예문

(1) 그 분의 강의를 다섯 번이나 듣**고서야** 비로소 이해하게 되었다.

(2) 그 사람은 나에게 직접 묻**고서야** 그 사실을 인정했다.

(3) 바보가 아니**고서야** 일을 그렇게 처리할 수는 없다.

(4) 가 : 이번 회의에서 발표할 자료는 다 완성했니?

  나 : 응. 3일 밤을 새**고서야** 겨우 다 끝냈어.

(5) 가 : 아, 힘들어. 좀 쉬다가 해야겠어요.

  나 : 그래 가지**고서야** 이번 주 안에 다 끝낼 수 있겠어?

① '–고서야' 앞에는 과거나 미래의 표현을 쓸 수 없다.

  예 그 사람은 나에게 직접 **묻고서야** 그 사실을 인정했다. (○)

  그 사람은 나에게 직접 **물었고서야** 그 사실을 인정했다. (×)

  바보가 **아니고서야** 일을 그렇게 처리할 수는 없을 것이다. (○)

  바보가 **아니겠고서야** 일을 그렇게 처리할 수는 없을 것이다. (×)

② '–고서야'가 ①의 의미일 때 '겨우, 마침내, 비로소' 등과 잘 어울려서 사용된다.

  예 아이는 실컷 울고서야 **마침내** 잠이 들었다.

③ '–고서야'가 ②의 의미일 때 뒤 문장에는 '–을 수 없다, –겠니?/겠어?'의 표현과 같이 사용되어 그 의미를 강조한다.

  예 미치지 않고서야 사람한테 그런 일을 **할 수 있겠니?**

  바보가 아니고서야 일을 그렇게 **망칠 수는 없다.**

※ 다음 보기 와 같이 '-고서야'를 사용하여 대화를 완성하십시오.

> 보기
>
> 가 : 그때 보니까 감기가 심하게 걸린 것 같던데 지금 괜찮니?
>
> 나 : 말도 마. 약을 보름이나 <u>먹고서야</u> 겨우 나았어.
>
> 가 : 아, 힘들어. 좀 쉬다가 해야겠어요.
>
> 나 : <u>그래 가지고서야</u> 이번 주 안에 다 끝낼 수 있겠어?

(1) 가 : 한국 문학의 이해의 폭을 넓히고자 '최인현'의 작품을 계속 읽고 있는데 이 책을 이해하
기가 쉽지 않은 것 같아.

    나 : 그래, 여간 어렵지 않아. 나도 그 책의 배경을________________ 겨우 이해할
수 있었어.

(2) 가 : 유조선이 침몰하면서 유출된 기름으로 바다가 오염됐다는 뉴스 봤어?

    나 : 응, 나도 그 뉴스 보고 놀랐어. 몇 년 전에 그런 일이 있었을 때 많은 사람들이 ________
________________ 마침내 기름때가 좀 없어졌다고 하던데 걱정이야.

(3) 가 : 난 그 사람과 일하는 방식이 달라서 안 맞을 거라고 생각했는데 막상 해보니까 꽤 잘
맞더라고요.

    나 : 그렇지? 나도 처음에는 그랬는데 그 사람과 같이 ________________ 잘 맞다
는 걸 알게 됐어.

(4) 가 : 이제 변호사가 되는 꿈은 포기해야 할까 봐. 아무리 해도 안 되네.

    나 : 무슨 소리야? 유명한 변호사 '김진관'도 5번이나 ________________ 겨우 합격
했대. 그런데 지금은 저렇게 유능한 변호사로 활동하고 있잖아.

(5) 가 : 김 과장님이 너한테 이렇게 일을 많이 시키고도 트집을 잡는 걸 보면 너에게 분명 나쁜
감정이 있는 것 같아.

    나 : 맞아. ________________ 나에게 이렇게 할 수 있겠어?

–다시피 하다

의미   어떤 행동을 실제로 한 것은 아니지만 그 행동에 아주 가깝게 함을 나타낸다.

- 가 : 요즘 연말이라서 많이 바쁘시죠?
  나 : 네, 밀려드는 업무를 처리하느라 밥 먹을 시간조차 없어서 거의 굶**다시피 해요**.

예문

(1) 이 집은 손볼 데가 너무 많아서 집을 새로 짓**다시피 했다**.

(2) 엄마가 직장 일로 너무 바쁘셔서 언니가 나를 거의 키우**다시피 했다**.

(3) 불우 이웃들을 위한 연말 행사로 인해 며칠 동안 밤을 새우**다시피 했다**.

(4) 가 : 그 머리띠가 너랑 아주 잘 어울리는데 어디서 났어?
  나 : 친구가 하고 있던 건데 너무 예뻐서 빼앗**다시피 해서** 가져 왔어.

(5) 가 : 요즘 명수 씨가 무슨 일이 있는지 계속 자리를 비우네요.
  나 : 그러게요. 요즘 급하게 처리해야 할 일이 있는지 사무실을 거의 비우**다시피 하네요**.

1 '–다시피 하다'가 '–다시피'의 형태로 쓰일 때는 듣는 사람이 이미 알고 있는 사실을 다시 확인함을 나타낸다.

예 주말이라 **보시다시피** 예약이 꽉 찼습니다.
  아시다시피 제가 지금 형편이 좋지 않습니다.
  여러분도 **느끼다시피** 우리 회사의 경제 상황이 좋지 않습니다.

☞ '–다시피'는 '–고 있듯이', '–는 것처럼'과 바꿔 사용할 수 있다.

예 여러분도 **느끼다시피** 우리 회사의 경제 상황이 좋지 않습니다.
  = 여러분도 **느끼고 있듯이** 우리 회사의 경제 상황이 좋지 않습니다.
  = 여러분도 **느끼는 것처럼** 우리 회사의 경제 상황이 좋지 않습니다.

※ 다음 보기 와 같이 '−다시피 하다'를 사용하여 대화를 완성하십시오.

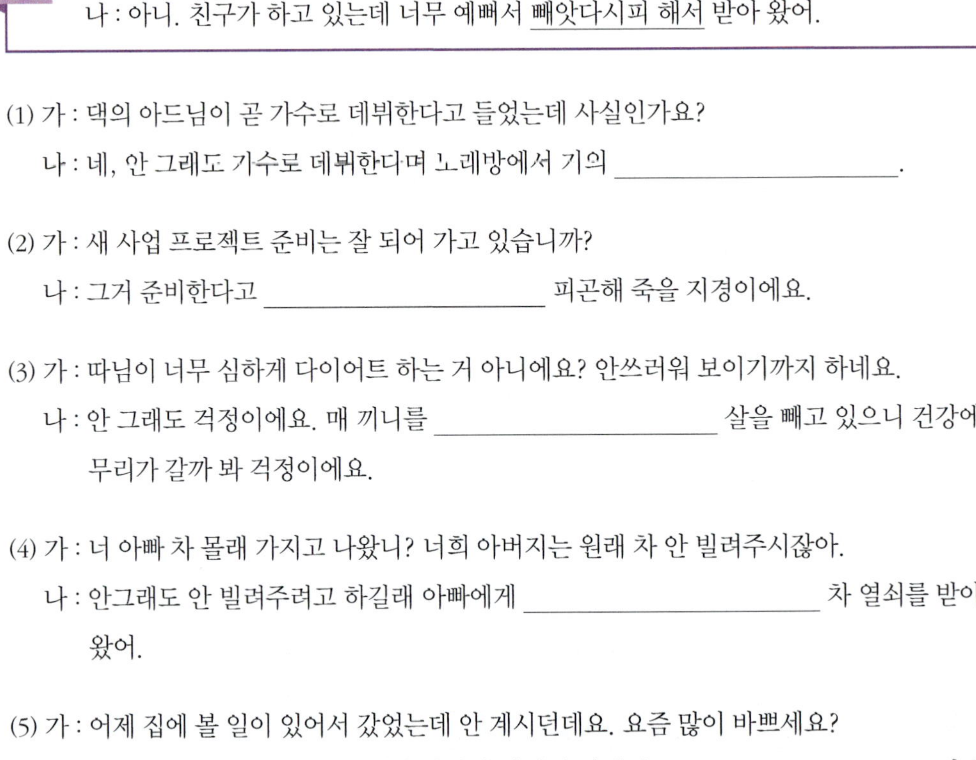

보기
가 : 그 머리띠 너랑 아주 잘 어울리는데 샀니?
나 : 아니. 친구가 하고 있는데 너무 예뻐서 <u>빼앗다시피 해서</u> 받아 왔어.

(1) 가 : 댁의 아드님이 곧 가수로 데뷔한다고 들었는데 사실인가요?

　　 나 : 네, 안 그래도 가수로 데뷔한다며 노래방에서 기의 ______________________.

(2) 가 : 새 사업 프로젝트 준비는 잘 되어 가고 있습니까?

　　 나 : 그거 준비한다고 ______________________ 피곤해 죽을 지경이에요.

(3) 가 : 따님이 너무 심하게 다이어트 하는 거 아니에요? 안쓰러워 보이기까지 하네요.

　　 나 : 안 그래도 걱정이에요. 매 끼니를 ______________________ 살을 빼고 있으니 건강에
　　　　 무리가 갈까 봐 걱정이에요.

(4) 가 : 너 아빠 차 몰래 가지고 나왔니? 너희 아버지는 원래 차 안 빌려주시잖아.

　　 나 : 안그래도 안 빌려주려고 하길래 아빠에게 ______________________ 차 열쇠를 받아
　　　　 왔어.

(5) 가 : 어제 집에 볼 일이 있어서 갔었는데 안 계시던데요. 요즘 많이 바쁘세요?

　　 나 : 어머니가 많이 편찮으셔서 거의 날마다 어머니 집에서 ______________________ 집에
　　　　 거의 없어요.

−ㄴ/는다면야

V, A, 있다/없다 + ㄴ/는다면야 ; 간다면야, 먹는다면야, 예쁘다면야, 맛있다면야
N + (이)라면야 ; 의사라면야, 학생이라면야
V, A, 있다/없다 + 았/었다면야 ; 갔다면야, 먹었다면야, 예뻤다면야, 맛있었다면야
N + 였/이었다면야 ; 의사였다면야, 학생이었다면야

의미 앞 문장의 상황이라고 가정한다면 당연히 뒤 문장의 상황이 된다는 것을 나타낸다.

- 가 : 요즘 취업난이 심하다고 하던데 걱정이에요.
  나 : 걱정하지 마세요. 열심히 노력만 **한다면야** 뭔들 못하겠어요.

예문 (1) 오늘만큼만 행복하**다면야** 더 이상 바랄 것이 없겠다.

(2) 일회용품 사용을 줄이기만 **한다면야** 환경을 보호할 수 있다.

(3) 우리 학교 학생**이라면야** 당연히 도서관 출입이 가능합니다.

(4) 가 : 이번에 새로 출시된 스마트폰 봤어요? 사고 싶지 않아요?
    나 : 정말 좋던데요. 가격만 괜찮**다면야** 당장이라도 사겠어요.

(5) 가 : 이서나 씨, 언제쯤 다시 영화로 복귀할 계획이신가요?
    나 : 글쎄요…. 좋은 작품만 있**다면야** 언제든지 복귀할 생각이에요.

① '−ㄴ/는다면야'는 '−ㄴ/는다면', '−기만 하면'과 바꿔 사용할 수 있다.

  예 나도 너처럼 **건강하다면야** 못할 것이 없겠어.
    = 나도 너처럼 **건강하다면** 못할 것이 없겠어.
    = 나도 너처럼 **건강하기만 하면** 못할 것이 없겠어.

  ☞ '−ㄴ/는다면야'는 '−ㄴ/는다면'보다 더 강조의 의미를 나타낸다.

② '−ㄴ/는다면야'는 그 의미를 강조하기 위해 '물론, 당연히, 얼마든지' 등과 함께 사용한다.

  예 운동을 하기만 한다면야 **당연히** 건강해지죠.
    네가 도와주기만 한다면야 **얼마든지** 해 낼 수 있을 거예요.
    물론 돈을 갚겠다는 약속만 한다면야 지금이라도 당장 빌려줄 수 있어요.

③ '−ㄴ/는다면야'는 가정을 나타내는 것이기에 뒤 문장에는 주로 추측의 표현이 온다.

  예 내일 날씨가 좋다면야 예정대로 계획이 **진행될 것이다**.
    다음 주에 별 약속이 없다면야 널 만나러 **갈 수 있을 것 같다**.
    충분히 노력하고 자신의 능력을 발휘한다면야 **인정받을 수 있을지도 모른다**.

※ 다음 보기 와 같이 '-ㄴ/는다면야'를 사용하여 대화를 완성하십시오.

> 보기
>
> 가 : 탕홍 씨, 한국 음식 중에서 어떤 음식이 제일 입에 잘 맞던가요?
> 나 : 저는 한국 음식들은 대부분 입에 잘 맞았던 것 같아요. 하지만 한국 음식들이 매운 편이라서 고생 좀 했죠. 매운 맛만 좀 <u>개선된다면야</u> 한식의 세계화는 멀지 않았다고 봐요.

(1) 가 : 명수 씨, 이번 연휴에 해외로 여행을 갈 거라더니 표는 구했어요?

   나 : 그렇지 않아도 연휴가 되기 전에 표를 구해야겠다 싶어서 전화해 봤는데 이미 예약이 완료되었다고 하네요. 비행기 표만 _____________________ 지금이라도 떠날 수 있을 텐데….

(2) 가 : 요즘 선호하는 배우자의 조건을 보면 배우자 능력이 1위를 차지하곤 하는데 안타깝다는 생각이 들어요.

   나 : 맞아요. 돈이 인생의 전부는 아니잖아요. 물론 결혼 생활에 있어 돈이 _____________ __________좋겠지만 돈만 보고 결혼했다가는 후회하게 될 거예요.

(3) 가 : 제가 서울에 있는 대학이랑 지방에 있는 대학에 합격했는데 어디가 좋을까요?

   나 : 졸업 후에도 지방에 있을 계획이라면 지방 대학에 가도 상관없겠죠. 하지만 졸업 후에 서울에서 직장을 _____________________ 서울에 있는 대학에 가는 게 훨씬 유리하다고 봐요.

(4) 가 : 올 겨울 '에너지 이용 절감' 정책을 실시하겠다고 발표했는데요.

   나 : 네, 이 정책은 실내 적정 온도를 20℃로 제한하여 에너지 사용을 줄인다는 정책입니다. 물론 국민 모두가 힘을 모아 에너지 소비를 _____________________ 더할 나위 없이 좋겠지만 이것이 과연 효과적인가에 대한 검증 또한 필요해 보입니다.

(5) 가 : 겨울마다 도로 제설 작업에 사용된 염화칼슘이 문제가 되고 있는데요. 제설이냐 환경이냐를 놓고 말이 많은데 어떻게 생각하십니까?

   나 : 염화칼슘이 겨울철 제설작업에 꼭 필요한 것이 사실입니다. 물론 염화칼슘의 양이 환경에 영향을 미치지 않을 정도로 _____________________ 상관없겠지만 무분별하게 많이 사용한다면 이에 대한 적절한 제제가 필요하다고 봅니다.

 (　　　)에 알맞은 말을 고르십시오.

01

방학 때라도 잠시 고향에 다녀왔다면 기분전환이라도 (　　　) 그러지 못해서 스트레스만 쌓여 간다.

① 되었거니와　　　　　　　　② 되었다시피
③ 되었으련만　　　　　　　　④ 되었을 바에

02

아무리 미모가 (　　　) 마음씨가 아름답지 못하면 매력적일 수 없다.

① 뛰어나므로　　　　　　　　② 뛰어남에도
③ 뛰어나다면야　　　　　　　④ 뛰어난다 한들

03

어제에 이어서 거듭 (　　　) 내일은 정시에 출발하니 절대 늦지 않도록 하세요.

① 말하거니와　　　　　　　　② 말할지라도
③ 말하더라도　　　　　　　　④ 말하는 대로

04

돈 때문에 하기 싫은 일을 억지로 (　　　) 돈은 적더라도 자신이 원하는 일을 하는 게 좋지 않을까?

① 할 듯이　　　　　　　　　　② 할 때에
③ 할 바에야　　　　　　　　　④ 할 정도로

05

지난 번 출장 갔을 때는 계약이 잘 되지 않아서 찜찜한 마음이었지만, 이번 출장에는 날씨도 (　　　) 일도 잘 마무리 되어서 상쾌한 마음으로 돌아왔다.

① 좋으련마는　　　　　　　　② 좋을라치면
③ 좋기로서니　　　　　　　　④ 좋을뿐더러

06

아무리 (　　　) 부모님께전화 한 통 할 시간이 없다는 게 말이 안 된다.

① 바쁘다기에　　　　　　　　② 바쁘다시피
③ 바쁘기로서니　　　　　　　④ 바쁘기에는

07

영화를 집중해서 (　　　　) 친구가 말을 시키는 바람에 집중해서 영화를 볼 수 없었다.

① 볼 텐데
② 볼 바에
③ 보려다가
④ 볼라치면

08

요즘 신입 사원들 중에 능력이 (　　　　) 동료들과의 관계가 원만하지 못해서 어렵게 들어온 회사를 그만두는 경우가 적지 않다고 한다.

① 우수할 리가
② 우수해 봤자
③ 우수하는지라
④ 우수함에도 불구하고

09

이 요리는 한 주부가 어떻게 하면 아이가 다양한 채소를 먹을 수 있을까 (　　　　) 나오게 된 요리라고 합니다.

① 고민하던 차에
② 고민하길래
③ 고민하다 보면
④ 고민하는 바람에

10

더도 말고 요즘만큼만 (　　　　) 더 이상 바랄 것이 없을 것 같다.

① 행복한 들
② 행복하던데
③ 행복한지라
④ 행복하다면야

11

일이 없어서 항상 사무실에만 있던 그가 요즘은 일이 잘 되는지 사무실을 거의 (　　　　) 한다.

① 비운다면
② 비우었어야
③ 비우다시피
④ 비우기라도

12

이 드라마의 원작 소설을 (　　　　) 겨우 드라마의 배경과 등장인물들을 이해할 수 있었다.

① 읽느니
② 읽다가
③ 읽느라고
④ 읽고서야

13~18 밑줄 친 부분과 의미가 가장 비슷한 것을 고르십시오.

13

현 시장이 이번 선거에도 출마하는 게 <u>당연할 텐데</u> 이번에는 변수가 많아서 어떻게 될지 확신할 수 없다.

① 당연하련만　　　　　　　　② 당연했으면
③ 당연하다면야　　　　　　　④ 당연하고서야

14

직원들이 요구하는 실질적인 문제를 해결되지 않는 한 월급이 <u>인상되더라도</u> 노사 간의 대립은 이어질 수밖에 없다.

① 인상될 바에　　　　　　　　② 인상되던 차에
③ 인상되다 보니　　　　　　　④ 인상된다 한들

15

지나친 음주는 자신의 건강도 <u>해치는데다가</u> 인간관계에서도 어려움을 겪게 된다.

① 해치거니와　　　　　　　　② 해치고서야
③ 해칠라치면　　　　　　　　④ 해치기에는

16

열심히 도움을 주고도 불평을 <u>듣느니</u> 차라리 처음부터 도와주지 않는 게 더 나을 뻔했다.

① 들어야지　　　　　　　　　② 들을 바에
③ 들어서야　　　　　　　　　④ 들을 겸해서

17

요즘 현대인들은 육식섭취량이 <u>많은데다가</u> 운동량까지 적어서 비만인구가 빠르게 늘고 있다.

① 많을뿐더러　　　　　　　　② 많으련마는
③ 많을지언정　　　　　　　　④ 많기로서니

18

이번 시험에 1등을 <u>하기만 하면</u> 네가 원하는 것을 모두 해주도록 하마.

① 하고서야　　　　　　　　　② 한다든가
③ 한다면야　　　　　　　　　④ 하나마나

19~20 다음 글을 읽고 질문에 답하십시오.

통계청에 따르면 지난해 우리나라의 사망 원인을 조사한 결과 암이나 질병, 교통사고에 이어 자살이 3위로 10만 명당 24명이 자살로 사망하는 것으로 나타났다. 더욱이 세계적으로 자살률이 높은 국가로 꼽히는 일본(19.1명, 2006년)이나 헝가리(21명, 2005년)를 능가하는 수치이다. '자살공화국'으로 낙인 찍혀도 할 말이 없는 셈이다.

사회적으로 문제가 ㉠(   ) 정부에서도 뒤늦게 자살 예방 대책을 마련하기 시작했다. 하지만 우리 스스로 힘을 합쳐 살 맛 나는 사회 분위기를 조성해야 한다. 소외된 이웃을 돌보는 따뜻한 손길과 눈길도 필요하다. 국민소득이 두 배, 세 배로 ㉡<u>는다 한들</u> 자살의 늪에 빠진 사회가 행복하다고 말할 수 없기 때문이다.

19 ㉠에 알맞은 것을 고르십시오.

① 될 바에   ② 될지언정
③ 되고서야   ④ 되기로서니

20 ㉡과 바꿔 사용할 수 있는 말을 고르십시오.

① 늘련마는   ② 늘라치면
③ 늘더라도   ④ 늘뿐더러

21~22 다음 글을 읽고 질문에 답하십시오.

최근 휴대전화를 비롯해 냉장고, 세탁기 등 가전제품의 프리미엄 마케팅이 본격화되고 있다. 잼스는 최상위 가전제품 모델명에 '9000'이라는 숫자를 붙이고 있다. 대표적인 잼스의 '9000' 제품은 '휴대전화 럭셔리S' 라고 할 수 있는데, 모델명은 RT-9000이다. 텔레비전, 냉장고에서도 마찬가지이다. 이렇게 '9000'이라는 수식어가 붙은 제품들은 모두 최고의 성능이나 높은 효율, 혁신적인 디자인 등 모든 것에서 소비자를 만족시킬 수 있다고 챔스 측은 설명했다.

하지만, 이런 최상위 모델들은 일반적으로 동종제품 대비 가격이 몇 배나 비싼 것이 사실이다. 다른 제품에 비해 판매량도 ㉠적을뿐더러 전체 매출에서 차지하는 비중도 그리 ㉡(   ) 이들 제품을 시장전면에 내세우고 있는 것은 세계 경제불황과 내수 시장포화를 극복하기 위한 차별화된 전략이라고 할 수 있겠다.

21 ㉠과 바꿔 사용할 수 있는 말을 고르십시오.

① 적은데다가　　　　　　　　② 적기로서니
③ 적을지언정　　　　　　　　④ 적을망정이지

22 ㉡에 알맞은 것을 고르십시오.

① 많지 않을지 몰라도　　　　② 많지 않다시피 해서
③ 많지 않은 것일지라도　　　④ 많지 않음에도 불구하고

–게끔

의미 앞 문장은 목적을 나타내고 뒤 문장에는 목적을 이루기 위한 행동을 나타낼 때 사용한다.

- 가 : 자, 앞으로 열릴 수업에 대해 건의할 것이 있으면 말씀해 주세요.
  나 : 네, 배운 내용을 바로 현장에 적용힐 수 있**게끔** 이론보다는 실습 위주의 수업을
  했으면 좋겠습니다.

예문 (1) 찬바람이 들어오지 않**게끔** 창문 틈 사이를 잘 막아야 해요.

(2) 많은 여행객들의 관심을 끌**게끔** 다양한 여행 상품을 개발해야 하겠죠?

(3) 감독은 선수들로 하여금 한 명도 빠짐없이 전지훈련에 참여하**게끔** 했다.

(4) 가 : 이 부장, 이번 프로젝트는 잘 진행되고 있는가?

  나 : 네, 회장님. 전제 일정에 문제가 생기지 않**게끔** 최선을 다하고 있습니다.

(5) 가 : 우리 아이들이 이번 방학 때는 의미 있는 경험을 하**게끔** 도와주는 건 어때요?

  나 : 좋아요. 그럼 결식아동들의 마음을 부족하나마 이해할 수 있**게끔** 기아 체험 활동에
  함께 참여해 볼까요?

1️⃣ '–게끔'은 '–게', '–도록'과 같은 의미로 의미를 강조할 때 사용한다.

  예 찬바람이 들어오지 않**게끔** 창문 틈 사이를 잘 막아야 해요.
  = 찬바람이 들어오지 않**게** 창문 틈 사이를 잘 막아야 해요.
  = 찬바람이 들어오지 않**도록** 창문 틈 사이를 잘 막아야 해요.

  ☞ '–게끔'이 형용사와 사용될 때는 '–도록'과 바꿔 사용할 수 없다.

  예 우리 아이를 예쁘**게끔** 해 주세요. (○)
  = 우리 아이를 예쁘**도록** 해 주세요. (×)

2️⃣ '–게끔'은 다른 대상에게 시킴의 의미를 가진 사동 표현 '–게 하다', '–도록 하다'의 강조
형인 '–게끔 하다'의 형태로도 사용한다.

  예 감독은 선수들로 하여금 한 명도 빠짐없이 전지훈련에 **참여하게끔 했다.**
  = 감독은 선수들로 하여금 한 명도 빠짐없이 전지훈련에 **참여하게 했다.**
  = 감독은 선수들로 하여금 한 명도 빠짐없이 전지훈련에 **참여하도록 했다.**

  ☞ '–게끔 하다'는 시킴의 의미가 있기 때문에 자신이 해야 하는 일에는 사용할 수 없다.

  예 이번 일은 **제**가 책임지**게끔 하겠습니다.** (×) → 이번 일은 **제**가 책임지**겠습니다.** (○)
  다음으로 **제**가 발표하**도록 하겠습니다.** (×) → 다음으로 **제**가 발표하**겠습니다.** (○)

※ 다음 보기 와 같이 '–게끔'을 사용하여 대화를 완성하십시오.

> **보기**
> 가 : 지희 씨, 이번 시험도 생각보다 너무 어려웠죠? 합격할 수 있을지 걱정되네요.
> 나 : 네, 저도 이번 시험만큼은 꼭 <u>합격하게끔</u> 밤을 새우며 공부했는데, 결과가 나와
> 봐야 알 것 같아요.

(1) 가 : 수영아, 오늘 저녁에 소개팅을 하는데 화장을 어떻게 해야 할지, 옷을 어떻게 입어야
　　　 할 지 정말 모르겠어.

　　나 : 걱정하지 마. 그 남자가 첫 눈에 _________________ 내가 머리부터 발끝까지 모두
　　　 꾸며줄게.

(2) 가 : 이 코치, 이번 전지훈련은 올림픽을 앞두고 가장 중요한 훈련이니만큼 선수들이 모두
　　　 _________________ 하게.

　　나 : 네, 모든 선수들이 선수들의 스케줄을 조정하고 있습니다.

(3) 가 : 한지야 씨, 이번에는 '지도 밖으로 나가 보라!' 라는 책을 쓰셨는데요. 어떤 내용인지
　　　 간단하게 소개해 주시겠습니까?

　　나 : 네, 이 책은 제가 직접 세계 여행을 하면서 겪었던 일들을 기록한 책입니다. 여행을 하
　　　 면서 삶에서 가장 가치 있는 일을 _________________ 스스로에게 보낸 편지이기도
　　　 하죠.

(4) 가 : 명수 씨, 어제 뉴스에서 봤는데, 정부가 내년부터 지역 통합문제에 대한 주민 간 갈등을
　　　 _________________ 기존의 정책들을 개정하기로 했대요.

　　나 : 그래요? 그런데 정책이 개정된다 한들 과연 갈등이 해소 될 수 있을까요? 제 생각에는
　　　 주민들이 대화와 토론의 장을 마련하는 것이 더 시급해 보이는데요.

(5) 가 : 다음은 최 후보님께서 공약을 말씀해 주시겠습니까?

　　나 : 네, 저의 공약은 다음과 같습니다.
　　　 첫째, 많은 청년들이 _________________ 일자리를 창출하는데 노력할 계획입니다.
　　　 둘째, 맞벌이 부모도 마음 편히 _________________ 아이들을 맡길 수 있는 여건을
　　　 마련하겠습니다.

–(으)면 몰라도

의미

앞 문장에서 가정한 일이 실제로 발생할 경우에만 뒤 문장의 일도 실현 가능함을 나타낸다.

- 가 : 여보, 몸이 그렇게 아픈데 꼭 출근을 해야겠어요?
  나 : 당연하죠. 당장 입원을 해야 할 정도**면 몰라도** 오늘은 신제품 개발에 관한 중요한 회의가 있어서 꼭 가야 돼요.

예문

(1) 현우 씨**면 몰라도** 이런 어려운 상황에서는 누구나 포기하기 마련이죠.

(2) 시청자들의 요구가 빗발치**면 몰라도** 드라마 방영이 연장되는 일은 흔하지 않다.

(3) 연기력이 아주 뛰어나**면 몰라도** 신인 배우에게 그런 중요한 배역을 맡기기 어렵다.

(4) 가 : 탕홍 씨, 주말**이면 몰라도** 오늘은 평일인데 왜 이렇게 사람들이 많죠?
  나 : 몰랐어요? 오늘 개봉하는 영화 주인공들이 무대 인사를 하는 날이잖아요.

(5) 가 : 지희 씨, 아이를 한 명 더 낳는 건 어때요? 아이가 혼자면 좀 외롭지 않겠어요?
  나 : 경제적 부담이 덜하**면 몰라도** 요즘 같이 어려운 시대에 둘째 아이를 낳는 건 좀 망설여지네요.

1. '–(으)면 몰라도'는 주로 구어체에서 '–(으)면 모를까', '–ㄴ/는다면 몰라도', '–ㄴ/는다면 모를까'와 바꿔 사용할 수 있다.

   [예] 예산이 **충분하면 몰라도** 장애인을 위한 복지 정책이 확대될 리는 만무하겠죠.
   = 예산이 **충분하면 모를까** 장애인을 위한 복지 정책이 확대될 리는 만무하겠죠.
   = 예산이 **충분하다면 몰라도** 장애인을 위한 복지 정책이 확대될 리는 만무하겠죠.
   = 예산이 **충분하다면 모를까** 장애인을 위한 복지 정책이 확대될 리가 만무하겠죠.

2. '–(으)면 몰라도'는 의미를 강조하기 위해 문장의 앞에 '만약', '만일', '설사' 등을 같이 사용한다.

   [예] **설사** 현우 씨라면 몰라도 이런 어려운 상황에서는 누구나 포기하기 마련이죠.
   만약 연기력이 아주 뛰어나면 몰라도 신인 배우에게 그런 중요한 배역을 맡기기 어렵다.

③ '–(으)면 몰라도'와 '–(으)ㄹ지 몰라도'는 의미의 차이가 있다.

–(으)면 몰라도	–(으)ㄹ지 몰라도
가정한 내용이 실현될 경우 결과도 발생	가정한 내용과 상반되는 결과가 발생
신인 배우가 연기력이 **뛰어나면 몰라도** 그런 중요한 배역을 맡기기 어렵다.	신인 배우가 연기력이 **뛰어날지 몰라도** 그런 중요한 배역을 맡기기 어렵다.

신인 배우가 연기력이 뛰어날 경우에만 중요한 배역을 맡길 수 있다.	신인 배우가 연기력이 뛰어나다 해도 중요한 배역을 맡길 수 없다.

01 다음  와 같이 '–(으)면 몰라도'를 사용하여 대화를 완성하십시오.

> 보기
>
> 가 : 자야 씨, 내일 저녁에 동기 모임이 있는 거 잊지 않으셨죠?
> 나 : 네, <u>급한 일이 생기면 몰라도</u> 꼭 참석할 테니까 걱정하지 마세요.

(1) 가 : 히로미 씨, 오늘 회의에서 우리 부서가 진행하던 연구 개발을 중단하기로 결정했대요.

　　니 : 예산과 인력이 ＿＿＿＿＿＿＿＿＿＿ 왜 갑자기 연구 개발을 그만둔다는 거죠?

(2) 가 : 이제 몇 분밖에 남지 않았네요. 제발 오늘도 명수 씨가 한 골만 넣었으면 좋겠어요.

　　나 : 너무 기대하지 마세요. 명수 씨가 박지성처럼 실력이 뛰어난 ＿＿＿＿＿＿＿＿＿＿

　　　　어떻게 매 경기마다 골을 넣을 수 있겠어요?

(3) 가 : 민호 씨, 이 휴대폰은 어때요? 작년에 출시되어 인기를 끌었던 제품의 새 모델이래요.

　　나 : 저도 알아요. 그런데 새로운 기능이 ＿＿＿＿＿＿＿＿＿＿ 디자인만 조금 바뀐 거라

　　　　저는 별로 사고 싶지 않아요.

(4) 가 : 어제 신문 기사에서 봤는데, 우리나라도 몇 년 후면 고령화 사회로 접어든대. 그래서

　　　　정부가 노인들을 위한 복지 정책을 새로 마련하는 게 시급하대.

　　나 : 당연히 그렇겠지? 그런데 국가 복지 예산이 ＿＿＿＿＿＿＿＿＿＿ 갑자기 새 정책을

　　　　마련하기에는 무리가 있지 않을까?

(5) 가 : 요즘 같은 저금리 시대에는 주식에 투자하여 이익을 보려는 사람들이 많대. 투자를 잘만

　　　　하면 은행 이자보다 더 많은 이익을 얻을 수 있대.

　　나 : 그렇겠지. 그런데 ＿＿＿＿＿＿＿＿＿＿ 우리같이 주식에 대해 잘 모르는 사람들이

　　　　섣불리 투자했다가는 실패하기 십상이야.

02 다음 보기 와 같이 두 문장의 의미를 각각 써 보십시오.

> 보기
> ① 신인 배우가 연기력이 **뛰어나면 몰라도** 그런 중요한 배역을 맡기기 어렵다.
> → 신인 배우가 연기력이 뛰어날 경우에만 중요한 배역을 맡길 수 있다.
>
> ② 신인 배우가 연기력이 **뛰어날지 몰라도** 그런 중요한 배역을 맡기기 어렵다.
> → 신인 배우가 연기력이 뛰어나다 해도 중요한 배역을 맡길 수 없다.

(1) ① 예산이 **충분하면 몰라도** 당장 장애인을 위한 복지 정책이 확대될 리가 만무하다.

　→ ____.

　② 예산이 **충분할지 몰라도** 당장 장애인을 위한 복지 정책이 확대될 리가 만무하다.

　→ ____.

(2) ① 새로운 기능이 **추가되었으면 몰라도** 저는 이 휴대폰을 별로 사고 싶은 마음이 없네요.

　→ ____.

　② 새로운 기능이 **추가되었을지 몰라도** 저는 이 휴대폰을 별로 사고 싶은 마음이 없네요.

　→ ____.

(3) ① **현우면 몰라도** 이런 어려운 상황에서는 누구나 포기하기 마련이죠.

　→ ____.

　② **현우일지 몰라도** 이런 어려운 상황에서는 누구나 포기하기 마련이죠.

　→ ____.

–(으)ㄴ/는 것일지라도

V, 있다/없다 + 는 것일지라도 ; 하는 것일지라도, 재미없는 것일지라도
A + (으)ㄴ 것일지라도 ; 예쁜 것일지라도, 적은 것일지라도

의미

앞 문장에서 가정한 상황이 뒤 문장에 영향을 주지 않거나 그 결과가 기대한 것과 다를 때 사용한다.

- 가 : 현우 씨, 부모님께서 그렇게 반대하시는데 꼭 그 일을 해야겠어요?
  나 : 네, 부모님께서 아무리 반대하**는 것일지라도** 예전부터 꼭 해보고 싶었던 거라 포기할 수 없네요.

예문

(1) 외국 생활이 결코 쉽지 않**은 것일지라도** 열심히 살아 볼 생각이다.

(2) 비록 남들이 보기에는 하찮**은 것일지라도** 나에게는 매우 소중한 물건이에요.

(3) 그 사람의 생각이 많은 사람의 지지를 받**는 것일지라도** 나는 결코 동의할 수 없어.

(4) 가 : 자야 씨, 미안해요. 갑자기 이번 주말에 일이 생겨서 놀이공원에 같이 못 갈 것 같아요.
  나 : 아무리 재미있**는 것일지라도** 혼자 한다면 무슨 재미가 있겠어요? 저도 안 갈래요.

(5) 가 : 저 식당은 항상 손님으로 붐비는 것 같아요. 무슨 비결이 있는 걸까요?
  나 : 제 생각엔 요리사 덕분인 것 같아요. 음식 재료가 아무리 평범**한 것일지라도** 그 요리사의 손이 닿기만 하면 명품 요리가 된대요.

① '–(으)ㄴ/는 것일지라도'는 '–(으)ㄴ/는 것이어도', '–(으)ㄴ/는 것이라고 하더라도(해도)', '–(으)ㄴ/는 것이라고 한들', '–(은)ㄴ/는 것일지언정', '–(으)ㄴ/는 것이라손 치더라도'와 바꿔 사용할 수 있다.

> 예 남들이 보기에는 **하찮은 것이어도** 나에게는 매우 소중한 물건이에요.
> = 남들이 보기에는 **하찮은 것이라고 해도** 나에게는 매우 소중한 물건이에요.
> = 남들이 보기에는 **하찮은 것일지라도** 나에게는 매우 소중한 물건이에요.
> = 남들이 보기에는 **하찮은 것이라고 한들** 나에게는 매우 소중한 물건이에요.
> = 남들이 보기에는 **하찮은 것일지언정** 나에게는 매우 소중한 물건이에요.
> = 남들이 보기에는 **하찮은 것이라손 치더라도** 나에게는 매우 소중한 물건이에요.

☞ 다음과 같이 제시의 순서대로 앞 문장에서 가정한 일의 실현 가능성이 낮아지는 경향이 있다.

것이라손 치더라도	것일지 언정	것이라고 한들	것일지 라도	것이라고 해도	것이어도

← 실현 가능성 낮음 　　　　　　　　　　　　　　　실현 가능성 높음 →

2 '-(으)ㄴ/는 것일지라도'는 의미를 강조하기 위해 문장의 앞에 '아무리,' '비록', '설령', '설
  사' 등을 같이 사용한다.

예 **설사** 외국 생활이 결코 쉽지 않은 것일지라도 열심히 살아볼 생각이다.
  비록 남들이 보기에는 하찮은 것일지라도 나에게는 매우 소중한 물건이에요.

※ 다음 보기 와 같이 '–(으)ㄴ/는 것일지라도'를 사용하여 대화를 완성하십시오.

> 보기
>
> 가 : 이 과장, 이렇게 큰일을 맡는다는 게 <u>부담스러운 것일지라도</u> 최선을 다한다면 좋은 결과가 있을 테니 열심히 해 보게.
>
> 나 : 네, 사장님. 실망시켜 드리지 않게 최선을 다하겠습니다.

(1) 가 : 현우 씨, 우리 이 영화 볼까요? 요즘 가장 흥행하는 영화잖아요.

　　나 : 그렇긴 한데 아무리 ＿＿＿＿＿＿＿＿＿＿ 원작 소설만 못한다는 소문이 있대요. 차라리 다른 영화를 보는 게 어때요?

(2) 가 : 수영아, 이번 일은 도무지 어떻게 해야 할지 모르겠어. 혹시 누군가 도움을 줄 수 있는 사람이 없을까?

　　나 : 명수 씨 어때? 그 문제가 비록 ＿＿＿＿＿＿＿＿＿＿ 명수 씨라면 잘 해결할 수 있을 거야.

(3) 가 : 주차장을 확대하는 일이 그렇게 어려운 일이에요? 주민들이 이렇게까지 요구를 하고 있는데, 건설사는 예산이 많이 든다는 이유로 계속 미루고 있대요.

　　나 : 그래요? 그런데 주민들이 계속해서 강하게 요구한다면 아무리 예산이 많이 ＿＿＿＿＿ ＿＿＿＿＿＿ 건설사도 결국은 입장을 바꾸지 않겠어요?

(4) 가 : 왕홍 씨, 요즘 자주 입 안이 헐고, 피로한 것 같아 비타민 영양제를 하나 샀어요. 그런데 하루 몇 알 정도 먹는 것이 적당할까요?

　　나 : 비타민은 아무리 건강에 ＿＿＿＿＿＿＿＿＿＿ 일정량만 체내에 흡수되고 나머지는 모두 몸 밖으로 배출된대요. 그러니 하루에 한 두 알 정도면 적당하지 않겠어요?

(5) 가 : 하나야! 명수 씨가 대기업에서 영입 제의를 받았는데 적성에 맞지 않는 일이라서 갈지 말지 계속 고민하고 있대.

　　나 : 고민이라니? 나 같았으면 당장 갔을 텐데 말이야. 비록 ＿＿＿＿＿＿＿＿＿＿ 어디 그런 기회가 자주 오겠어!

–는 듯(이)

> V, 있다/없다 + 는 듯(이) ; 자는 듯이, 먹는 듯이, 좋아하는 듯이,
> A + (으)ㄴ 듯(이) ; 바쁜 듯이, 좋은 듯이
> N + 인 듯(이) ; 가수인 듯이, 학생인 듯이
> V + (으)ㄴ듯(이) ; 잔 듯이 / V + (으)ㄹ 듯(이) ; 잘 듯이

의미

① 앞 문장의 내용처럼 뒤 문장의 내용이 비슷하거나 같은 정도임을 나타낸다.

- 가 : 제시카 씨가 머리가 깨**질 듯** 아프다고 하더니 결국 입원했대요.
  나 : 그러게요. 며칠 동안 얼굴이 안 좋더니 탈이 나고 말았네요.

② 앞 문장에서 어떠한 일을 추측하고 뒤 문장에서는 그 일이 발생할 수 있는 근거를 나타낸다.

- 가 : 왕홍 씨, 장마 기간이라 그런지 날씨가 계속 좋지 않네요.
  나 : 그렇죠? 지금도 곧 비가 내**릴 듯** 하늘에 먹구름이 잔뜩 끼어 있어요.

예문

(1) 명수 씨는 뭐가 그리 재미있는지 숨이라도 넘어**갈 듯** 웃어 댔다.
(2) 선생님은 금방이라도 화를 **낼 듯** 얼굴이 붉어졌어요.
(3) 금메달은 선수가 땄는데, 온 국민들 모두 자기가 **딴 듯** 더 기뻐하고 있습니다.
(4) 가 : 스티브 씨, 어제 친구 집들이에 잘 갔다 왔어요?
  나 : 네, 집들이 음식이 어찌나 맛있던지 배가 터**질 듯이** 먹었더니 아직까지 소화가 안 돼요.
(5) 가 : 아이들이 계속 싸우더니 벌써 화해했나 봐요. 또 같이 놀러 간다고 그러네요.
  나 : 원래 아이들은 티격태격 다투다가도 아무 일 없**는 듯** 금방 또 잘 지내잖아요.

1 '–는 듯(이)'가 ①의 의미일 때, '–만큼', '–정도로'와 바꿔 사용할 수 있다.

  예 제시카 씨는 머리가 **깨질 듯** 아프다고 하더니 결국 병원에 입원했다.
    = 제시카 씨는 머리가 **깨질 만큼** 아프다고 하더니 결국 병원에 입원했다.
    = 제시카 씨는 머리가 **깨질 정도로** 아프다고 하더니 결국 병원에 입원했다.

② '-는 듯(이)'가 ②의 의미일 때 '-는 듯하다'와 같은 추측의 의미로 사용한다.

　　예　지금도 비가 곧 **내릴 듯이** 하늘에 먹구름이 잔뜩 끼어 있어요.
　　　　= 하늘에 먹구름이 잔뜩 끼어 있어요. 비가 곧 **내릴 듯해요.**

③ '-는 듯(이)'가 ②의 의미일 때 '-는 것처럼', '-는 것 같이', '-는 양', '-기라도 하듯'과 바꿔 사용할 수 있다.

　　예　수영 씨는 눈이 내리는 것을 처음 **보는 듯** 아이처럼 즐거워했다.
　　　　= 수영 씨는 눈이 내리는 것을 처음 **보는 양** 아이처럼 즐거워했다.
　　　　= 수영 씨는 눈이 내리는 것을 처음 **보기라도 하듯** 아이처럼 즐거워했다.

④ '-는 듯(이)'는 관용 표현에 사용되어 문장의 의미를 강조하는 역할을 하기도 한다.

　　예　지희 씨처럼 성실한 사람은 **가뭄에 콩 나듯이** 드물다.
　　　　나는 **다람쥐 쳇바퀴 도는 듯이** 반복되는 생활이 지겹다.
　　　　올해 초 새로 출시된 휴대폰은 **날개가 돋친 듯이** 팔리고 있다.
　　　　그 사람이 말을 시작하자 시끄러웠던 곳이 **쥐 죽은 듯** 조용해졌다.

⑤ '-는 듯(이)'가 '-(으)ㄹ 듯 말 듯'의 형태로 사용되는 경우에는 다음과 같은 의미가 있으며, '-(으)ㄹ락 말락'과 바꿔 사용할 수 있다.

행동	어떠한 일이 나타날 것 같기도 하고 나타나지 않을 것 같기도 할 때
정도	어떠한 정도가 될 것 같기도 하고 되지 않을 것 같기도 할 때

　　예　눈이 **올 듯 말 듯**해요. = 눈이 **올락 말락**해요.
　　　　머리가 어깨에 **닿을 듯 말 듯**해요. = 머리가 어깨에 **닿을락 말락**해요.

⑥ '-는 듯(이)'는 다음과 같이 부사로 사용되는 경우도 있다.

　　① '보란 듯이'는 남들 앞에서 당당함, 자랑스러움을 나타내는 의미로 사용한다.

　　예　명수는 오늘도 **보란 듯이** 친구들 앞에서 자기 자랑에 여념이 없다.

　　② '불현듯이'는 어떤 생각이나 행동을 갑자기 하게 됨을 나타낼 때 사용한다.

　　예　오랜만에 고향을 다시 찾으니 **불현듯이** 옛 친구들이 생각났다.

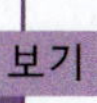

※ 다음 보기 와 같이 '–는 듯(이)'를 사용하여 대화를 완성하십시오.

> 보기
>
> 가 : 민호 씨, 수영 씨가 계속 찾던데, 무슨 일이라도 생긴 거예요?
> 나 : 네, 사실 제가 어제 안 좋은 일이 좀 있었는데, 수영 씨가 잘 알지도 못 하면서 다 <u>아는 듯이</u> 말하기에 제가 화를 좀 냈거든요.

(1) 가 : 네, 반갑습니다. 바다 경찰서입니다. 무엇을 도와 드릴까요?

　나 : 여보세요. 여기는 사거리에 있는 사랑 아파트 5층 복도인데요, 지금 저희 집 안에 누가 ＿＿＿＿＿＿＿＿＿＿ 창 밖으로 계속 이상한 그림자가 보이거든요. 아마도 도둑이 든 것 같은데, 여기로 빨리 와 주시겠어요?

(2) 가 : 자야 씨, 스티브 씨가 근무 시간에 조는 것은 처음 보네요. 많이 피곤한 모양이에요.

　나 : 네, 어제 밤늦게 커피를 마셔서 잠을 ＿＿＿＿＿＿＿＿＿＿ 했대요. 그러니 아침부터 저렇게 졸 수밖에 없죠.

(3) 가 : 명수 씨, 어제 초등학교 동창회에 갔었다면서요? 오랜만에 옛 친구들을 만나서 반가웠 겠어요.

　나 : 그렇긴 한데 몇몇 친구들은 저를 처음 ＿＿＿＿＿＿＿＿＿＿ 어색하게 대해서 조금 불편하기도 했어요.

　가 : 졸업하고 10년 만에 처음 만났으니까 그건 어쩔 수 없죠. 앞으로 자주 보다 보면 괜찮 아질 거예요.

(4) 가 : 이 대장님께서 에베레스트 산 정상까지 등반하는 과정에서 대원을 잃는 등, 많은 시련 과 역경이 있지 않으셨습니까? 그때마다 어떤 생각을 하며 고난을 이겨내셨는지요?

　나 : 저는 그때마다 어머니를 생각했습니다. 제 어머니께서는 아무리 힘든 일이 있어도 아무렇지 ＿＿＿＿＿＿＿＿＿＿ 오히려 더 밝고 강인하게 살아가시는 분이죠. 그런 어머님의 모습이 제 삶의 가장 큰 원동력이 되고 있습니다.

(5) 가 : 왕홍 씨, 이 기사 좀 보세요. 기부 문화가 확산되면서 기업이나 단체들이 너 나 할 것 없이 사회의 소외 계층을 위한 지원이나 모금 활동에 앞장서고 있대요.

　나 : 그래요? 그런데 어떤 기업들은 자신들의 이익을 위해서 남을 ＿＿＿＿＿＿＿＿＿＿ 드러내놓고 돕는 것 같아서 씁쓸하기도 해요.

–(으)ㄹ지언정

의미

앞 문장에서 부정적인 상황을 가정하면서 뒤 문장의 내용을 강조할 때 사용한다.

- 가 : 어차피 이번 시합은 질 게 뻔하니까 포기합시다.
  나 : 우리가 얼마나 연습을 많이 했는데요. 비록 좋은 결과는 없**을지언정** 포기할 수 없습니다.

예문

(1) 아무리 바**쁠지언정** 가족들을 잊어서는 안 돼.

(2) 그 사람은 회사에서 쫓겨**났을지언정** 떳떳하게 행동했다.

(3) 아무리 굶어 죽**을지언정** 양심에 어긋나는 일은 못하겠다.

(4) 가 : 민호같이 공부를 못하는 아이의 말을 들을 필요가 있겠어?
  나 : 민호가 아무리 공부를 못**할지언정** 생각과 의사까지 무시해서는 안 돼.

(5) 가 : 도저히 이 수술밖에는 다른 방법이 없나요? 위험 부담이 너무 큰데요.
  나 : 이 수술밖에는 방법이 없습니다. 실패**할지언정** 일단 시도라도 해 봐야 되지 않겠어요?

1. '–(으)ㄹ지언정'은 '–(으)ㄹ망정'과 바꿔 사용할 수 있다.

   예 아무리 굶어 **죽을지언정** 양심에 어긋나는 일은 못하겠다.
   = 아무리 굶어 **죽을망정** 양심에 어긋나는 일은 못하겠다.

2. '–(으)ㄹ지언정'은 '비록, 아무리' 등과 같이 자주 사용한다.

   예 **아무리** 바쁠지언정 가족들을 잊어서는 안 돼.
   비록 돈이 없을지언정 내가 해 보고 싶은 것은 다 해보고 죽고 싶다.

※　다음 보기 와 같이 '-(으)ㄹ지언정'을 사용하여 대화를 완성하십시오.

> 보기
>
> 가 : 도저히 이 수술밖에는 다른 방법이 없나요? 위험 부담이 너무 큰데요.
> 나 : 이 수술밖에는 방법이 없습니다. <u>실패할지언정</u> 일단 시도라도 해 봅시다.

(1) 가 : 그 의사는 자신의 명성만 믿고 환자들을 너무 함부로 대하는 것 같아.

　　나 : 나도 그런 소문 들었어. 아무리 자신이 ＿＿＿＿＿＿＿ 환자들을 함부로 대해서는
　　　　안 된다고 생각해.

(2) 가 : 그 영화배우가 이번에 새로 사귄 그 남자도 차 버렸대.

　　나 : 아무리 ＿＿＿＿＿＿＿ 자신의 외모만 믿고 여러 남자를 쉽게 만나고 헤어지는 건
　　　　잘못 된 것 같아.

(3) 가 : 이 맛집에서 밥을 먹으려면 한 시간이나 기다려야 된다는데 어떻게 할까?

　　나 : 오늘은 그냥 가고 다음에 오자. 아무리 100년 전통의 ＿＿＿＿＿＿＿ 한 끼 먹으려고
　　　　한 시간이나 기다리는 건 무리야.

(4) 가 : 어제 대통령 후보 토론회 봤어?

　　나 : 응. 봤어. 그런데 '김희정'이라는 사람은 아무리 자신이 ＿＿＿＿＿＿＿ 다른 후보
　　　　를 그렇게까지 몰아세우는 것은 옳지 않다고 봐. 감정에 치우치면 안 되는 거잖아.

(5) 가 : 이렇게 하다가는 부도를 맞을 수도 있는 상황이니까 김 사장에게 한 번 부탁을 해 봐.

　　나 : 회사가 ＿＿＿＿＿＿＿ 그 사람에게는 손을 벌리지 않을 거야.

–다(가) 보니

V, 있다/없다 + 다(가) 보니 ; 가다가 보니, 받다가 보니, 있다가 보니

의미 어떤 행위를 하는 과정에서 새로운 사실을 깨닫게 될 때 사용한다.

- 가 : 여보, 우리 생활비가 요즘 왜 이렇게 부족해졌죠?

  나 : 아이들에게 이 과목, 저 과목 과외를 시키**다 보니** 교육비 부담이 커져서 그래요.

예문 (1) 학교 교육이 입시 중심으로 흐르**다 보니** 인성교육이 약화되고 있다.

(2) 학생들이 신조어를 무분별하게 사용하**다 보니** 세대 간의 격차가 더 커져 간다.

(3) 사회가 점점 고령화 되**다 보니** 노인 문제가 새롭게 대두되었다.

(4) 가 : 하나 씨, 자야 씨와 지내느라고 많이 힘들었죠?

  나 : 처음에는 그 사람과 많이 싸우기도 했지만 지내**다 보니** 정이 들었어요.

(5) 가 : 왜 이렇게 병원에 자주 다녀요?

  나 : 시간에 쫓겨 밥도 제대로 못 먹고 다니**다 보니** 병원 신세를 지게 되었네요.

1 '–다(가) 보니'는 보통 앞 문장과 뒤 문장의 주어가 같다.

  예 (**내가**) 그 사람과 처음에는 많이 싸웠지만 지내다 보니 (**내가**) 정이 들었어요. (○)

  (**내가**) 그 사람과 처음에는 많이 싸웠지만 지내다 보니 **민수가** 정이 들었어요. (×)

2 '–다(가) 보니'는 '–다 보면'의 형태로도 많이 사용된다. 이 때 '–다 보면'은 '–다 보니'와는 달리 뒤 문장은 미래형으로 자주 사용된다.

  예 이 길을 계속 **가다 보면** 주유소가 나올거야.

  그 사람과 자주 **만나다 보면** 정이 들겠지.

3 '–다(가) 보니'가 형용사·명사와 같이 사용될 때는 '원인'이나 '이유'의 뜻을 나타내기도 한다.

  예 집이 **멀다 보니** 지각을 자주 한다.

  = 집이 **멀어서** 지각을 자주 한다.

※ 다음 보기 와 같이 '−다(가) 보니'를 사용하여 대화를 완성하십시오.

> 보기
>
> 가 : 여보, 우리 생활비가 요즘 왜 이렇게 부족해졌죠?
>
> 나 : 아이들에게 이 과목, 저 과목 과외를 시키다 보니 교육비 부담이 커져서 그래요.

(1) 가 : 요즘 취업 준비생들의 건강 악화가 문제가 되고 있는데요. 도대체 왜 그런 것일까요?

    나 : 아무래도 ___________________ 스트레스를 받아서 그런 것 같습니다.

(2) 가 : 요즘 대학생들은 왜 이렇게 공부를 안 하는지 몰라.

    나 : 데이트 하랴 아르바이트 하랴 바쁘게 ___________________ 공부할 시간이 없는

       것이겠지.

(3) 가 : 신문을 보니까 여러 이유로 학교를 떠나서 대안학교나 홈스쿨링을 하는 학생이 많아

       지고 있다고 하네요.

    나 : 그럴 수밖에 없죠. 기존 교육이 문제가 ___________________ 그 대안으로 다른 성

       격의 학교를 많이 찾는 거겠죠.

(4) 가 : 출산과 육아의 부담 때문인지 요즘 신세대들은 아이 낳기를 꺼리고 있는 것 같아.

    나 : 맞아. 아이를 낳고 키울 때 ___________________ 아이 낳기를 망설이게 되는 것

       같아.

(5) 가 : 남편하고 얘기 좀 한다더니 왜 이렇게 화가 났어?

    나 : 남편 말을 계속 ___________________ 결국 이번 일의 잘못은 모두 다 내 탓이라는

       거야. 그러니 화가 안 나겠어?

–(으)ㄹ망정

의미 앞 문장에서 부정적인 상황을 가정하면서 뒤 문장의 내용을 강조할 때 사용한다.

- 가 : 명수 씨, 오늘 안에 이 일을 다 못 끝낼 것 같은데 어떡하죠?

  나 : 안 돼요. 밤을 새**울망정** 기필코 오늘 인에 다 처리해아 해요.

예문 (1) 차라리 굶어 죽**을망정** 남에게 손 벌리지는 않겠다.

(2) 시험을 못 **볼망정** 결코 부정행위를 하지는 않겠다.

(3) 차라리 회사에서 잘**릴망정** 양심에 어긋나는 일은 하지 않겠다.

(4) 가 : 요즘 소비자고발센터에 신고된 사기 피해 사례가 많대요.

  나 : 저는 손해를 **볼망정** 남을 속이면서까지 돈을 벌고 싶지는 않아요.

(5) 가 : 자식처럼 길러준 양부모님에게 폭력을 행사하던 남자가 경찰에 잡혔대요.

  나 : 은혜를 갚지는 못**할망정** 어떻게 부모님을 때릴 수가 있어요?

[1] '–(으)ㄹ망정'은 '–아/어도', '–ㄴ/는다 하여도', '–(으)ㄹ지라도', '–(으)ㄹ지언정', '–ㄴ/는 한이 있더라도'와 바꿔 사용할 수 있다.

예 회사에서 잘**릴망정** 양심에 어긋나는 일은 하지 않겠다.

= 회사에서 잘**려도** 양심에 어긋나는 일은 하지 않겠다.

= 회사에서 잘**린다 하여도** 양심에 어긋나는 일은 하지 않겠다.

= 회사에서 잘**릴지라도** 양심에 어긋나는 일은 하지 않겠다.

= 회사에서 잘**릴지언정** 양심에 어긋나는 일은 하지 않겠다.

= 회사에서 잘**리는 한이 있더라**도 양심에 어긋나는 일은 하지 않겠다.

☞ '–(으)ㄹ망정'은 '–(으)ㄹ지언정'과 비슷하나, '–(으)ㄹ지언정'이 더 강한 느낌을 나타낸다.

예 시험을 못 **볼망정** 부정행위를 하지는 않겠다.

= 시험을 못 **볼지언정** 부정행위를 하지는 않겠다.

2 '-(으)ㄹ망정'은 그 의미를 강조하기 위해 문장의 앞에 '차라리, 비록, 설사' 등과 같이 사용하고, 뒤 문장에는 '결코, 기필코, 반드시' 등과 같이 사용한다.

예 **차라리** 혼자 살망정 사랑 없는 결혼은 **결코** 하지 않겠다.
　　비록 시간이 걸릴망정 교수가 되겠다는 꿈을 **반드시** 이루고야 말겠다.

※ 다음 보기 와 같이 '-(으)ㄹ망정'을 사용하여 대화를 완성하십시오.

보기
> 가 : 명수 씨, 여기에 있던 회의 자료 못 보셨어요? 조금 있으면 회의 시작인데…
> 나 : 아, 그 자료요? 아까 하나 씨가 주인 없냐고 하더니 버리던데요.
> 가 : 뭐라고요? 같은 부서에서 일하는 팀원으로서 <u>도와주지는 못할망정</u> 어떻게 방해를 할 수가 있어요?

(1) 가 : 명수 씨, 먼저 식사하러 가세요. 도저히 바빠서 못 가겠어요. 급한 일 좀 해결하고 갈게요.

   나 : 아무리 일이 중요해도 그렇죠. 비록 ________________________ 끼니는 꼬박꼬박 잘 챙겨먹어야 해요. 요즘 바쁘다는 핑계로 식사를 제때 못해서 위를 버린 사람들이 제법 많다고요.

(2) 가 : 어제 지하철에서 어떤 사람이 내 발을 밟아놓고선 사과는커녕 도리어 화를 내는 거 있죠.

   나 : 뭐라고요? 미안하다고 ________________________ 어떻게 화를 낼 수가 있어요? 정말 양심도 없군요.

(3) 가 : 그 뉴스 봤어요? 평생 폐지를 모아 팔던 할머니가 사회에 1억을 기부했대요.

   나 : 네, 저도 봤어요. 할머니는 겨울인데도 다 낡은 외투를 입고 폐지를 모으고 있었어요. 할머니가 입은 옷은 비록 ________________________ 마음만은 부자 못지않았어요.

(4) 가 : 어제 뉴스에 캠퍼스에서 대학생들이 술을 마시는 장면이 나왔는데 정말 보기 안 좋더라고요.

   나 : 글쎄 말이에요. 저도 며칠 전에 외국 친구하고 학교를 걷다가 술에 취한 학생과 마주쳤는데 외국친구에게 정말 부끄럽더라고요. 한국에 대한 좋은 인상은 ________________________ 방해는 하지 말아야죠

(5) 가 : 정부는 올해 경제 성장률이 3%에 그칠 것으로 내다보던데, 그 이유가 뭐라고 생각하십니까?

   나 : 우선은 국내 주요 기업이 투자에 여전히 소극적이어서 성장세가 낮을 뿐만 아니라, 대외적으로는 유럽과 미국의 재정위기가 그 주요 원인으로 분석됩니다.

   가 : 대외적 요인은 어쩔 수 없다 해도 국내 기업이 ________________________ 오히려 투자에 소극적이라니 실망스럽네요.

–은/는 고사하고

의미 어떠한 상황의 기대와 반대되거나 혹은 그 상황보다 기본적인 일도 이루어지지 않을 때 사용한다.

- 가 : 하나 씨, 자야 씨가 감기에 걸려서 많이 아프다면서요?
  나 : 네, 편도선이 많이 부어서 약**은 고사하고** 물 한 잔도 제대로 마시기 어렵대요.

예문

(1) 그 마을은 지진으로 인해 사람**은 고사하고** 나무 한 그루조차도 남아 있지 않다.

(2) 그 사람은 자신의 잘못을 반성하는 것**은 고사하고** 모든 일을 남의 탓으로 여겼다.

(3) 일이 밀려서 이번 휴가 때는 여행**은 고사하고** 가까운 공원조차도 산책하지 못했다.

(4) 가 : 고향에 계신 부모님을 자주 찾아뵙고 싶은데, 통 시간이 나지 않네요.
   나 : 저도 마찬가지예요. 직장 생활을 핑계로 찾아뵙**기는 고사하고** 연락조차 자주 드리지 못하거든요.

(5) 가 : 현우 씨, 오늘도 야근하세요?
   나 : 네, 연말이라 그런지 쉬지 않고 일을 하는데도 일이 줄어들**기는 고사하고** 점점 더 늘어나네요.

① '–은/는 고사하고'는 '–은/는커녕', '–은/는 물론이고', '–은/는 말할 것도 없고'와 바꿔 사용할 수 있다.

예 그 마을은 지진으로 인해 **사람은 고사하고** 나무 한 그루조차도 남아 있지 않다.

= 그 마을은 지진으로 인해 **사람은커녕** 나무 한 그루조차도 남아 있지 않다.

= 그 마을은 지진으로 인해 **사람은 물론이고** 나무 한 그루조차도 남아 있지 않다.

= 그 마을은 지진으로 인해 **사람은 말할 것도 없고** 나무 한 그루조차도 남아 있지 않다.

☞ '–은/는 고사하고', '–은/는커녕', '–은/는 물론이고', '–은/는 말할 것도 없고'는 다음과 같은 차이가 있다

	–은/는 고사하고	–은/는커녕	–은/는 물론이고	–은/는 말할 것도 없고
부정적인 상황	○	○	○	○
긍정적인 상황	×	×	○	○

2 '-은/는 고사하고'가 어떠한 상황의 기대와 반대되는 의미를 강조하기 위해 '-도', '-조차 (도)', '-마저(도)'를 같이 사용한다.

예 일이 밀려서 이번 휴가 때 **여행은 고사하고** 가까운 공원**도** 산책하지 못했다.
= 일이 밀려서 이번 휴가 때 **여행은 고사하고** 가까운 공원**조차(도)** 산책하지 못했다.
= 일이 밀려서 이번 휴가 때 **여행은 고사하고** 가까운 공원**마저(도)** 산책하지 못했다.

3 ' 은/는 고사하고'는 그 의미를 강소하기 위해 문장의 뒤에 '오히려'나 '도리어'를 함께 사용한다.

예 그 사람은 자신의 잘못을 반성하기는 고사하고 **오히려** 모든 일을 남의 탓으로 여겼다.

※ 다음 `보기` 와 같이 '–은/는 고사하고'를 사용하여 대화를 완성하십시오.

> `보기`
> 가 : 이번에 새로 이사한 집은 <u>난방은 고사하고</u> 뜨거운 물조차 잘 나오지 않아요.
> 나 : 그러니까 제가 집을 구할 때는 집을 구석구석 꼼꼼하게 살펴봐야 한다고 했잖아요.

(1) 가 : 현우 씨, 여름휴가는 어떻게 보낼 거예요? 저는 가족들과 함께 제주도로 3박 4일 자전거 하이킹을 가려고요.

　　나 : 정말 좋겠어요. 그런데 너무 덥지 않겠어요? 저는 더위를 많이 타는 편이라 ＿＿＿＿＿ ＿＿＿＿＿ 집에서 가까운 공원조차 나가지 않을 생각이에요.

(2) 가 : 수영아, 결혼 준비는 잘 하고 있니?

　　나 : 아니, 명수 씨가 이번 달부터 회사에서 진행하는 새로운 프로젝트를 담당하는 바람에 ＿＿＿＿＿＿＿＿＿＿ 일주일에 한 번 얼굴조차 보기 힘들어.

(3) 가 : 다음 소식은 이민호 기자가 준비했습니다.

　　나 : 네, 이민호입니다. 얼마 전 같은 드라마에 출연하며 열애설이 난 스티브 씨와 제시카 씨는 열애사실을 ＿＿＿＿＿＿＿＿＿＿ 지금까지 밥 한 번 먹은 적이 없다며 열애설을 강력하게 부인하고 있습니다.

(4) 가 : 현우 씨, 오늘도 야근하세요?

　　나 : 네, 연말이라 그런지 쉬지 않고 일을 하는데도 일이 ＿＿＿＿＿＿＿＿＿ 점점 더 늘어나네요.

(5) 가 : 최근 한 병원에서 지난 10년 간 한국인의 심장 질환이 급격히 증가한 원인에 대한 연구 결과를 발표했는데, 현대인의 불규칙한 식사 습관이 가장 큰 원인으로 밝혀졌대요.

　　나 : 그런데 어디 식사 습관뿐이겠어요? 적당한 운동도 필요한데, ＿＿＿＿＿＿＿＿＿ 오히려 일을 하느라 하루 종일 의자에 앉아 있는 경우가 많으니 건강이 나빠질 수밖에 없는 거죠.

–건마는

의미 앞 문장에서 예상되는 결과와 반대되는 상황이나 내용이 뒤 문장에 나올 때 사용한다.

- 가 : 그 일은 아직 못 끝냈니?

  나 : 그렇게 열심히 **했건마는** 일이 줄어들지가 않아.

예문 (1) 나는 대학 성적도 좋고 자격증도 몇 개 있**건마는** 취업에서 계속 떨어진다.

(2) 의사가 시킨 대로 꼬박꼬박 약을 먹**었건마는** 낫지 않는다.

(3) 차를 빌려달라고 하면 빌려주**겠건마는** 자존심 때문인지 빌려달라고 하지 않는다.

(4) 가 : 뉴스에서는 물가가 내렸다고 하**건마는** 체감온도는 더 오른 것 같아요.

   나 : 기업들이 한 번 올린 물건 값은 쉽게 내리지 않잖아요!

(5) 가 : 이번에 김 과장님이 명예퇴직을 당했다고 하네요.

   나 : 그렇게 열심히 일**했건마는** 회사에서 알아주지 않으니 무슨 소용이에요?

① '–건마는'이 의지나 추측의 의미를 나타낼 때에는 '–겠건마는'을 사용한다.

   예 그 사람이 도와달라고 하면 **도와주겠건마는** 그런 말을 하지 않네요.

   아이가 그렇게 많이 다쳤으면 **아프겠건마는** 아프다는 소리를 안 한다.

② '–건마는'은 '–건만'으로도 사용한다.

   예 한국에서 5년이나 한국어 공부를 **했건마는** 아직도 잘 하지 못한다.

   = 한국에서 5년이나 한국어 공부를 **했건만** 아직도 잘 하지 못한다.

※　다음 보기 와 같이 '-건마는'을 사용하여 대화를 완성하십시오.

> 보기
>
> 가 : 그 일은 아직 못 끝냈니?
> 나 : 그렇게 <u>열심히 했건만</u> 일이 줄어들지가 않아.

(1) 가 : 대학 다닐 때 네 말을 듣고 자격증을 좀 많이 따둘 걸 지금 너무 후회가 돼.

　　나 : 그 때 내가 그렇게 ＿＿＿＿＿＿＿ 내 충고를 듣지도 않더니….

(2) 가 : 치솟는 물가에 대한 정부 시책이 시급한 것 같아요.

　　나 : 맞아요. 물가가 하늘 높은 줄 모르고 계속 ＿＿＿＿＿＿＿ 정부가 별다른 대책을
　　　　세우지 못하고 있어요.

(3) 가 : 그렇게 열심히 일했는데 어떻게 그런 일로 해고를 당할 수 있죠?

　　나 : 그러게요. 그렇게 열심히 ＿＿＿＿＿＿＿ 회사에서는 조금의 배려조차 없네요.

(4) 가 : 지역 사회 발전에 힘써왔던 김 의원이 불미스러운 사건에 휘말려 결국에는 의원직을
　　　　박탈당했대요.

　　나 : 네, 저도 들었어요. 김 의원이 지금까지 지역 사회 발전에 ＿＿＿＿＿＿＿ 한 번의
　　　　실수로 의원직까지 내려놓게 되었네요.

(5) 가 : 그 학생 이야기 들었어? 꿈도 많은 아이였는데 병마로 인해 병원신세만 지다가 결국에는
　　　　생을 마감했대. 정말 안 됐어.

　　나 : 그렇지. 그렇게 꿈이 ＿＿＿＿＿＿＿ 뭐 하나 제대로 이루지 못하고 가서 정말 안
　　　　타까워.

–다 못해

의미
정도가 지나쳐서 그 이상의 극단적 상태까지 이르렀거나 한계 상황에 이르러 더 이상 그 상태를 유지할 수 없을 때 사용한다.

- 가 : 점심 시간이 지났으니 빨리 식당으로 갑시다.
  나 : 빨리 가요. 배가 고프**다 못해** 아프기까지 해요.

예문
(1) 급우들의 폭력에 견디**다 못해** 부모님께 도움을 요청했다.
(2) 조상의 지혜로움이 놀랍**다 못해** 경이롭다.
(3) 겨울 산의 경치가 아름답**다 못해** 눈부시다.
(4) 가 : 자야 씨. 그렇게 바라던 회사에 취직되어 축하해요.
  나 : 감사합니다. 정말 들어가고 싶었던 회사이기에 합격했다는 소리를 들으니 기쁘**다 못해** 눈물이 나요.
(5) 가 : 오늘 왜 애인이랑 같이 안 오고 혼자 왔니?
  나 : 그 사람과 성격이 너무 안 맞아서 견디**다 못해** 헤어졌어.

1 '–다 못해'는 형용사의 경우 그 정도가 지나쳐서 극단적 상태까지 간 경우를 나타내고, 동사의 경우 한계에 다 이르러 그 동작의 상태를 유지할 수 없음을 나타낸다.

  예 취업에 성공하니 **기쁘다 못해** 눈물이 난다.
    (기쁜 것이 지나쳐서 눈물이 난 상태까지 간 것을 나타낸다)

    그 학생이 자꾸 엉뚱한 행동을 하길래 **참다 못해** 화를 내고 말았다.
    (엉뚱한 행동을 계속 해서 한계점에 이르러 화를 낸 것을 나타낸다.)

※ 다음 보기 와 같이 '–다 못해'를 사용하여 대화를 완성하십시오.

> 보기
>
> 가 : 점심 시간이 지났으니 빨리 식당으로 갑시다.
> 나 : 빨리 가요. 배가 <u>고프다 못해</u> 아프기까지 해요.

(1) 가 : 왜 이렇게 화가 났어요?

　　나 : 하숙집 아줌마가 너무 잔소리를 많이 하길래 ＿＿＿＿＿＿＿＿ 싸웠어요.

(2) 가 : 전화기가 계속 꺼져 있던데 무슨 일 있어요?

　　나 : 수업 중에 자꾸 전화가 와서 ＿＿＿＿＿＿＿＿ 그냥 꺼 버렸어요.

(3) 가 : 아이가 그림을 너무 잘 그렸네요.

　　나 : 아니에요, 아이가 혼자 그리는 걸 너무 힘들어 하길래 ＿＿＿＿＿＿＿＿ 제가 도와 줬어요.

(4) 가 : 이 김치찌개가 너무 매운 것 같아요.

　　나 : 그렇죠? ＿＿＿＿＿＿＿＿ 눈물이 나네요.

(5) 가 : 요즘 부모들은 공공장소에서 떠드는 아이들을 그냥 내버려 두는 것 같아.

　　나 : 맞아, 나도 저번에 기차에서 아이들이 떠드는데 부모들이 가만히 있어서 내가 ＿＿＿＿＿＿ ＿＿＿＿＿ 조용히 하라고 말하고 말았어.

–은/는커녕

V, A, 있다/없다 + 기는커녕 ; 가기는커녕, 많기는커녕, 있기는커녕
V, A, 있다/없다 + 았/었기는커녕 ; 갔기는커녕, 많았기는커녕, 있었기는커녕
N + 은/는커녕 ; 학교는커녕, 수입은커녕

의미 앞 문장의 일이 불가능하거나 그 기대와 다른 결과가 나타날 때 사용한다.

- 가 : 이번에 또 정치인 비리가 터졌다면서요?
  나 : 그러게요. 대개 정치인들은 자신들의 공약을 지키**기는커녕** 자기 밥그릇에만
    관심이 있는 것 같아요.

예문 (1) 무작정 여행을 떠났다가 호텔**은커녕** 민박집도 구하지 못했다.

(2) 그는 자기가 잘못하고도 사과**는커녕** 오히려 화를 낸다.

(3) 늦을까 봐 지름길로 갔는데 빨리 가**기는커녕** 정체가 심해서 오도 가도 못했다.

(4) 가 : 어제 첫눈 온다고 안 잔다고 하더니 첫눈은 봤어?
   나 : 아니, 첫눈이 올 거라는 일기 예보에 잠도 안 자고 기다렸건만 눈**은커녕** 비도 안 왔어.

(5) 가 : 아무리 술을 마셔도 스트레스가 풀리**기는커녕** 더 우울해지기만 하는 것 같아.
   나 : 우울하다고 해서 술만 마시지 말고, 운동을 하거나 친구들을 만나도록 해.

1 '–은/는커녕'은 보통 '–은/는커녕 –도 못(안) 하다', '–은/는커녕 –만 하다'의 형태로 많이
사용된다.

  예 이번 주는 몸이 너무 안 좋아서 **외출은커녕** 침대에서 일어나지**도 못했다**.
    결혼은커녕 제대로 된 연애**도 못 해 봤다**.
    상해에 가서 **여행은커녕** 일 때문에 지사에서 일**만 했다**.

  ☞ '–은/는 커녕 –도 못(안) 하다' 여기에서 '–도' 대신에 '–조차(도)'도 쓸 수 있다.

  예 목이 아파서 **밥은커녕** 물도 못 마셨다.
    = 목이 아파서 **밥은커녕** 물**조차 못 마셨다**.

2 동사와 같이 사용할 때는 '–기는커녕'의 형태로 사용된다.

  예 그는 다른 사람을 **돕기는커녕** 자신의 일도 제대로 못 한다.
    컴퓨터는 **잘하기는커녕** 어떻게 켜는지도 모른다.
    공부를 열심히 **하기는커녕** 학교도 제대로 안 나온다.

☞ '−기는커녕' 앞에는 부정적인 의미가 나오더라도 형태는 긍정으로 나타난다.

예 공부를 열심히 **하지 않는다**. 학교에도 매일 결석한다.

공부를 열심히 **하지 않기는커녕** 학교에도 매일 결석한다. (×)

공부를 열심히 **하기는커녕** 학교에도 매일 결석한다. (○)

※ 다음 보기 와 같이 '–은/는커녕'을 사용하여 대화를 완성하십시오.

> 보기
>
> 가 : 아무리 술을 마셔도 스트레스가 풀리기는커녕 더 우울해지기만 하는 것 같아.
>
> 나 : 우울하다고 해서 술만 마시지 말고, 운동을 하거나 친구들을 만나도록 해.

(1) 가 : 명수 씨는 결혼하신지 얼마나 되셨나요?

　　나 : 네? 결혼이요? ________________ 아직 제대로 된 연예도 한 번 못 해 봤어요.

　　가 : 죄송해요. 저는 결혼을 했을 거라고 생각했어요. 정말 죄송해요.

(2) 가 : 어제 축구 봤어? 원정경기라서 새벽에 했던 터라 난 못 봤거든. 결과는 어떻게 됐어?

　　나 : 나는 ______________ 광고도 못 봤어.

　　가 : 왜? 어제 경기 볼 거라고 커피까지 마시면서 안 잤잖아.

　　나 : 제시간에 되어서 텔레비전을 켜려고 하던 차에 정전이 돼서 못 봤어.

(3) 가 : 수영 씨, 지금 어디예요? 회의 시간이 다 되어 가는데 왜 안 오는 거예요?

　　나 : 행여나 늦을까 봐 택시를 탔는데 빨리 ______________ 도로에서 옴짝달싹 못 하고
　　　　 있어요.

(4) 가 : 김 대리님 유럽 출장은 잘 다녀오셨나요? 모처럼 유럽까지 가셨는데 여행은 하셨어요?

　　나 : 말도 마, ______________ 지사에 공장에 문제가 생기는 바람에 오는 날 한 시간 전
　　　　 까지 일만 하고 왔어.

(5) 가 : 올해부터 정부 농작물에 대한 재해보험이 ______________ 축소될 전망이라고 해요.

　　나 : 제가 본 뉴스에는 정부 농작물 재해보험 자체가 없어진다는 소문도 있던데…. 안 그래
　　　　 도 자연재해가 많이 생기는 요즘 확대해도 모자랄 판에 없어진다니 걱정이네요.

　　가 : 앞으로 농민들의 부담이 더욱 커지겠군요.

　　나 : 농민들만의 부담이 생기면 자연히 채소가격도 높아지니 우리 소비자들의 부담도 커지
　　　　 겠지요.

01~12 (   )에 알맞은 말을 고르십시오.

01

정부는 많은 청년들이 일을 할 수 (   ) 일자리 창출에 많은 노력을 기해야 할 것이다.

① 있게끔   ② 있다가
③ 있든지   ④ 있고자

02

이번 하반기에 예산이 (   ) 노인들의 복지 정책이 확대되지는 않을 것으로 보인다.

① 늘어날 테니까   ② 늘어나려던 참에
③ 늘어나는 데다가   ④ 늘어나면 몰라도

03

다른 사람의 눈에는 (   ) 나에게는 세상 무엇보다도 소중한 물건입니다.

① 하찮은들   ② 하찮거니와
③ 하찮았건만   ④ 하찮은 것일지라도

04

어떤 기업들은 자신들의 이익을 위해서 인심이라도 (   ) 남을 돕는 경우도 있다.

① 쓰듯   ② 쓸지
③ 쓸 겸   ④ 쓸 바에

05

비록 결과는 (   ) 우리가 열심히 연습했기에 이대로 포기할 수는 없다.

① 좋지 않을지언정   ② 좋지 않은 탓에
③ 좋지 않은 대신에   ④ 좋지 않은 만큼

06

젊은 사람들이 신조어를 무분별하게 (   ) 세대 간의 격차가 더 커져 가고 있다.

① 사용하다 보니   ② 사용한 가운데
③ 사용하기만 하면   ④ 사용한다면 모를까

07

> 나는 손해를 (   ) 남을 속이면서까지 돈을 벌고 싶은 마음은 없다.

① 볼망정   ② 볼 바에
③ 볼라치면   ④ 볼뿐더러

08

> 그는 자신의 잘못을 (   ) 모든 일을 남의 탓으로만 여긴다.

① 반성하기가 무섭게   ② 반성하는 것을 비롯해서
③ 반성하는 것을 무릅쓰고   ④ 반성하는 것은 고사하고

09

> 뉴스에서는 물가가 내렸다고 (   ) 실상 시장에 가 보면 물가가 더 오른 것 같다.

① 하건마는   ② 하더라도
③ 한다면야   ④ 하거니와

10

> 최근 중학교에서 같은 반 학생들의 폭력을 (   ) 학교를 그만두는 사례가 많아지고 있다.

① 견디던 차에   ② 견디다 못해
③ 견디기는 하나   ④ 견디는 가운데

11

> 기분이 좋지 않다고 해서 술을 마시면 기분이 (   ) 더 우울해질 수 있다.

① 좋아지느니   ② 좋은 바람에
③ 좋아진 덕분에   ④ 좋아지기는커녕

12~16 밑줄 친 부분과 의미가 가장 비슷한 것을 고르십시오.

12

직장 여성들이 마음 편히 일을 할 수 <u>있도록</u> 아이들을 맡길 수 있는 여건이 제도적으로 마련되어야 할 것이다.

① 있고서
② 있던데
③ 있더니
④ 있게끔

13

지금 상황에서는 현황 과제들이 많기에 예산이 더 <u>책정되면</u> 몰라도 그린공원 조성 사업은 실행되지 않을 것이다.

① 책정되니까
② 책정된다면
③ 책정되느니
④ 책정되고서는

14

그는 항상 오랜만에 <u>만나는 양</u> 모든 사람을 반갑게 대한다.

① 만나다가 보면
② 만난다고 한들
③ 만나기라도 하듯
④ 만나는 것일지라도

15

부모님의 은혜를 갚지는 <u>못할지언정</u> 오히려 부모님을 때릴 수 있겠는가?

① 못할망정
② 못한다면
③ 못하련만
④ 못하게끔

16

이번 홍수로 인해 <u>집은 물론이고</u> 나무 한 그루조차 남아 있지 않다.

① 집인지라
② 집만 해도
③ 집이거니와
④ 집은 고사하고

17~18 다음 글을 읽고 질문에 답하십시오.

　가뜩이나 어려운 경제에 전화영어와 화상영어와 같은 업체들의 천차만별 가격이 소비자를 두 번 울리고 있다. 학원가에서는 현재 오프라인 영어학원 가격이 20~25만원선에서 어려운 경기로 인해 17~20만원대로 떨어질 수 있다는 분위기가 지배적이다. 이러한 현상을 ㉠비웃기라도 하듯 온라인 전화영어 업체들은 매일 10분씩 휴대폰 수업이 10만원 이상의 가격대가 형성되어 있다. 업체마다 적게는 9만원 많게는 20만원까지 가격차이가 났다. 업체들이 제공하는 서비스를 살펴봐도 거의 비슷한 것으로 나타났다.

　그렇다면 이처럼 가격의 차이가 생기는 것은 무엇일까? 바로 강사의 수준과 다양한 컨텐츠를 꼽을 수 있다. 저렴한 가격을 제공하는 업체들 중 상당수는 강사 관리가 허술하며, 정해진 컨텐츠로 반복되기만 하여 수강생들로 하여금 지루하다는 평가를 받고 있다. 반면 업체들은 저렴한 가격으로 ㉡(　　　　) 자연스럽게 서비스 질은 낮아질 수밖에 없다고 설명했다.

18 ㉠과 바꿔 사용할 수 있는 말을 고르시오.

① 비웃는 한　　　　　　　② 비웃는 양

③ 비웃는 들　　　　　　　④ 비웃는 편

19 ㉡에 알맞은 것을 고르십시오.

① 맞추는 바에　　　　　　② 맞추는 반면

③ 맞추는 대로　　　　　　④ 맞추다 보니

19~20 다음 글을 읽고 질문에 답하십시오.

평소 양치질을 잘 해야 되겠다는 생각이 ㉠(   ) 하는 그림이 공개됐습니다. 최근 한 온라인 커뮤니티 게시판에는 '양치질의 필요성'이라는 제목으로 그림 한 장이 게재되면서 많은 사람들의 관심을 모으고 있습니다. 공개된 그림에는 인공호흡을 하는 과정이 인명구조 지침처럼 담겨 있습니다만 결말은 쓰러진 사람이 양치질을 하지 않아 구하려던 사람이 입냄새에 질식된 것으로 추정돼 함께 쓰러져 버립니다. 이 그림을 본 네티즌들은 '놀랍다', '이를 잘 닦아야지' 등의 반응과 '너무 과장이 됐다', '실제성도 ㉡없는데다가 너무 과장이다'라는 반응도 보였습니다.

20 ㉠에 알맞은 것을 고르십시오.

① 들게끔 ② 드는지라
③ 드는 만큼 ④ 들자마자

21 ㉡과 바꿔 사용할 수 있는 말을 고르십시오.

① 없거니와 ② 없기라도
③ 없다마는 ④ 없는지라

ㄱ

• 개 발에 편자

그들은 대중의 취향만을 고려하는 그에게 예술가란 호칭은 개발에 편자란 식이라고 폄하했다.

• 고생 끝에 낙이 온다

가 : 아픈 자녀를 돌보느라 고생이 많으시네요.

나 : 네, 하지만 고생 끝에 낙이 온다는 말처럼 분명히 아이 건강이 다시 좋아질 거라고 믿어요.

• 같은 값이면 다홍치마

같은 값이면 다홍치마라고 가격에 별 차이가 없다면 소비자들은 더 아름답고 예쁜 것에 끌리기 마련이다.

ㄴ

• 누이 좋고 매부 좋다

이번 사업은 지역 발전을 도모할 수 있을 뿐만 아니라 기업에도 이득이 되니 누이 좋고 매부 좋은 일이다.

ㄷ

• 도랑 치고 가재 잡는다

가벼운 산책은 스트레스 풀 수 있어서 좋고 신체에 생기는 질병도 예방할 수 있으니 도랑 치고 가재 잡는 격이라고 할 수 있다.

• 돌다리도 두드려 보고 건너라

가 : 집 계약하러 갔다 올게요.

나 : 네, 돌다리도 두드려보고 건너라고 계약서를 꼼꼼하게 확인한 후에 서명하세요.

ㄹ

• 밑 빠진 독에 물 붓기

밑 빠진 독에 물 붓기라고 자식이 많으니 아무리 열심히 벌어도 금전적인 여유가 없다.

ㅁ

• 병 주고 약 준다

개발이라는 명목 하에 환경이 파괴되는 것은 나 몰라라 하더니 이제서야 환경 보호에 앞장서려드는 정부의 병주고 약주려는 태도가 실망스러울 뿐이다.

• 비 온 뒤에 땅이 굳어진다

가 : 요즘 최고의 인기를 얻고 있는 가수도 7년 동안이나 무명생활을 했대요.

나 : 비 온 뒤에 땅이 굳어진다는 말처럼 그런 어려움이 성공의 밑바탕이 되었을 것 같네요.

PART 2

이거 모르면 **불안하다.**
(고빈도)

–(으)려니 해도

의미 추측하거나 기대한 것과 반대의 사실이 올 때 사용한다.

- 가 : 영호 씨가 이번 신입사원 면접에서 붙었을까?

  나 : 면접을 잘 뵈서 이번에는 합격하**려니 해도** 결과는 나와 봐야 아는 거잖아.

예문 (1) 요즘 날씨가 추워서 그러**려니 해도** 가게를 찾는 손님이 너무 없다.

(2) 월급이 오르면서 생활에 여유가 생기**려니 해도** 힘든 생활은 여전하다.

(3) 요즘 동생이 피곤해 하기에 시험 때문**이려니 해도** 시험이 아니라 게임 때문이었다.

(4) 가 : 스티브 씨가 먼저 출발했으니까 우리보다 빨리 도착하겠네요.

  나 : 먼저 도착해 있**으려니 해도** 교통상황이 어떻게 될지 모르니까 알 수 없는 거지.

(5) 가 : 올 상반기에 경기가 풀릴 거라는데 그러면 부동산 가격도 오르지 않을까요?

  나 : 경기가 풀리면서 부동산 가격 또한 오르**려니 해도** 꼭 그렇지만도 않은 것 같아요.

1. '–(으)려니 해도'는 '–(으)려니 하다/생각하다'의 형태로도 사용된다.

   예 요즘 시험 때문에 **피곤하려니 했다**.

   그 사람이 먼저 출발해서 도착해 **있으려니 생각했다**.

2. '–(으)려니 해도'는 '–겠거니 해도'와 바꿔 사용할 수 있다.

   예 경기가 풀리면서 부동산 가격 또한 **오르려니 해도** 여전히 떨어지기만 한다.

   = 경기가 풀리면서 부동산 가격 또한 **오르겠거니 해도** 여전히 떨어지기만 한다.

※ 다음 보기 와 같이 '–(으)려니 해도'를 사용하여 대화를 완성하십시오.

> 보기
>
> 가 : 영호 씨가 이번 신입사원 면접에서 붙었을까?
> 나 : 면접을 잘 봐서 이번에는 <u>합격하려니 해도</u> 결과는 나와 봐야 아는 거잖아.

(1) 가 : 요즘에 지희 씨가 신고 있는 운동화 광고도 많이 하던데, 어때요? 신을 만해요?

　　나 : 말도 마세요. 워낙 이 브랜드가 유명하고 가격도 비싼지라 으레 ＿＿＿＿＿＿＿＿＿ 막상 신어 보니까 착용감도 그렇고, 발도 불편한 거예요. 비싸다고 다 좋은 게 아닌가 봐요.

(2) 가 : 스티브 씨가 먼저 출발했으니까 우리보다 빨리 도착하겠네요. 먼저 도착한 사람이 저녁을 준비하고 있으면 되겠네요.

　　나 : 빨리 출발했으니까 당연히 먼저 ＿＿＿＿＿＿＿＿＿ 교통상황이 어떻게 될지 모르는 거니까. 그러지 말고 스티브 씨한테 도착할 때쯤 전화하라고 해.

(3) 가 : 올 상반기부터는 경기가 점차 풀린다고 하네요. 그렇다면 침체된 부동산 경기도 점차 활기를 띠지 않을까요?

　　나 : 글쎄요. 꼭 그렇지만은 않은 것 같아요. 경기 회복으로 부동산 경기가 ＿＿＿＿＿＿＿＿＿ 여전히 떨어지기만 하네요.

(4) 가 : 요즘 들어 수영 씨가 왜 저렇게 예민하게 구는지 도통 그 이유를 모르겠어요.

　　나 : 취업 준비 때문에 스트레스를 많이 받아서 그렇잖아요. 친구인 우리가 이해해 줘야죠.

　　가 : 아무리 친구라고 해도 그렇죠. 처음에는 취업 때문에 스트레스를 ＿＿＿＿＿＿＿＿＿ 지금까지 예민하게 구니까 저도 더 이상은 못 참겠어요.

(5) 가 : 요즘 부모님들이 말다툼할 때 생각 없이 내뱉는 말 때문에 상처를 받는 아이들이 많대요.

　　나 : 그러니까요, 아무리 어리다고 해도 들을 건 다 듣는데 말이죠.

　　가 : 맞아요. 아직 아이들이 어리니까 말다툼의 내용을 ＿＿＿＿＿＿＿＿＿ 위기에 몰리면 직감적으로 알아듣는다고 하더라고요.

-(으)ㄴ/는 이상

V, 있다/없다 + 는 이상 ; 받는 이상, 가는 이상, 있는 이상, 없는 이상
A + (으)ㄴ 이상 ; 많은 이상, 큰 이상
N + 인 이상 ; 학생인 이상, 학교인 이상
V + (으)ㄴ 이상 ; 받은 이상, 간 이상

의미

뒤 문장의 결과에 대한 가정이나 조건을 나타낸다.

- 가 : 이렇게 비가 오는데 야외에서 음악회를 할 수 있을까요?

  나 : 비가 오**는 이상** 여기에서는 음악회를 못 하겠네요. 빨리 다른 장소를 찾아 보세요.

예문

(1) 집에서 공항이 **먼 이상** 일찍 서두를 수밖에 없다.

(2) 큰맘을 먹고 한국으로 유학을 **온 이상** 끝까지 해 내야 한다.

(3) 그 분야에 전문가가 **아닌 이상** 함부로 평가를 내리기가 어렵다.

(4) 가 : 홍보를 많이 했음에도 불구하고 지원자가 많이 없네요.

  나 : 자발적인 지원자가 **적은 이상** 강제로라도 동원할 수밖에요.

(5) 가 : 선생님, 검사 결과는 어떤가요? 혹시 문제라도 있나요?

  나 : 이번 검사 결과는 아무 문제없습니다만, 앞으로 담배를 끊지 **않는 이상** 건강을 장담할
  수는 없습니다.

① '-(으)ㄴ/는 이상'은 '-는 한'과 바꿔 사용할 수 있다.

  예 담배를 **끊지 않는 이상** 당신의 건강은 장담할 수 없다.
  = 담배를 **끊지 않는 한** 당신의 건강은 장담할 수 없다.

  ☞ 단, '-(으)ㄴ/는 이상'이 과거일 때는 '-는 한'과 바꿔 사용할 수 없다.

  예 제가 담당자로 **온 이상** 일찍 퇴근할 생각은 마십시오.
  = 제가 담당자로 **온 한** 일찍 퇴근할 생각은 마십시오. (×)

※ 다음 보기 와 같이 '-(으)ㄴ/는 이상'을 사용하여 대화를 완성하십시오.

> 보기
> 가 : 이렇게 비가 오는데 야외에서 음악회를 할 수 있을까요?
> 나 : <u>비가 오는 이상</u> 여기에서는 음악회를 못 하겠네요. 빨리 다른 장소를 찾아 보세요.

(1) 가 : 이번 행사를 위해서 홍보를 많이 했는데도 불구하고 지원자가 많이 없네요.

　　 나 : 자발적인 지원자가 많이 ________________ 강제로라도 동원할 수밖에 없어요.

(2) 가 : 어쩔 수 없이 경기에 참가하기는 하겠지만 상대팀의 전력이 대단해서 겁부터 나네요.

　　 나 : 지금 와서 무슨 그런 약한 소리를 하세요? 이왕 경기에 ________________ 우승을 위

　　　　해서 노력해야지요. 우리 모두 힘냅시다.

(3) 가 : 어떡하지요? 어제 집을 계약했는데 요즘 시세보다 두 배나 비싼 가격이더라고요. 게다

　　　　가 난방비며, 전기세가 모두 별도여서 세금도 많이 나오겠던데 계약을 해지할 수는 없

　　　　나요?

　　 나 : 이미 계약서에 ________________ 계약을 해지하는 것은 불가능합니다. 그러니까 계

　　　　약서에 동의하기 전에 꼼꼼히 알아보셨어야지요.

(4) 가 : 다이어트 한다면서 왜 이렇게 많이 먹어?

　　 나 : 살을 빼겠다고 마음을 먹어도 음식 앞에 서면 마음이 약해지는 걸 어떡하니?

　　 가 : 아무리 먹고 싶은 충동이 들어도 한번 살을 빼겠다고 ________________ 포기하지 말

　　　　아야지. 너 그러다 평생 다이어트 성공 못 할걸.

(5) 가 : '신애리' 작가의 이번 신작을 두고 사람들의 말이 많은 것 같아요.

　　 나 : 기존의 작품과는 달리 너무나도 파격적이라서 그런 것 같아요. 어떤 사람들은 예술이

　　　　아니라고 하는 사람도 있더라고요.

　　 가 : 그래도 그 작가가 그 분야의 ________________ 함부로 평가해서는 안 될 것 같아요.

–(으)ㄹ세라

V + (으)ㄹ세라 ; 다칠세라, 놓을세라
V + 았/었을세라 ; 다쳤을세라, 놓쳤을세라

의미 앞 문장처럼 되는 것을 몹시 걱정하여 뒤 문장처럼 행동함을 나타낸다.

- 가 : 어제 '김철수' 교수님의 특강이 있었다지요? 현우 씨도 갔다 왔어요?

  나 : 네, 정말 좋았어요. 모두 다 교수님의 말 한마디라도 놓**칠세라** 집중해서 듣더라구요.

예문 (1) 엄마는 행여나 아이가 다**칠세라** 조심스럽게 아이를 안았다.

(2) 그들은 행여 누가 들**을세라** 자기들끼리만 소곤소곤 말을 하였다.

(3) 누가 자신의 밥을 빼앗아 먹**을세라** 주위를 살피며 허겁지겁 먹기 시작했다.

(4) 가 : 어, 이 책 갈 때마다 대여중이던데 어떻게 빌렸어?

  나 : 도서관 반납 코너에 있더라고. 그래서 다른 사람이 빌려**갈세라** 얼른 가져왔지.

(5) 가 : A사의 신제품에 뒤**질세라** B사에서도 조만간 새로운 제품을 선보인다는군요.

  나 : 새로운 기능을 가진 제품이 계속 나오면 소비자 입장에서는 좋지만 경쟁이 과열되는 것 같아 걱정도 되는군요.

1 '–(으)ㄹ세라'는 '–(으)ㄹ까 봐(서), –(으)ㄹ까 싶어(서)' 와 바꿔 사용할 수 있다.

예 학생들은 선생님의 말 한마디라도 **놓칠세라** 모두 집중해서 수업을 들었다.

= 학생들은 선생님의 말 한마디라도 **놓칠까 봐(서)** 모두 집중해서 수업을 들었다.

= 학생들은 선생님의 말 한마디라도 **놓칠까 싶어(서)** 모두 집중해서 수업을 들었다.

2 '–(으)ㄹ세라'는 '행여(나), 혹여, 혹시라도'와 같이 사용하여 그 의미를 강하게 나타낸다.

예 나는 **행여나** 전화번호를 잊어버릴세라 휴대폰에 저장해 두었다.

학생들은 **혹여** 중요한 것을 놓칠세라 교수님의 말에 귀를 기울였다.

그녀는 **혹시라도** 자식이 뒤쳐질세라 온 힘을 다해 자식을 뒷바라지 하고 있다.

3 '–(으)ㄹ세라'는 '–았/었을세라'의 형태로 사용하여 과거의 완료된 사실을 나타낸다.

예 전공 서적을 혹여나 다른 사람이 **빌려갔을세라** 부랴부랴 도서관으로 뛰어갔다.

나는 행여나 누가 나의 목소리를 **들었을세라** 주위를 살피며 방 안으로 들어갔다.

※　다음 보기 와 같이 '-(으)ㄹ세라'를 사용하여 대화를 완성하십시오.

> 보기
>
> 가 : 지희 씨, 이 책 갈 때마다 대여중이던데 어떻게 빌렸어요?
> 나 : 아침에 도서관에 책 반납하러 갔는데 있더라고요. 그래서 다른 사람이 <u>빌려갈세라</u> 얼른 가져왔지요.

(1) 가 : 현우 씨, 이 책 어떻게 샀어요? 전 이 책을 사려고 서점을 몇 군데나 돌았는지 몰라요.

　　나 : 저도 책이 ＿＿＿＿＿＿＿ 입고되자마자 바로 서점에 가서 샀어요. 어찌나 인기가 많은지 판매된 지 1시간 만에 다 팔렸다고 하더군요.

(2) 가 : 오늘 아침에 외국인이 길을 물어보는데 제대로 대답도 못한 채 얼굴만 빨개졌어요. 아무리 영어를 공부해도 막상 외국인을 만나면 좀처럼 입이 떨어지지 않아요.

　　나 : 저도 그래요. 얼마 전에 길거리에서 외국인과 눈이 마주쳤는데 그 사람이 나에게 ＿＿＿＿＿ ＿＿＿＿＿＿＿＿＿ 전화를 받는 척 한 적도 있다니까요.

(3) 가 : 요즘 부모들은 행여나 자기 아이들이 ＿＿＿＿＿＿＿ 많은 비용을 감수하고서라도 자식 뒷바라지를 하는 것 같아요.

　　나 : 그렇게 해서라도 자신의 아이만큼은 뒤쳐지지 않고, 성공하기를 바라는 마음에서 그러는거죠.

(4) 가 : 어제 아나운서 '김서하' 선배의 특강 정말 좋지 않았어?

　　나 : 너 갔었구나. 난 그 시간에 수업이 있어서 못 갔어. 분위기 어땠어?

　　가 : 정말 대단했어. 학창시절부터 아나운서가 되기까지의 이야기를 하는데 강연장에 있는 학생들 모두 선배의 말을 ＿＿＿＿＿＿＿ 집중하더라.

　　나 : 정말? 나도 꼭 듣고 싶었는데 정말 아쉽다.

(5) 가 : 항상 밝은 자야 씨가 요즘 얼굴이 안 좋아 보이던데 무슨 일이 있는지 걱정이네요.

　　나 : 아무래도 타지에서 혼자 생활하는 게 힘든가 봐요. 얼마 전에 고향에 있는 친구랑 통화하며 울던데요….

　　가 : 많이 힘들고 외롭겠지요. 저도 유학 시절에 힘들고 외로워서 많이 울었어요. 그때마다 혹시라도 누가 ＿＿＿＿＿＿＿ 화장실에서 울었다니까요.

–느니만큼

의미

앞 문장의 사실을 인정하면서 그것이 뒤 문장의 원인이나 근거가 됨을 나타낸다.

- 가 : 내일 시험이지요? 열심히 공부**했으니만큼** 좋은 성과가 있을 거예요.

  나 : 고마워요. 저도 이번 시험에는 꼭 합격하리라 믿어요.

예문

(1) 이번 휴가는 다른 때와는 달리 특별하**니만큼** 모처럼 여행을 갈까 생각중입니다.

(2) 부모님께서 그 사람과의 결혼을 심하게 반대하**느니만큼** 다시 결혼을 생각해 봐.

(3) 당시에는 전화가 귀**했으니만큼** 집에 전화가 있다고 하면 큰 자랑거리였다.

(4) 가 : 항상 점심때만 되면 뭘 먹을까가 고민이라니까. 그나저나 오늘은 뭘 먹지?

  나 : 아무래도 겨울**이니만큼** 따뜻한 국물이 있는 것이 좋을 것 같네.

(5) 가 : 집값이 좀처럼 오르지 않네요. 이대로 가다가는 본전은커녕 이자만 더 내겠어요.

  나 : 지금 현재로서는 부동산 경기가 좋지 않**으니만큼** 경기가 풀릴 때까지 한번 기다려

  봅시다.

① '–느니만큼'은 '–느니만치'로 바꿔 사용할 수 있다.

  예 열심히 **공부하느니만큼** 좋은 결과가 있을 것이다.

  = 열심히 **공부하느니만치** 좋은 결과가 있을 것이다.

  집에서 학교가 **가까우니만큼** 늦게 나가도 된다.

  = 집에서 학교가 **가까우니만치** 늦게 나가도 된다.

※ 다음 보기 와 같이 '–느니만큼'을 사용하여 대화를 완성하십시오.

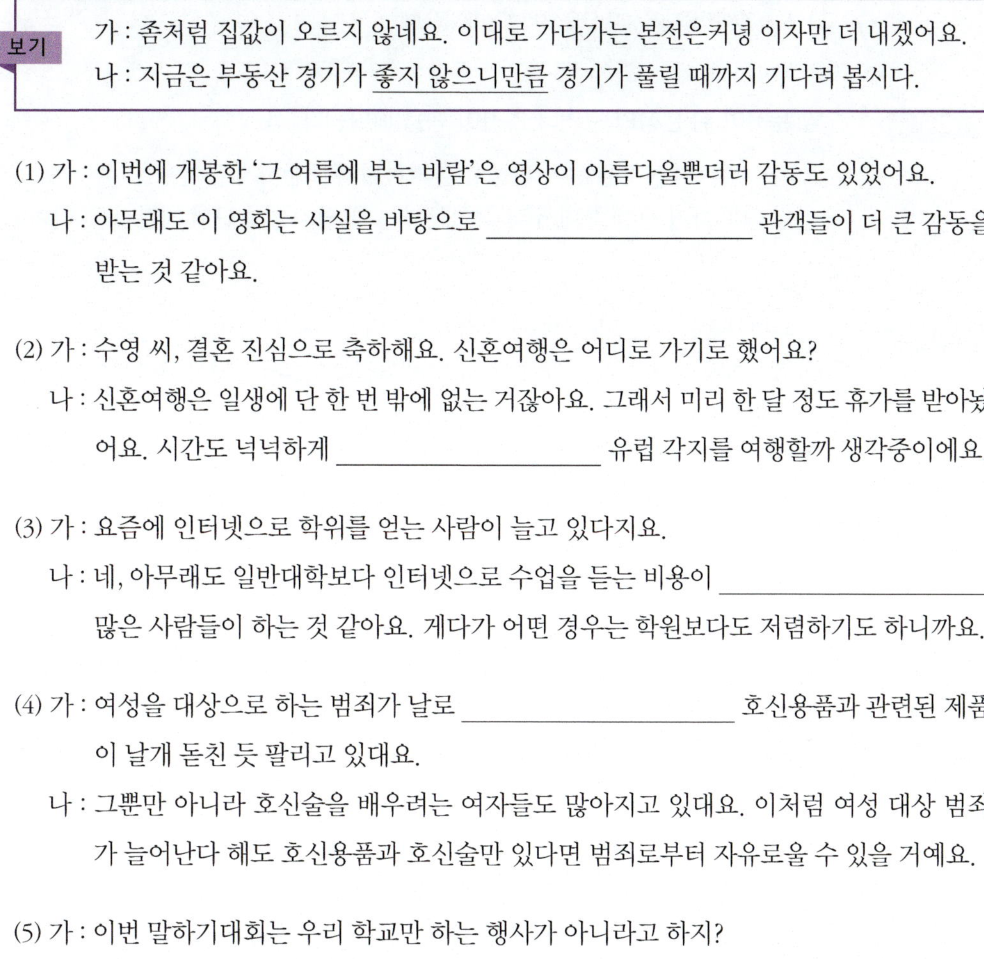

보기

가 : 좀처럼 집값이 오르지 않네요. 이대로 가다가는 본전은커녕 이자만 더 내겠어요.
나 : 지금은 부동산 경기가 <u>좋지 않으니만큼</u> 경기가 풀릴 때까지 기다려 봅시다.

(1) 가 : 이번에 개봉한 '그 여름에 부는 바람'은 영상이 아름다울뿐더러 감동도 있었어요.

　　나 : 아무래도 이 영화는 사실을 바탕으로 ＿＿＿＿＿＿＿＿＿＿ 관객들이 더 큰 감동을

　　　　받는 것 같아요.

(2) 가 : 수영 씨, 결혼 진심으로 축하해요. 신혼여행은 어디로 가기로 했어요?

　　나 : 신혼여행은 일생에 단 한 번 밖에 없는 거잖아요. 그래서 미리 한 달 정도 휴가를 받아놨

　　　　어요. 시간도 넉넉하게 ＿＿＿＿＿＿＿＿＿＿ 유럽 각지를 여행할까 생각중이에요.

(3) 가 : 요즘에 인터넷으로 학위를 얻는 사람이 늘고 있다지요.

　　나 : 네, 아무래도 일반대학보다 인터넷으로 수업을 듣는 비용이 ＿＿＿＿＿＿＿＿＿＿

　　　　많은 사람들이 하는 것 같아요. 게다가 어떤 경우는 학원보다도 저렴하기도 하니까요.

(4) 가 : 여성을 대상으로 하는 범죄가 날로 ＿＿＿＿＿＿＿＿＿＿ 호신용품과 관련된 제품

　　　　이 날개 돋친 듯 팔리고 있대요.

　　나 : 그뿐만 아니라 호신술을 배우려는 여자들도 많아지고 있대요. 이처럼 여성 대상 범죄

　　　　가 늘어난다 해도 호신용품과 호신술만 있다면 범죄로부터 자유로울 수 있을 거예요.

(5) 가 : 이번 말하기대회는 우리 학교만 하는 행사가 아니라고 하지?

　　나 : 응, 부산시 전체에서 이루어지는 ＿＿＿＿＿＿＿＿＿＿ 철저히 준비해서 가야될 것

　　　　같아. 게다가 이번에 입상하는 사람은 전국 대회에 나갈 수 있는 기회가 주어진대.

　　가 : 그래? 열심히 준비해서 입상하도록 해야겠어.

–(으)ㄹ진대

의미 앞 문장이 뒤 문장의 근거나 조건이 됨을 나타낸다.

- 가 : 명수 씨는 자원 봉사 활동을 즐겨하던데 대단하지 않아요?

  나 : 네, 자기 시간을 내서 남을 돕는다는 게 쉽지 **않을진대** 대단한 것 같아요.

예문

(1) 이야기를 들은 우리도 이렇게 충격이 **클진대** 당사자들은 말할 것도 없죠.

(2) 같은 부모 밑에서 같은 사랑을 받고 자랐**을진대** 어떻게 이렇게 성격이 다를까요?

(3) 어린 아이에게도 자신의 생각이 있**을진대** 무시하지 말고 들어보는 게 어때요?

(4) 가 : 민호 씨는 요즘 어떻게 지낸대요?

  나 : 타지에서 유학 생활을 하기가 어려**울진대** 꽤 잘 버티고 있대요.

(5) 가 : 요즘 건강을 생각해서 담배를 끊어볼까 생각 중이에요.

  나 : 정말이요? 담배가 건강에 해로**울진대** 되도록 빨리 끊었으면 좋겠네요.

① '–(으)ㄹ진대'는 '–(으)ㄹ 텐데'와 바꿔 사용할 수 있다.

  예 이번 행사에 학생들의 기대가 **클진대** 실망시키지 않도록 해야겠다.

  = 이번 행사에 학생들의 기대가 **클 텐데** 실망시키지 않도록 해야겠다.

② '–(으)ㄹ진대'는 앞 문장에 어떠한 사실을 인정하고, 뒤 문장에 자신의 의견을 나타낸다.

  예 지금이 추운 **한겨울일진대** 어찌 식중독이 유행하겠어요?

  노력하면 좋은 결과가 **있을진대** 왜 노력하지 않는 거예요?

③ '–(으)ㄹ진대'는 예스럽고 장중한 느낌을 나타내기도 한다.

  예 이렇게 행동하면 부모님께서 **걱정하실진대** 어찌 그것을 모르느냐?

  자연을 깨끗하게 보존해야 **할진대** 그러지 못한 우리의 책임이 크구나.

※　다음 보기 와 같이 '-(으)ㄹ진대'를 사용하여 대화를 완성하십시오.

> 보기
>
> 가 : 하나 씨는 요즘 어떻게 지낸대요?
> 나 : 타지에서 유학 생활을 하기가 <u>힘들진대</u> 꽤 잘 버티고 있대요.

(1) 가 : 아이들에게 줄 간식을 만들다 보니 고민이 생겼어요. 맛을 생각하자니 아이들 성장에
　　　좋지 않고, 건강을 생각하자니 맛이 떨어져서 어떻게 해야 할지 고민이에요.

　　나 : 부모라면 누구나 아이들의 성장을 ______________ 어찌 맛만을 생각하겠어요? 저
　　　는 맛보다는 영양을 생각해야 한다고 봐요.

(2) 가 : 민호 씨, 내일 있을 대통령 선거에 투표하러 갈 거죠?

　　나 : 글쎄요. 마땅히 뽑을 사람도 없고 약속도 있어서 이번에는 못 갈 것 같은데요.

　　가 : 국민의 한 사람으로서 이 나라의 대표를 뽑는 것이 국민의 당연한 ______________
　　　투표를 하지 않는다는 게 말이나 돼요? 저는 국민의 권리를 행사해야 된다고 봅니다.

(3) 가 : 히로미 씨, 어제 안 좋은 일이 있었다면서 어떻게 나한테 말을 안 했어요? 내가 진작 알
　　　았더라면 옆에서 위로도 해주고, 도와주었을 텐데요.

　　나 : 괜히 하나 씨에게 이야기했다가 서로 힘들어질까봐 말 안 한 거예요.

　　가 : 서로 힘들 때 위로해주고 도와주는 것이 ______________ 어째서 나한테 얘기조차
　　　안 한 거예요?

(4) 가 : 명수 씨, 조금 있으면 세미나가 시작되는데 아직도 발표자가 안 왔어요?

　　나 : 네, 방금 연락 왔는데 발표장에 거의 도착했다고 합니다. 조금만 더 기다려보죠.

　　가 : 저는 도저히 이해가 안 되네요. 여러 사람 앞에서 자기의 이름을 걸고 발표하는 ______
　　　__________ 어떻게 늦을 수가 있죠?

(5) 가 : 한국이 빠른 시일 내에 IMF를 극복할 수 있었던 힘은 무엇이라고 봅니까?

　　나 : 당시 한국은 IMF에 많은 빚을 지고 있었고, 달러가 거의 없는 상황이었죠. 하지만 국민
　　　들은 좌절하지 않고 자발적으로 금 모으기, 달러 모으기 운동을 펼쳤고, 이로 인해 IMF
　　　를 극복 할 수 있었던 겁니다.

　　가 : 네. 어려움을 극복하려는 국민들의 ______________ IMF를 잘 극복할 수 있었던 거
　　　군요.

–ㄴ/는다기보다(는)

V, A, 있다/없다 + ㄴ/는다기보다(는) ; 간다기보다는, 예쁘다기보다는, 맛있다기보다는
N + (이)라기보다(는) ; 의사라기보다는, 학생이라기보다는
V, A, 있다/없다 + 았/었다기보다(는) ; 갔다기보다는, 예뻤다기보다는, 맛있었다기보다는
N + 였/이었다기보다(는) ; 의사였다기보다는, 학생이었다기보다는

의미

앞 문장이라고 말하는 것보다 뒤 문장이라고 말하는 것이 더 나음을 나타낸다.

- 가 : 면접을 본 회사에서 아직까지 연락이 없어서 초조하시겠어요.
  나 : 아까는 그랬는데 지금은 초조하**다기보다는** 그냥 좀 덤덤해요.

예문

(1) 어렸을 때 나는 철이 **없었다기보다는** 순진하고 순수한 아이였다.

(2) 이 향수는 향이 진하**다기보다는** 묘한 매력이 있는 향을 지니고 있다.

(3) 모델 선발 시 심사위원들은 키를 **본다기보다는** 전체적인 몸의 균형을 본다.

(4) 가 : 어제 명수 씨랑 영화 본다더니 재미있게 봤어요?

  나 : 영화에 대사가 너무 많아서 영화를 **본다기보다** 책을 읽는 기분이었어요.

(5) 가 : 환자분, 어디가 불편해서 오셨습니까?

  나 : 아침부터 속이 쓰렸는데 지금은 쓰리**다기보다는** 약간 메스꺼운 것 같아요.

1. '–ㄴ/는다기보다(는)'은 '–(으)ㄴ/는 것보다는'과 바꿔 사용할 수 있다.

   예 이 스마트폰은 사용법이 **어렵다기보다는** 좀 복잡한 것 같아요.
   = 이 스마트폰은 사용법이 **어려운 것보다는** 좀 복잡한 것 같아요.

※ 다음 보기 와 같이 '–는 다기보다(는)'을 사용하여 대화를 완성하십시오.

> 보기
>
> 가 : 탕홍 씨, 한국에서 살면서 가장 견디기 힘든 일이 무엇이었나요?
>
> 나 : 저는 더운 나라에서 와서 그런지 추위를 견디는 게 가장 힘들었던 거 같아요.
> 자야 씨도 날씨 때문에 힘들지 않았나요?
>
> 가 : 저는 날씨 때문에 힘들었다기보다는 음식 때문에 좀 고생했던 것 같아요.

(1) 가 : 스티븐 씨는 매일 8시에 출근을 하던데 그때부터 업무를 시작하는 거예요?

　　나 : 아니에요. 8시부터 업무를 ＿＿＿＿＿＿＿＿＿＿ 회사에 일찍 출근해서 회의 준비
도 하고, 자료정리도 하는 편이에요. 본격적인 업무는 9시에 시작되고요.

(2) 가 : 오늘 우리가 보기로 한 영화 있잖아요. 액션이나 싸움 장면 등 재미있는 볼거리가 많
아요?

　　나 : 액션을 기대했다면 다른 영화를 보는 게 좋을 걸요. 이 영화는 화려한 볼거리가 ＿＿＿
＿＿＿＿＿＿＿ 주인공들의 미묘한 심리를 그린 영화라서 자칫 지루할 수도 있거
든요.

(3) 가 : 히로미 씨, 제가 고양이를 키우는데, 며칠 전에 사료를 바꿨거든요. 그런데 맛이 없어
서 그런지 통 먹질 않아요. 어떻게 해야 하죠?

　　나 : 고양이는 맛으로 ＿＿＿＿＿＿＿＿＿＿ 냄새로 음식을 먹기 때문에 아무리 맛이
없어도 냄새만 자극적이면 좋아하니까 냄새가 좋은 걸로 먹여 보세요.

(4) 가 : 현우 씨, 오늘 병원에 갔더니 예약환자가 많아 한 시간 이상을 기다려야 한대서 그냥
왔어요. 날씨가 갑자기 추워져서 그런가 봐요.

　　나 : 글쎄요. 날씨가 추워져서 감기에 ＿＿＿＿＿＿＿＿＿＿ 실내에만 있으면서 환기를
잘 해주지 않아서 그런 거 같아요. 따뜻하고 사람이 많을수록 감기 바이러스는 쉽게
퍼지잖아요.

(5) 가 : 저는 디자인학과에 진학하고 싶은 고3학생인데요. 디자인을 좋아하기는 하는데 그림
을 잘 못 그려서 고민이에요. 디자인을 하려면 그림을 꼭 잘 그려야 하나요?

　　나 : 요즘 디자이너로 성공하려면 그림을 ＿＿＿＿＿＿＿＿＿＿ 참신하고 창의력 있는
아이디어가 있어야 합니다. 그림 실력은 자신의 아이디어를 대략 그려낼 수 있을 정도
의 실력이면 충분하고요.

–(으)ㄹ 법하다

V + (으)ㄹ 법하다 ; 이길 법 하다. 속을 법하다.

의미 어떤 상황이 일어날 가능성이 많다고 추측하여 판단한 것을 나타낸다.

- 가 : 이번 축구경기에 해외파 선수까지 동참했는데 왜 성적이 좋지 않지?
  나 : 글쎄 말이야. 해외파 선수까지 가세했으니 충분히 이**길 법한데** 지다니 믿기지 않아.

예문
(1) 거짓말을 진짜처럼 이야기하니 사람들이 속**을 법도 하죠**.
(2) 이번 프로젝트의 성과가 좋아서 사장님이 보너스를 **줄 법한데** 안 주시네요.
(3) 정부도 지금쯤은 대책을 마련했**을 법한데** 발표를 하지 않고 있네요.
(4) 가 : 민수 씨가 그 회사에 또 지원했다면서요? 이번이 4번째 지원이죠?
  나 : 네, 3번이나 떨어졌으면 포기**할 법도 한데** 정말 대단한 끈기예요.
(5) 가 : 오늘 우리 애들 학교 발표회에서 잘 했어?
  나 : 네. 관중들이 많아서 떨**릴 법도 했**을 텐데 떨지도 않고 실수 없이 잘 했어요.

1 '–(으)ㄹ 법하다'는 '–(으)ㄹ 법도 하다'로 사용하여 그 가능성을 강조하기도 한다.

  예 거짓말을 진짜처럼 이야기하니 사람들이 **속을 법도 하죠**.
    그 많은 관중들 앞에 있으니 **떨릴 법도 한데** 의외로 대담하더라고요.

2 '–(으)ㄹ 법하다'와 비슷한 형태로 당연하다는 의미를 나타내는 '–는 법이다'가 있다. 이것은 속담이나 격언 등에 주로 사용한다.

  예 세상에 공짜는 **없는 법이다**.
    받는 만큼 주어야 **하는 법이다**.

  ☞ '–는 법이다'는 '–는 법이 있다/없다'로 사용하여 이미 버릇이 되어 습관처럼 굳어진것을 나타내기도 한다.

  예 내 동생은 시간을 **지키는 법이 없다**.
    민수가 제 시간에 **오는 법이 있었니?**

※ 다음 보기 와 같이 '–(으)ㄹ 법하다'를 사용하여 문장을 완성하십시오.

> 보기
>
> 가 : 이번 축구경기에 해외파 선수까지 동참했는데 왜 성적이 좋지 않지?
>
> 나 : 그러게 말이야. 해외파 선수까지 뛰니까 이길 법한데 지다니 믿기지 않아.

(1) 가 : '김진수' 씨가 이번에 대통령 선거에 출마한다는 소문 들었어요?

　　나 : 저도 들었어요. 대기업 회장으로서의 삶에 ＿＿＿＿＿＿＿ 대통령 선거에도 출마
　　　　한다니 의외예요. 저 같았으면 대기업 회장으로서의 삶에 만족했을 텐데 말이에요.

(2) 가 : 저 마라토너 좀 보세요. 지금이 벌써 1시간째 달리는 건데도 지친 기색이 하나도 없네요.

　　나 : 그러게요. 1시간 동안 쉬지도 않고 달렸으니 ＿＿＿＿＿＿＿ 얼굴 표정 하나 변함
　　　　이 없네요. 역시 국가대표 선수는 다르긴 한가 봐요.

(3) 가 : 세일을 30%나 하는데도 왜 이렇게 손님이 뜸하죠?

　　나 : 그러게요. 예전 같았으면 세일 첫날부터 손님들이 몰려들었을 텐데 이번에는 조용하
　　　　네요. 세일을 30%나 하면 손님이 ＿＿＿＿＿＿＿ 경기가 나쁘긴 한가 봐요.

(4) 가 : 이번 신입사원 면접에서 또 떨어졌지만 다음 기회에 다시 지원해서 꼭 입사하고 말거
　　　　야. 내 사전에 포기란 말은 없어.

　　나 : 너도 정말 대단하다. 3번이나 떨어졌으면 ＿＿＿＿＿＿＿ 계속 지원할 거라고 하니
　　　　말이야.

(5) 가 : 이 과장님은 너무 보수주의적인 것 같아요. 어제 제가 술을 좀 마셨더니 여자가 술을
　　　　마신다고 야단을 치더라니까요. 몇 잔 정도는 이해해 줘야 하는 거 아니에요?

　　나 : 저한테도 그러시더라고요. 술 몇 잔 정도는 ＿＿＿＿＿＿＿ 어제도 공개적으로 비
　　　　난하시더라고요.

–(으)ㄹ 리가 만무하다

의미 앞 문장의 내용이 사실이 아닐 때 혹은 어떤 이유나 가능성이 없을 때 사용한다.

- 가 : 민수 씨가 모든 사람들과 연락을 끊고 지금 행방이 묘연하다고 해요.
  나 : 그렇게 사람들과 어울리기 좋아하는 사람이 갑자기 연락을 끊**을 리가 만무해요**.

예문

(1) 저렇게 착하고 순해 보이는 사람이 범인**일 리가 만무하다**.

(2) 그렇게 놀기만 했으니 시험에 합격**할 리가 만무하다**.

(3) 지금껏 한 번도 복권에 당첨된 적이 없는데 이번에도 당첨**될 리가 만무하다**.

(4) 가 : 이번 사태에 대해 정부가 어떤 대책을 내어 놓을까요?
  나 : 지금껏 정부의 행동을 봤을 때 별다른 대책을 내어 놓**을 리 만무해요**.

(5) 가 : 민수 씨가 이번 기회를 마지막으로 생각하고 열심히 살면 좋으련만.
  나 : 이때까지 몇 번의 기회가 있었잖아요. 그런데도 그대로인걸 보면 앞으로도 바뀔 **리가
    만무하죠**.

1. '–(으)ㄹ 리가 만무하다'는 '–(으)ㄹ 리가 없다/있다'와 바꿔 사용할 수 있다.

　예 저렇게 착하고 순해 보이는 사람이 **범인일 리가 만무하다**.
　　= 저렇게 착하고 순해 보이는 사람이 **범인일 리가 없다**.

　☞ '–(으)ㄹ 리가 있다'는 항상 의문문에만 쓴다.

　예 그렇게 신나게 놀았는데 시험에 **합격했을 리가 있어요?** (○)
　　그렇게 신나게 놀았는데 시험에 **합격했을 리가 있어요.** (×)

연습문제 exercise

※ 다음  와 같이 '–(으)ㄹ 리가 만무하다'를 사용하여 문장을 완성하십시오.

> **보기**
>
> 가 : 민호 씨가 모든 사람들과 연락을 끊고 지금 행방이 묘연하다고 해요.
>
> 나 : 정말이요? 그렇게 사람들과 어울리기 좋아하는 사람이 갑자기 <u>연락을 끊을 리가 만무해요.</u>

(1) 가 : 김 선생님이 이번 시험 문제를 유출한 것을 의심 받아서 학교에서 퇴출당했다는군요.

　　나 : 정말이요? 김 선생님이 ＿＿＿＿＿＿＿＿＿＿＿＿. 얼마나 양심적인 분이신데요.

(2) 가 : 당첨될 확률도 없는데 매주 저렇게 복권을 사는 건 쓸모없는 짓 아닐까요?

　　나 : 맞아요. 한 시간에 한 장씩 산다 해도 당첨될 확률이 낮은데 매주 복권을 산다고 당첨되겠어요? 복권에 ＿＿＿＿＿＿＿＿＿＿＿＿.

(3) 가 : 이번 사건에 대해 어떻게 생각하세요? 정말 여자 혼자서 이런 끔찍한 일을 저질렀을까요?

　　나 : 글쎄요. 여자 혼자서 이런 대담한 범행을 ＿＿＿＿＿＿＿＿＿＿＿＿. 어서 범행을 도모한 공범을 찾아야 할 것 같아요.

(4) 가 : 이번 대통령 후보들의 공약은 믿어도 될까요? 지금껏 대통령 후보 공약으로 내세웠던 것들이 대통령으로 당선된 후에도 잘 지켜지지 않으니 믿을 수가 있어야지 말이에요.

　　나 : 역대 대통령의 행태를 봤을 때 공약이 제대로 ＿＿＿＿＿＿＿＿＿＿＿＿.

(5) 가 : 지난번에 만났던 소년 가장 아이 기억하세요? 그 아이가 잘 살고 있을지 걱정이에요. 그 어린 나이에 혼자서 집안일을 잘 하고 있을지도 모르겠고요.

　　나 : 이제 겨우 갓 열 살을 넘은 아이가 집안일을 ＿＿＿＿＿＿＿＿＿＿＿＿. 이번 주말에 한 번 찾아가 봅시다.

–(으)ㅁ으로써

V + (으)ㅁ으로써 ; 함으로써, 막음으로써
N + (으)로써 ; 도구로써, 방법으로써

의미 앞 문장이 뒤 문장의 도구, 수단, 방법이 됨을 나타낸다.

- 가 : 어떻게 하면 우리 경제가 위기를 극복할 수 있을까요?

  나 : 정부와 국민이 함께 힘을 모**음으로써** 경제 위기를 극복할 수 있을 것입니다.

예문 (1) 성공은 꾸준히 노력**함으로써** 가능하다.

(2) 자전거를 **탐으로써** 매연도 줄이고 기름도 아낄 수 있다.

(3) 인터넷이 발달**함으로써** 지구상의 여러 나라들이 서로 가까워지고 있다.

(4) 가 : 요즘 우리 사회에 다문화 가정이 늘고 있는 추세인데요.

  나 : 네, 예전보다 많은 사람들이 국제결혼을 **함으로써** 다문화 가정이 증가하였습니다.

(5) 가 : 전기를 절약할 수 있는 효과적인 방법에는 뭐가 있을까요?

  나 : 사용하지 않는 플러그는 뽑아 두고, 냉 · 난방기는 적정 온도를 유지**함으로써** 전기를
  아낄 수 있습니다.

1 '–(으)ㅁ으로써'는 '–(으)ㅁ으로', '–(으)ㅁ으로 인해'와 바꿔 사용할 수 있다.

  예 각자 맡은 일에 최선을 **다함으로써** 성공할 수 있었다.

   = 각자 맡은 일에 최선을 **다함으로** 성공할 수 있었다.

   = 각자 맡은 일에 최선을 **다함으로 인해** 성공할 수 있었다.

2 '–(으)ㅁ으로써'는 그 의미를 강조하기 위해 '–(으)ㅁ으로써만이'로 바꿔 사용할 수 있다.

  예 성공은 끊임없이 **노력함으로써** 가능하다.

   = 성공은 끊임없이 **노력함으로써만이** 가능하다.

   건강은 평소에 꾸준히 **관리함으로써** 지킬 수 있다.

   = 건강은 평소에 꾸준히 **관리함으로써만이** 지킬 수 있다.

3 '–(으)ㅁ으로써' 앞에 명사가 올 때 '명사 + (으)로써'의 형태로 사용된다.

  예 **돈으로써** 여자의 마음을 얻으려는 남자들이 많다.

   힘으로써 모든 걸 해결하려는 것은 바람직하지 않다.

※ 다음 보기 와 같이 '-(으)ㅁ으로써'를 사용하여 대화를 완성하십시오.

> 보기
>
> 가 : 요즘 갑자기 건강이 안 좋아졌어요. 조금만 움직여도 힘이 들고, 쉽게 지치고…
> 나 : 그러게 평소에 운동도 하고, 건강관리 좀 하라고 했잖아요. 건강은 건강할 때 지키는 거예요. 그리고 건강은 꾸준히 <u>관리함으로써</u> 유지할 수 있는 거고요.

(1) 가 : 직업을 고를 때 어떤 면을 고려해서 선택해야 할까요?

　　나 : 우선 자신의 흥미와 적성에 맞는 직업이 어떤 것인지를 확인하는 것이 필요합니다. 자신의 흥미와 적성에 맞는 ____________________ 자신의 소질을 개발할 수도 있고, 자아를 실현할 수도 있기 때문입니다.

(2) 가 : 일본 정부는 오늘부터 친환경 자동차를 구매하는 모든 고객에게 보조금을 지급할 예정이라던데 이런 제도를 시행하는 목적이 뭐라고 생각하세요?

　　나 : 우선은 정부가 고객에게 ____________________ 친환경 자동차의 보급을 늘려 환경도 보호하고, 고유가 시대의 문제도 해결할 수 있기 때문인 것으로 보입니다.

(3) 가 : 요즘 같이 고유가 시대에 교통비도 아끼고 환경도 보호하려면 가까운 거리는 걸어다니고, 자가용 대신 대중 교통을 이용하는 방법이 있겠죠.

　　나 : 맞습니다. 이렇게 자가용 대신 걷거나 ____________________ 환경보호에도 앞장설 수 있을 것입니다.

(4) 가 : 며칠 전 TV에서 쓰레기를 줄이는 내용을 담은 프로그램을 방영한 적이 있는데, 그 다음 날 물병과 수저, 용기 등의 휴대용품 판매량이 급증했다고 합니다. 이는 자연을 보호하려는 우리의 인식이 반영된 것이라고 할 수 있습니다.

　　나 : 네, 이처럼 일회용품을 사용하는 대신 ____________________ 쓰레기의 양도 줄이고 환경도 보호할 수 있는 것입니다.

(5) 가 : 최근 영국에서 실시한 '세계 도시 생활비'에 관한 조사에서 일본의 도쿄와 오사카가 나란히 1,2위를 차지했다고 하네요.

　　나 : 전문가들은 가장 큰 이유 중의 하나로 엔화가 급증하는 '엔고 현상'을 들고 있대요. 지속적으로 ____________________ 달러나 다른 통화로 월급을 받는 외국인들에게 경제적인 부담이 가중되기 때문인 것으로 예상하는 것이죠.

–기에 망정이지

V, A, 있다/없다 + 기에 망정이지 ; 가기에 망정이지, 맛있었기에 망정이지
N + 이기에 망정이지 ; 의사이기에 망정이지, 학생이기에 망정이지
V, A, 있다/없다 + 았/었기에 망정이지 ; 갔기에 망정이지, 좋았기에 망정이지
N + 였/이었기에 망정이지 ; 의사였기에 망정이지, 학생이었기에 망정이지

의미 앞 문장 덕분에 뒤 문장이 일어나지 않아서 다행임을 나타낸다.

- 가 : 어제 갑자기 소나기가 내렸는데 괜찮았어요?
  나 : 마침 우산을 준비**했기에 망정이지** 하마터면 비를 몽땅 맞을 뻔했어요.

예문

(1) 혹시나 해서 여유 돈을 가져**갔기에 망정이지** 걸어서 집에 올 뻔했어요.

(2) 확인 전화를 **했기에 망정이지** 안 그랬으면 헛걸음 했을지 모를 일이다.

(3) 교통체증을 알고 지하철을 **탔기에 망정이지** 하마터면 약속시간에 늦을 뻔했다.

(4) 가 : 어제 옆집에 가스가 새는 바람에 큰 불이 났대요.
  나 : 그러게요. 마침 집에 사람이 **없었기에 망정이지** 있었으면 큰일 날 뻔했어요.

(5) 가 : 어제 대기업에 원서 낸다더니 잘 냈어요?
  나 : 스펙을 좀 **쌓았기에 망정이지** 지원 조건이 까다로워서 원서도 못 낼 뻔했어요.

1. '–기에 망정이지'는 '–길래 망정이지', '–(으)니 망정이지'의 형태로 바꿔 사용하기도 한다.

   예 대리운전을 **시켰기에 망정이지** 음주단속에 걸릴 뻔했다.
      = 대리운전을 **시켰길래 망정이지** 음주단속에 걸릴 뻔했다.
      = 대리운전을 **시켰으니 망정이지** 음주단속에 걸릴 뻔했다.

2. '–기에 망정이지'는 뒤 문장에 주로 '하마터면/안 그랬으면~ –(으)ㄹ뻔 했다'와 함께 사용한다.

   예 우산을 챙겼기에 망정이지 **하마터면** 비를 맞**을 뻔했다**.
      마침 택시를 탔기에 망정이지 **안 그랬으면** 지각을 **할 뻔했다**.

※ 다음 보기 와 같이 '−기에 망정이지'를 사용하여 대화를 완성하십시오.

> 보기
>
> 가 : 하나 씨, 늦게까지 저녁도 못 먹고 일해서 어떡해요. 많이 배고프지 않아요?
>
> 나 : 괜찮아요. 점심을 좀 늦게 먹었더니 아직 참을 만해요.
>
> 가 : 그래요? 점심을 늦게 <u>먹었기에 망정이지</u> 안 그랬으면 많이 배고팠을 거예요.

(1) 가 : 해외여행 중에 가방을 도둑맞았다면서요? 정말 당황스러웠겠어요.

　　나 : 네, 처음 있는 일이라 정말 놀랐었죠. 그런데 다행히 여권이랑 지갑은 숙소에 있었거든
요. 여권이랑 지갑이 ＿＿＿＿＿＿＿＿＿＿＿ 하마터면 한국에 못 돌아올 뻔했어요.

(2) 가 : 스티븐 씨, 연휴 동안 고향에 다녀온다면서요? 비행기 표를 빨리 예매해야 할 텐데요.

　　나 : 그렇지 않아도 연휴라서 표가 매진될까봐 미리 사 놨어요. 표를＿＿＿＿＿＿＿＿
다른 친구는 고향 가는 표를 못 구해서 연휴 동안 한국에 있어야 할 판이에요.

(3) 가 : 명수 씨, 컴퓨터가 고장 나는 바람에 컴퓨터에 있던 자료들이 모두 사라졌다면서요?

　　나 : 다행히 중요한 문서는 USB에 저장돼 있어서 큰 피해는 없었어요. 저는 평소에 중요한
자료는 컴퓨터보다는 USB에 보관해 두거든요. ＿＿＿＿＿＿＿＿＿＿＿ 안 그랬으면
피해가 컸겠죠.

(4) 가 : 지난 방학 동안 학교 도서관에 불이 났다면서요? 피해가 어느 정도라고 해요?

　　나 : 다행히 초기에 발견한 사람들이 신속하게 소화기를 다뤄서 큰 피해 없이 끝났다고 해
요. 마침 최근에 도서관 곳곳에 소화기를 추가로 비치해 놨었거든요. 소화기를 미리
＿＿＿＿＿＿＿＿＿＿＿ 안 그랬으면 큰일 날 뻔했어요.

(5) 가 : 어제 밤사이에 내린 폭설로 도로가 마비되었고, 곳곳에서 사고가 속출하고 있는데요.
사고 현장에서 목격자 한 분 모시고 말씀 나눠보겠습니다.

　　나 : 길이 워낙 미끄러워 사고의 위험이 있던 터라 저는 앞 차와 간격을 넉넉히 두고 운전하
고 있었죠. 그런데 갑자기 앞에 가던 차가 눈에 미끄러지면서 앞 차와 부딪히는 거예
요. 앞 차와 간격을 ＿＿＿＿＿＿＿＿＿ 하마터면 저도 큰일 날 뻔했죠.

–(으)ㄴ 나머지

의미 앞 문장의 정도가 심한 원인이나 이유 때문에 그에 따른 결과가 일어났을 때 사용한다.

- 가 : 명수야, 어제 무슨 일 있었니? 왜 모임에 오지 않았어?

  나 : 미안해, 요즘 숨 쉴 겨를조차 없이 바**쁜 나머지** 약속을 깜빡 잊어버리고 말았어.

예문 (1) 그는 깊은 생각에 잠**긴 나머지** 아무 말도 하지 않고 가만히 있었다.

(2) 지원자는 긴장을 **한 나머지** 면접관의 질문에 똑바로 대답할 수 없었다.

(3) 어제 저녁 연구원들은 실험에 너무 몰두**한 나머지** 끼니조차 챙기지 못했다.

(4) 가 : 탕홍 씨, 아무리 시험이 부담스러워도 그렇지 어떻게 부정행위를 할 수가 있어요?

  나 : 시험을 잘 쳐야 한다는 생각에 몰두**한 나머지** 부정행위를 저질렀습니다. 죄송합니다.

(5) 가 : 자야 씨, 드디어 새 도서관 건물이 완공되었대요.

  나 : 네, 저도 들었어요. 그런데 너무 외형에만 치중**한 나머지** 내부 공간의 활용도는 별로라
    는 말도 있던데요.

1 '–(으)ㄴ 나머지'에 동사가 사용될 때는 과거의 일에만 사용할 수 있으며, 과거를 회상하는
  경우에는 '–았/었던 나머지'를 사용한다.

  예 **어제** 저녁 연구원들은 실험에 너무 **몰두한 나머지** 끼니조차 챙기지 못했다.

    이번 연구에 **참가했던** 연구원들은 실험에 **몰두했던 나머지** 끼니를 거르기 일쑤였다.

2 '–(으)ㄴ 나머지'는 뒤 문장에 주로 부정적인 결과가 발생했을 때 사용하며, 이 경우에는
  '–(으)ㄴ 탓에', '–(으)ㄴ 통에', '–(으)ㄴ 바람에'와 바꿔 사용할 수 있다.

  예 지원자는 **긴장을 한 나머지** 면접관의 질문에 똑바로 대답할 수 없었다.

    = 지원자는 **긴장을 한 탓에** 면접관의 질문에 똑바로 대답할 수 없었다.

    = 지원자는 **긴장을 한 통에** 면접관의 질문에 똑바로 대답할 수 없었다.

    = 지원자는 **긴장을 한 바람에** 면접관의 질문에 똑바로 대답할 수 없었다.

※ 다음 　보기　 와 같이 '-(으)ㄴ 나머지'를 사용하여 대화를 완성하십시오.

> 보기
>
> 가 : 현우 씨, 어제 면접은 어땠어요?
>
> 나 : 아무래도 이번에도 또 떨어질 것 같네요. 너무 <u>긴장한 나머지</u> 질문에 제대로 대답하지 못했거든요.

(1) 가 : 지희 씨, 무슨 일 있었어요? 갑자기 우는 바람에 제가 얼마나 놀랐는지 아세요?

　나 : 네, 대학 시절 지도 교수님께서 돌아가셨다는 소식을 들었거든요. 너무 __________ ________ 흐르는 눈물을 참을 수가 없었어요.

(2) 가 : 홈쇼핑에서 산 운동 기구가 또 고장이 나 버렸어. 벌써 몇 번째인지 모르겠어.

　나 : 정말? 또 고장 난 거야? 그러다가는 실제 가격보다 수리비용이 더 나오겠는걸.

　가 : 그렇지? 광고 내용만 믿고 섣불리 _______________ 실수한 것 같아.

(3) 가 : 올해 새로 시행된 대학 입학제도 선발 방식이 너무 _______________ 학생은 물론 대학 입학 관계자들의 불만이 끊이지 않고 있대요.

　나 : 당연한 결과 아니겠어요? 해마다 바뀌는 시험 정책은 둘째치더라도 제도가 그렇게 복잡한데 불만이 없을 리가 만무하죠.

(4) 가 : 김 교수님, 원래 계획하셨던 연구 기간은 2년이라고 들었는데 계획보다 일찍 귀국하신 이유가 무엇인지 여쭤어 봐도 되겠습니까?

　나 : 네, 사실 남극에서의 생활은 생각보다 너무 힘들었습니다. 특히 그 곳의 추위는 제가 예상했던 것 이상이었습니다. 너무 _______________ 연구는 고사하고 기초적인 생활조차도 할 수 없었죠.

(5) 가 : 어제 뉴스에서 봤는데, 최근 한파로 인해 기업이나 가정에서 무분별하게 전력을 _____ ___________ 국가의 전력 수급에 비상이 걸렸대요.

　나 : 네, 저도 들었어요. 그래서 정부가 전력 수요를 관리하기 위해 다음 달부터 전기 요금을 대폭 인상하기로 했대요. 특히 전력 소비가 많은 시간대에 전기 요금을 비싸게 책정 해서 전기 소비를 줄이고자 하는 계획 인거죠.

-ㄴ/는답시고

의미

다른 사람을 못마땅해 하거나 빈정거릴 때 사용한다.

■ 가 : 현우는 지금이 몇 시인데 벌써 자는 거예요?

　나 : 아까부터 공부를 **한답시고** 앉아 있더니 삼십 분도 안 돼서 잠이 들었지 뭐예요.

예문

(1) 그는 유명 호텔 요리사**랍시고** 큰소리만 칠 뿐 실제 요리 솜씨는 형편없다.

(2) 성공과 출세라는 두 마리 토끼를 잡**겠답시고** 너처럼 힘들게 살지는 않겠다.

(3) 친구는 위로**한답시고** 내게 그런 말을 했겠지만 그것은 오히려 더 큰 상처가 되었다.

(4) 가 : 탕홍 씨, 어제 여자 친구와 화해는 잘 했어요?

　나 : 아니요, 화해를 **한답시고** 했던 말이 도리어 더 큰 싸움으로 번지고 말았어요.

(5) 가 : 요즘 왜 이렇게 자주 무릎이 아픈지 모르겠어.

　나 : 예쁘게 꾸민**답시고** 하이힐을 자주 신어서 그런 거니까 조심하도록 해.

1 '-ㄴ/는답시고'는 '-ㄴ/는다고'와 바꿔 사용할 수 있다.

　예 친구는 **위로한답시고** 그런 말을 했겠지만 그것은 오히려 상처가 되었다.

　　= 친구는 **위로한다고** 그런 말을 했겠지만 그것은 오히려 상처가 되었다.

2 '-ㄴ/는답시고'는 의미를 강조하기 위해 뒤 문장에 '오히려', '도리어'를 사용하기도 한다.

　예 사회적 약자들을 위한**답시고** 했던 일들이 **오히려(도리어)** 그들에게 피해만 주었다.

※ 다음 보기 와 같이 '-ㄴ/는답시고'를 사용하여 대화를 완성하십시오.

> 보기
>
> 가 : 탕홍 씨, 어제 여자 친구와 화해는 잘 했어요?
> 나 : 아니요, <u>화해를 한답시고</u> 했던 말이 도리어 더 큰 싸움으로 번지고 말았어요.

(1) 가 : 민호 씨는 식사 시간이 되어도 밥을 먹기는커녕 일을 _____________________ 식사를 거르기 일쑤야.

   나 : 맞아. 저렇게 자주 끼니를 거르다가는 건강이 나빠지기 십상인데 말이야.

(2) 가 : 어제 회식 자리에서 민호가 너를 _____________________ 너 대신 계속 술을 마시던 데 몸은 좀 괜찮대? 술을 많이 마셔서 머리가 아플 텐데 말이야.

   나 : 응. 그렇지 않아도 지금 막 전화해 보려던 참이야.

(3) 가 : 옷에 얼룩이 묻었을 때 어떻게 하는 것이 제일 좋은 방법입니까?

   나 : 대부분의 사람들은 옷에 얼룩이 묻었을 때 그 얼룩을 _____________________ 물을 묻혀 닦아내려고 합니다. 하지만 자칫 잘못하다가는 더 큰 얼룩이 생길 수 있으므로 최대한 빨리 세탁소에 맡기는 것이 제일 좋은 방법입니다.

(4) 가 : 정부가 올해부터는 청년들의 일자리를 늘리기 위해 적극적이고 실제적인 방안을 마련 하기로 했대요.

   나 : 정부가 일자리를 _____________________ 여러 정책을 시행할지언정 실제적으로 일 자리를 창출하는 것은 기업이기에 정부와 기업 간의 소통이 얼마나 잘 이루어질지는 좀 더 지켜봐야겠네요.

(5) 가 : 여보, 저는 우리 아이들이 똑똑하게 자라기 위해서는 조기 교육이 필요하다고 생각해 요. 내일 당장 학원부터 알아 봐야겠어요.

   나 : 저는 반대예요. 어릴 때부터 _____________________ 이리저리 학원에 끌려 다니는 아이보다 자연 속에서 마음껏 뛰어놀며 자란 아이가 더 똑똑하다는 연구 결과도 있잖 아요. 그러니 너무 조급하게 생각하지 말아요.

–기에

의미

앞 문장이 뒤 문장의 이유나 원인이 됨을 나타낸다.

- 가 : 스티브 씨, 오늘 회사 앞 건물에서 화재 사고가 있었다면서요?
  나 : 네, 건물은 피해가 많았지만 인명 사고는 없**었기에** 그나마 다행이었어요.

예문

(1) 원자재의 가격이 올**랐기에** 제품 가격도 크게 상승하게 되었다.

(2) 위 학생은 타의 모범이 되**었기에** 이 상장을 수여하는 바입니다.

(3) 본 사안은 우리 기업의 경제적 손익과 관련된 일**이기에** 쉽게 결정할 일이 아니다.

(4) 가 : 명수 씨, 오늘부터 금연을 하기로 마음을 먹었다면서요?
  나 : 네, 담배를 피우면 폐암에 걸릴 확률이 높다고 하**기에** 끊기로 했어요.

(5) 가 : 다음으로 청소년 센터 소장님의 의견을 들어보도록 하겠습니다.
  나 : 네, 저는 청소년들의 인성에 국가의 미래가 걸려 있다고 보**기에** 인성교육에 좀 더 중점
      을 둬야 한다고 생각합니다.

1. '–기에'는 '–(으)ㄴ/는지라', '–(으)므로'와 바꿔 사용할 수 있으며, 주로 뒤 문장의 주어가
   앞 문장의 주어와 관련이 있을 때 사용한다.

   예 원자재의 가격이 **올랐기에** 제품 가격도 크게 상승하게 되었다.
     = 원자재의 가격이 **올랐는지라** 제품 가격도 크게 상승하게 되었다.
     = 원자재의 가격이 **올랐으므로** 제품 가격도 크게 상승하게 되었다.

   ☞ '–기에'는 '–길래'와 바꿔 사용할 수 있는데 '–기에'는 문어체에, '–길래'는 구어체에 주로
     사용한다.

   예 본 사안은 우리 기업의 경제적 손익과 관련된 일**이기에** 쉽게 결정할 수 없다.
     오늘 날씨가 비가 올 것 같**길래** 학교에 올 때 우산을 챙겨왔죠.

2. '–기에'는 격식체로 공식적인 자리에서 자주 사용한다.

   예 위 학생은 타의 모범이 **되었기에** 이 상장을 수여하는 바입니다.
     = 위 학생은 타의 모범이 **되었으므로** 이 상장을 수여하는 바입니다.

③ '-기에'는 간접인용을 나타내는 '-ㄴ/는다고 하기에(-ㄴ/는다기에)'의 형태로도 사용된다.

예 영호 씨가 이번 주말에 이사를 **한다고 하기에** 도와주기로 했다.

= 영호 씨가 이번 주말에 이사를 **한다기에** 도와주기로 했다.

※ 다음 보기 와 같이 '–기에'를 사용하여 대화를 완성하십시오.

> 보기
>
> 가 : 어머니, 무슨 음식을 이렇게 많이 차리셨어요?
> 나 : 오랜만에 네 형이 <u>온다기에</u> 가만히 앉아 있을 수만은 없었단다.

(1) 가 : 왕홍 씨, 요즘 들어 제품의 가격이 많이 오른 것 같지 않아요?

  나 : 맞아요. 요즘 계속되는 경제 불황에다가 석유와 같은 제품 원자재의 가격 또한 끝없이
  ________________ 이러한 현상이 계속 되는 것 같아요.

(2) 가 : 저는 두 사람이 헤어질 때 "그녀를 ________________ 헤어지는거야."라던 남자주인공
  의 대사를 아직도 잊을 수가 없어요.

  나 : 서로 사랑한다면 무슨 일이 있어도 함께 있어야 하는 게 아닐까요? 사실 저는 그 남자
  주인공의 말을 이해할 수가 없네요.

(3) 가 : 민호 씨, 뭘 그렇게 열심히 보고 계세요?

  나 : 네, 이번에 출시된 에어컨 중에서 저희 집에 어울릴만한 것이 있는지 보고 있어요.

  가 : 에어컨을 새로 사시게요? 저번에 수리한다고 하지 않으셨어요?

  나 : 네, 고치려고 했는데 수리비가 더 많이 ________________ 아예 새것을 사기로 했어요.

(4) 가 : 어제 건강에 관한 프로그램에서 비타민이 아무리 건강에 좋은 영양소라고 하더라도
  과다섭취를 할 경우 오히려 몸에 ________________ 오늘부터 하루 권장 섭취량만 먹
  기로 했어.

  나 : 맞아. 뭐든지 지나치면 좋은 게 없는거지. '과유불급'이라는 말이 괜히 있겠어?

(5) 가 : 과학의 발달로 인간이 누릴 수 있는 혜택이 많아진 반면 환경 파괴 또한 문제가 되고
  있는데요. 아무리 과학이 주는 이로움이 많다고 해도 자연과 공생할 수 없다면 이것은
  올바른 과학의 역할이 아니라고 생각합니다.

  나 : 네, 맞습니다. 지금껏 자연이 ________________ 인간도 존재할 수 있었음을 깨닫고 인
  간과 자연, 과학과 환경이 공생할 수 있는 방법을 더욱 모색해야 할 것입니다.

–기 나름이다

V + 기 나름이다 ; 하기 나름이다, 먹기 나름이다

의미

어떻게 하느냐에 따라 그 결과가 달라짐을 의미한다.

- 가 : 이 제품은 얼마나 오래 사용할 수 있습니까?
  나 : 소비자가 사용하**기 나름이지요**. 누가, 어떻게 사용하느냐에 따라 수명이 달라질 수 있습니다.

예문

(1) 한 사람의 미래는 스스로가 노력하**기 나름입니다**.

(2) 사람의 앞날은 각자가 개척하**기 나름이니** 열심히 하면 된다.

(3) 사람들에게 인정을 받고, 못 받고는 자기가 하**기 나름이라고** 봅니다.

(4) 가 : 자야 씨, 요즘 힘든 일이 많아서 뭘 해도 짜증만 나고 의욕이 생기지 않아요.
  나 : 아무리 힘든 일이라고 해도 생각하**기 나름이니** 긍정적으로 생각해 보세요.

(5) 가 : 가정교육을 어떻게 하면 아이를 저렇게 반듯하게 키울 수 있을까요?
  나 : 모두 부모하**기 나름이죠**. 부모가 어떤 교육관을 가지고 아이를 가르치느냐가 중요한 것 같아요.

1. '–기 나름이다'는 '–(으)ㄹ 나름이다', '–기에 달려있다', '–기에 따라 다르다'와 바꿔 사용할 수 있다.

    예 아무리 힘든 일이라도 **생각하기 나름이다**.
    = 아무리 힘든 일이라도 **생각할 나름이다**.
    = 아무리 힘든 일이라도 **생각하기에 달려있다**.
    = 아무리 힘든 일이라도 **생각하기에 따라 다르다**.

2. '–기 나름이다'는 '명사+나름이다'의 형태로도 사용된다.

    예 돈이 가치 있게 쓰이고 안 쓰이고는 **사람 나름이다**.

    ☞ '명사+나름이다'는 '명사+도 명사 나름이지'의 형태로 쓰여 부정적인 의미를 강조한다.

    예 **책도 책 나름이지** 책이라고 해서 다 좋은 것은 아니다.
    봉사도 봉사 나름이지 남에게 보이려고 하는 봉사는 옳지 않다.

※ 다음 **보기** 와 같이 '-기 나름이다'를 사용하여 문장을 완성하십시오.

> **보기**
> 가 : 이 제품은 얼마나 오래 사용할 수 있습니까?
> 나 : 소비자가 <u>사용하기 나름이지요</u>. 누가, 어떻게 사용하느냐에 따라 수명이 달라질
>   수 있습니다.

(1) 가 : 이번 리포트는 얼마나 써야 하나요?

    나 : 리포트 분량은 딱히 정해진 바는 없어요. 대신 누가 쓰느냐에 따라, 무엇에 대해 쓰느
냐에 따라 달라지겠죠? 리포트는 _____________________ 각자 알아서 써 보세요.

(2) 가 : 우리 아이가 이번에 결혼을 하거든요. 시댁에서 예뻐해 주셔야 할 텐데 걱정이에요.

    나 : 귀염을 받고 못 받고는 _____________________ 너무 걱정하지 마세요. 지난번에 보
니까 딸아이가 애교도 많고 성격도 좋던 걸요. 그러니 분명 사랑 받을 수 있을 거예요.

(3) 가 : 시험 날짜가 며칠 안 남았어요. 이번 시험에 제가 합격할 수 있을까 너무 걱정이 돼요.

    나 : 시험에 붙고 안 붙고는 네가 _____________________. 성실하게 노력하며 준비해 왔
다면 합격할 테고, 그렇지 않다면 떨어지겠지. 모든 일은 한 만큼 돌려받는 법이거든.

(4) 가 : 난 언제쯤 너처럼 회사에 입사해서 행복하게 살 수 있을까? 취직도 안 되고 시험에도
자꾸 떨어지고 정말 희망이 없는 것 같아.

    나 : 오히려 난 네가 부러운데 뭘…. 너는 힘들면 언제든지 위로해 줄 수 있는 가족이 있잖
아. 행복이라는 건 정말 _____________________.

(5) 가 : 어제 그 사람이 한 말을 가만히 생각해 보니 좀 기분이 나쁜 것 같아. 그때는 부럽다고
한 말이라 생각했는데, 지금 생각해 보니 나를 놀리는 말이었던 것 같아.

    나 : 그게 아니야. 사람마다 생각이 다르듯이 그건 네가 _____________________. 네가 어
떻게 이해하느냐에 따라 의미가 달라질 수 있지 않겠어?

01~07 다음 ( )안에 알맞은 것을 고르십시오.

01

이번이야말로 확실한 ( ) 반드시 범인을 잡아야 한다.

① 기회일세라
② 기회려니 해도
③ 기회이니만큼
④ 기회인 나머지

02

큰맘을 먹고 한국으로 유학을 ( ) 무슨 일이 있어도 끝까지 해 내야 한다.

① 온 이상
② 온 나머지
③ 왔다기보다는
④ 왔기에 망정이지

03

경기가 풀리면 부동산 가격이 ( ) 여전히 떨어지기만 한다.

① 오를세라
② 오름으로써
③ 오르는 이상
④ 오르려니 했는데

04

학생들은 선생님의 말 한마디라도 ( ) 모두 열중해서 수업을 들었다.

① 놓칠세라
② 놓침으로써
③ 놓친 나머지
④ 놓칠 리가 만무해

05

이 컴퓨터는 사용법이 ( ) 좀 복잡한 것 같아요.

① 어려우니만큼
② 어려움으로써
③ 어려운 나머지
④ 어렵다기보다는

06

걸어 다니기를 ( ) 매연도 줄이고 기름도 아낄 수 있다.

① 생활화할세라
② 생활화함으로써
③ 생활화한 나머지
④ 생활화하기에 앞서

07

조심을 하며 운전을 ( ) 안 그랬으면 큰 사고가 날 뻔했다.

① 한답시고
② 하기에 앞서
③ 한다기보다는
④ 했기에 망정이지

 다음 밑줄 친 부분과 의미가 가장 비슷한 것을 고르십시오.

08

신작이 개봉하자 <u>매진이 될세라</u> 서둘러 영화표를 예매했다.

① 매진일진대   ② 매진이 될까봐
③ 매진인 나머지   ④ 매진이려니 해도

09

제가 대표팀의 감독을 <u>맡은 이상</u> 우리에게 패배는 결코 없습니다.

① 맡은 한   ② 맡았을진대
③ 맡음으로써   ④ 맡은 나머지

10

면접 볼 때 느낌이 좋아서 당연히 <u>붙으려니 했는데</u> 결과는 그 반대였다.

① 붙으려고 했는데   ② 붙을 리가 없는데
③ 붙겠답시고 했는데   ④ 붙을 거라 생각했는데

11

열심히 <u>노력하느니만큼</u> 좋을 결과가 있으리라 예상된다.

① 노력한답시고   ② 노력하느니만치
③ 노력하려니 했는데   ④ 노력했기에 망정이지

12

이 영화는 대사가 너무 많아서 영화를 <u>본다기보다는</u> 책을 읽는 기분이었어요.

① 보는 이상   ② 보느니만큼
③ 보려니 해도   ④ 보는 것보다는

13

<u>화해를 한다고</u> 했던 말이 도리어 더 큰 싸움으로 번지고 말았어요.

① 화해를 한답시고   ② 화해를 하는 이상
③ 화해를 함으로써   ④ 화해를 하느니만큼

14

담배를 피우면 폐암에 걸릴 확률이 <u>높다고 하기에</u> 금연을 결심했다.

① 높다고 하길래   ② 높다고 한 이상
③ 높다고 함으로써   ④ 높다고 한 나머지

15~16 다음 글을 읽고 물음에 답하십시오.

기름 값이 하늘 높은 줄 모르고 치솟는 가운데 저렴한 가격을 내세운 셀프 주유소가 꾸준히 늘어 작년 대비 67% 증가한 것으로 조사되었습니다. 이는 고유가와 저금리의 영향 때문인 것으로 이러한 현상은 기름 값이 ㉠ (   ) 당분간 계속될 것으로 보입니다.

그렇다면 고유가 시대에 기름을 아낄 수 있는 방법에는 어떤 것이 있을까요. 트렁크 정리하여 무게 줄이기, 기름 반만 넣기, 정차 시 시동 끄기 등을 방법으로 들 수 있습니다. 또한 갑자기 출발하거나 갑자기 서면 평소보다 많은 기름을 낭비할 수 ㉡있느니만큼 적정 속도로 안전 운행하는 것이 기름 절약에 도움이 될 것으로 보입니다.

15 ㉠에 알맞은 것을 고르십시오.

① 내리지 않을진대 　　　　　② 내리지 않는 이상
③ 내리지 않느니만큼 　　　　④ 내리지 않으려니 해도

16 ㉡과 바꿔 쓸 수 있는 것을 고르십시오.

① 있느니만치 　　　　　　　② 있었을진대
③ 있으려 해도 　　　　　　　④ 있느니 차라리

17~18 다음 글을 읽고 물음에 답하십시오.

> 우리는 흔히 '100세 시대'라 부르는 현대 의학의 시대를 살아가고 있습니다. 제때 적절한 치료를 받지 못해서 죽어야 했던 시대는 더 이상 옛말이 되었고, 가벼운 감기에만 걸려도 ㉠ (   ) 병원으로 달려가 치료를 받는 시대를 살아가고 있습니다.
>
> 캐나다의 한 대학에서는 현대 의학의 위대함을 또 한 번 보여주었는데 그것은 바로 간단한 소변 검사로 인간의 수명을 예측하는 것입니다. 소변 속 단백질의 양으로 수명을 예측하는 것으로 소변 속 단백질의 양이 많을수록 기대 수명이 줄어들고, 적을수록 기대 수명이 늘어난다는 것입니다. 이렇게 간단한 검사만으로도 먼 훗날 인간의 미래까지 예견할 수 ㉡있는바 현대 과학의 끝은 과연 어디일까요.

17 ㉠에 알맞은 것을 고르십시오.

① 큰일 날세라 ② 큰일 날진대
③ 큰일 나느니만큼 ④ 큰일 나겠답시고

18 ㉡과 바꿔 쓸 수 있는 것을 고르십시오.

① 있을세라 ② 있을진대
③ 있음으로써 ④ 있으려 해도

19~20 다음 글을 읽고 물음에 답하십시오.

요즘 아파트 층간 소음 문제로 이웃끼리의 분쟁이 심한데요, 이를 어떻게 해결할 수 있을까요? 벽을 사이에 두고 살아가는 아파트라는 환경에서 생활 소음을 없앨 수 없다면 이 소리를 자연의 소리로 덮어 마음의 안정을 찾아주는 것, 이것이 새로운 대안이 될 수 있을 것입니다.

위층에서 '아이들 뛰는 소리'라든지 '화장실 물 내리는 소리' 등 생활 소음이 들려올 때 '비 내리는 소리', '시냇물 소리' 등 자연의 소리를 ㉠(   )스트레스를 완화시키고, 마음의 안정을 주는 효과, 이것이 바로 '에코 사운드'입니다. 이 '에코 사운드'는 사람들이 한 층을 두고 생활하는 아파트라는 환경에서 생활 소음이 ㉡없을 리 만무할 때 이를 해결할 수 있는 효과적인 대안이 될 것입니다.

19 ㉠에 알맞은 것을 고르십시오.

① 들려줌으로써   ② 들려준 나머지
③ 들려주는 이상   ④ 들려주기에 앞서

20 ㉡과 바꿔 쓸 수 있는 것을 고르십시오.

① 없을 판일 때   ② 없을 턱이 없을 때
③ 없기 나름일 때   ④ 없으려니 생각할 때

–(으)ㄴ/는가 하면

V, A + (으)ㄴ/는가 하면 ; 가는가 하면, 읽는가 하면, 예쁜가 하면, 넓은가 하면
N + 인가 하면 ; 선수인가 하면, 감독인가 하면
V, A + 았/었는가 하면 ; 갔는가 하면, 예뻤는가 하면
N + 였/이었는가 하면 ; 선수였는가 하면, 감독이었는가 하면

의미

① 앞 문장과 뒤 문장의 상황이 서로 반대되는 경우에 사용한다.

- 가 : 하나 씨, 새로 이사한 지역은 어때요?
  나 : 교통은 편리해서 **좋은가 하면** 물가는 비싸서 부담도 돼요.

② 뒤 문장에 또 다른 상황을 더 추가할 경우에 사용한다.

- 가 : 하나 씨, 새로 이사한 지역은 어때요?
  나 : 교통이 편리**한가 하면** 주거환경 또한 깨끗해서 살기에 좋은 것 같아요.

예문

(1) 실험 정신이 뛰어난 영화는 대중의 사랑을 받**는가 하면** 외면을 받기도 한다.
(2) 자신의 잘못을 진심으로 뉘우치**는가 하면** 무조건 남의 탓으로 여기는 사람도 있다.
(3) 지구 온난화로 인한 여름 강수량이 늘었**는가 하면** 열대야 일수도 급증했다.
(4) 가 : 어제 왕홍 씨를 만났는데 처음이라 그런지 낯을 많이 가리는 것 같더라고요.
   나 : 왕홍 씨는 처음 보는 사람들 앞에서는 말이 없**는가 하면** 친한 사람들하고는 말을 잘해요.
(5) 가 : '소나기'라는 소설을 쓴 작가가 그렇게 유명한지 몰랐어요.
   나 : 그 작가는 소설가**인가 하면** 시인으로도 명성이 대단히 높아요.

1 '–(으)ㄴ/는가 하면'이 ①의 의미일 때 '–(으)ㄴ/는 반면(에)', '–(으)ㄴ/는데 반해'와 바꿔 사용할 수 있다.

예 실험 정신이 뛰어난 영화는 대중의 사랑을 **받는가 하면** 외면을 받기도 한다.
= 실험 정신이 뛰어난 영화는 대중의 사랑을 **받는 반면에** 외면을 받기도 한다.
= 실험 정신이 뛰어난 영화는 대중의 사랑을 **받는데 반해** 외면을 받기도 한다.

2 '–(으)ㄴ/는가 하면'이 ②의 의미일 때 '–거니와', '–(으)ㄹ뿐더러', '–은/는 말할 것도 없고'
와 바꿔 사용할 수 있다.

예 그 작가는 **소설가인가 하면** 시인으로도 명성이 대단히 높아요.
= 그 작가는 **소설가이거니와** 시인으로도 명성이 대단히 높아요.
= 그 작가는 **소설가일뿐더러** 시인으로도 명성이 대단히 높아요.
= 그 작가는 **소설가는 말할 것도 없고** 시인으로도 명성이 대단히 높아요.

※　다음 보기 와 같이 '-(으)ㄴ/는가 하면'을 사용하여 대화를 완성하십시오.

> 보기
>
> 가 : 최 대리, 김 대리가 부장님 옷에 커피를 쏟았다면서요?
> 나 : 네, 김 대리는 평소에는 어려운 일도 척척 잘 <u>해내는가 하면</u> 가끔씩은 그렇게 어이없는 실수도 하더라고요.

(1) 가 : 여보, 이번 휴가에는 여행 대신 뭔가 의미 있는 일을 하고 싶은데, 당신 생각은 어때요?

　　나 : 좋아요. 우리 회사에도 휴가 동안 국내 봉사 활동에 ＿＿＿＿＿＿＿ 해외로 나가서 봉사 활동에 참여하는 동료들이 많아요. 이참에 우리도 봉사활동에 참가해 보는 건 어때요?

(2) 가 : 어제 저녁부터 밤새 부산지역에 많은 비가 내렸대요.

　　나 : 저도 뉴스에서 들었어요. 그래서 빗길 교통사고 때문에 많은 사람들이 ＿＿＿＿＿＿＿ ＿＿＿ 해안지역에서도 선박사고가 많이 발생했대요.

(3) 가 : 히로미 씨, 무슨 책 읽어요? 이건 한국어 발음 책이네요?

　　나 : 네, 제가 요즘 한국어 발음에 대해 관심이 많거든요. 한국어에는 '김치', '불고기'처럼 표기와 발음이 같은 게 ＿＿＿＿＿＿＿ '떡볶이', '비빔밥'처럼 표기와 발음이 다른 것도 있거든요. 정말 신기하지 않아요?

(4) 가 : 제시카 씨, 유학생을 대상으로 한 설문조사의 결과를 봤어요? 한국 대학원에 진학하거나 기업에 취직하기 위해 한국어를 ＿＿＿＿＿＿＿ 한국 문화에 관심이 많아서 한국어를 배운다는 학생들도 많았어요.

　　나 : 그래요? 사실 저도 한국의 역사에 대해 알고 싶어서 한국어를 공부하게 되었거든요.

(5) 가 : 저는 '표현의 자유가 침해당한다'라는 입장에서 '인터넷 실명제'에 반대하는데요. 수영 씨 생각은 어때요?

　　나 : 글쎄요, 인터넷 게시판은 자유로운 토론 분위기를 조성하는 데 도움을 ＿＿＿＿＿＿＿ ＿＿＿ 한편으로는 남을 쉽게 비방할 수 있게도 하잖아요. 그래서 어느 한 쪽만을 지지할 수는 없을 것 같네요.

−건 말건(간에)

의미 앞 문장이 어떠하든 상관없이 뒤 문장이 일어남을 나타낸다.

- 가 : 이번에 드디어 수영 씨가 금메달을 땄대요.
  나 : 정말요? 남들이 알아주**건 말건** 항상 피땀 흘리며 연습하더니 정말 잘 됐어요!

예문

(1) 부모님께서 뭐라고 하**건 말건** 저는 제가 하고 싶은 일을 하겠어요.

(2) 실험주의 작가들은 비판적인 평가를 받**건 말건** 새로운 것을 시도하려 한다.

(3) 환경이야 어떻게 되**건 말건** 개발에만 신경 쓰는 바람에 자연이 파괴되고 말았다.

(4) 가 : 민호 씨, 도대체 무슨 일로 부인과 싸운 거예요?
   나 : 아기가 울**건 말건 간에** 신경도 안 쓰고 자기 일만 하잖아요.

(5) 가 : 자야 씨는 오늘이 야근인데도 부장님 몰래 외출한 거예요? 들키면 어쩌려고요?
   나 : 부장님께 들키**건 말건** 상관없대요. 배짱도 참 크죠?

① '−건 말건(간에)'는 '−든(지) 말든(지)'와 바꿔 사용할 수 있다.

 예 부모님께서 뭐라고 **하건 말건** 내가 하고 싶은 일을 하겠다.
   = 부모님께서 뭐라고 **하든 말든** 내가 하고 싶은 일을 하겠다.

 ☞ '−건 말건(간에)'는 '−거나 말거나'의 줄임말이며, 주로 구어체에서 사용한다.

 예 아내는 아기가 **울건 말건** 자기 일만 하잖아요.
   = 아내는 아기가 **울거나 말거나** 자기 일만 하잖아요.

② '−건 말건(간에)'는 '−건 −건(간에)'의 형태로도 사용한다.

 예 취직을 **하건** 여행을 **하건** 당분간은 아무 걱정 없이 쉬고 싶다.
   영호 씨는 비가 **오건** 눈이 **오건 간에** 항상 제시간에 출근한다.

※　다음 보기 와 같이 '-건 말건(간에)'를 사용하여 대화를 완성하십시오.

> 보기
>
> 가 : 오늘 현우가 입은 옷 봤어? 난 보자마자 너무 놀라서 기절할 뻔했어.
>
> 나 : 나도 봤어. 그런데 사실 난 현우가 옷을 특이하게 <u>입건 말건</u> 아무렇지 않아. 오히려 자기만의 개성을 잘 표현하는 것 같아 부러울 때도 있는 걸.

(1) 가 : 부모님께서 계속 공무원 시험을 준비하라고 말씀하시네요.

　　나 : 요즘 사회가 안정된 직장을 선호하는 분위기이니만큼 그 말씀도 이해가 되긴 해요.

　　가 : 그래도 전 부모님께서 ＿＿＿＿＿＿＿＿＿ 제가 하고 싶은 일을 하면서 살고 싶어요.

(2) 가 : 어제 스티브 씨가 지갑을 잃어버려서 속상해하고 있는데, 명수 씨는 그 옆에서 새로 산 지갑을 자랑하고 있더라고.

　　나 : 그래? 원래 명수 씨는 남들이야 상처를 ＿＿＿＿＿＿＿＿＿ 제멋대로 말하는 사람이니까 그 사람이 하는 말은 한 귀로 듣고 한 귀로 흘리는 게 좋아.

(3) 가 : 이 감독님은 배우를 섭외할 때 연기력을 중요하게 생각한다고 하시던데, 이번에도 연기력 위주로 배우를 뽑으셨나요?

　　나 : 아니요. 이번에는 연기를 ＿＿＿＿＿＿＿＿＿ 상관없이 관객들의 시선을 한 번에 끌 만한 독특한 매력이 있는 배우를 뽑고자 했습니다.

(4) 가 : 하나 씨, 들으셨어요? 노동 파업이 5일 정도 더 연장될 거라고 하네요. 이러다가는 제품 생산 일정에 더 큰 차질이 생기겠어요.

　　나 : 네, 저도 들었어요. 노동자들이 파업을 ＿＿＿＿＿＿＿＿＿ 나 몰라라 하는 식의 회사의 태도에 불만이 더해진 모양이에요. 하루라도 빨리 해결되면 좋을 텐데요.

(5) 가 : 어제 뉴스에서 대통령 후보의 당선을 예측해 봤는데, 우리가 지지하는 후보보다 상대 후보의 지지율이 점점 더 오르고 있더라고요.

　　나 : 그래요? 하지만 어디까지나 예측이니까요. 상대 후보의 인기가 ＿＿＿＿＿＿＿＿＿ 상관하지 맙시다. 마지막 결과는 아무도 모르는 거니까요.

–는 한

의미 어떤 조건에서 뒤 문장과 같은 결과가 옴을 나타낸다.

- 가 : 이루어질 수 없는 무모한 도전은 하고 싶지 않아요.
  나 : 하지만 실패가 두려워서 도전을 하지 않**는 한** 더 이상의 발전은 없을 거예요.

예문

(1) 건강이 허락하**는 한** 저는 이 일을 계속 할 겁니다.

(2) 당신이 제 옆에 있**는 한** 우리는 영원히 행복할 겁니다.

(3) 회사와 노동자 양측의 소통을 위한 노력이 없**는 한** 분쟁은 계속 될 것이다.

(4) 가 : 과연 우리 국민들은 지금의 이 위기를 극복할 수 있을까요?
  나 : 글쎄요. 국민이 하나가 되려는 자발적인 움직임이 없**는 한** 아마 어려울 겁니다.

(5) 가 : 악성 댓글로 인한 사회적 문제가 많은데요, 어떻게 해야 해결할 수 있을까요?
  나 : 인터넷 실명제를 실시하지 않**는 한** 이와 같은 문제는 사라지지 않을 겁니다.

① '–는 한'은 '될 수 있는 한(가능한 한)', '관한 한' 등과 같이 관용적 표현으로도 쓰인다.

  예 **될 수 있는 한** 오늘 모임에 참석하도록 하세요.
    = **가능한 한** 오늘 모임에 참석하도록 하세요.

    이 이론에 **관한 한** 김 선생님을 따를 사람은 없다.
    그 문제에 **관한 한** 한 치의 양보도 있을 수 없다.

② '–는 한'은 '–는 한이 있어도/있더라도'와 같이 사용되어 말하는 사람의 강한 의지를 나타낸다.

  예 회사를 **그만두는 한이 있어도** 이 일은 할 수 없다.
    죽는 한이 있더라도 마감일까지 꼭 끝내도록 하겠습니다.

※ 다음 보기 와 같이 '-는 한'을 사용하여 문장을 완성하십시오.

> 보기
>
> 가 : 이루어질 수 없는 무모한 시도는 하고 싶지 않아요.
> 나 : 물론 실패가 뻔히 보이는 도전은 피해야겠죠. 하지만 실패가 두려워서 도전을
>   <u>하지 않는 한</u> 더 이상의 발전은 없을 거예요.

(1) 가 : 요즘 너무 무리해서 일을 해서 그런지 머리도 아프고 소화도 잘 안 되는 것 같아요.

　　나 : 무슨 일을 그렇게 열심히 해요? 아무리 일이 좋아도 그렇지 건강을 생각하면서 쉬엄쉬

　　　　엄하세요. 성공한다 해도 건강을 ＿＿＿＿＿＿＿＿＿ 아무것도 아닐 테니까요.

(2) 가 : 우리 회사는 디자인을 중요하게 생각하는 회사니까 디자인에 좀 더 신경을 쓰도록 하

　　　　세요.

　　나 : 하지만 아무리 디자인이 좋아진다 한들 제품의 질이 ＿＿＿＿＿＿＿＿＿ 경쟁력은

　　　　없다고 보는데요. 제품의 질이 보장되어야 디자인 또한 경쟁력이 될 수 있다고 생각합

　　　　니다.

(3) 가 : 이번 축구시합에서 우리 팀의 우승을 예상해도 되겠지?

　　나 : 지금까지 한 훈련으로 보나 경기력으로 보나 ＿＿＿＿＿＿＿＿＿ 우리 팀이 우승

　　　　한다고 봐도 큰 문제는 없을 거예요.

(4) 가 : 앞으로의 한국의 경제에 대해서 어떻게 전망하십니까?

　　나 : 한국은 온 국민이 힘을 합쳐 지금의 눈부신 발전을 이루어냈습니다. 앞으로도 국민들

　　　　이 자기 맡은 분야에서 열심히 ＿＿＿＿＿＿＿＿＿ 한국 경제는 계속 발전할 거라

　　　　고 생각합니다.

(5) 가 : 앞으로 과학의 발전은 계속 되어야 할까요? 여기에 대해서 어떻게 생각하십니까?

　　나 : 과학은 양면성을 띄고 있다고 볼 수 있습니다. 인간이 과학을 제대로만 사용한다면 인

　　　　간에게 이롭게 작용할 것이지만 제대로 갖추어진 윤리관 없이 그저 인간에게 편리한

　　　　대로만 과학을 ＿＿＿＿＿＿＿＿＿ 더 이상의 이로움은 없을 것입니다.

–는 양

의미 어떤 행동을 하는 것처럼 보일 때 사용한다.

- 가 : 두 사람이 모르는 사이인줄 알았는데 서로 아는 것 같아요.
  나 : 맞죠? 서로 잘 아**는 양** 눈인사를 하던데요.

예문 (1) 그는 오랜 여행을 떠나**는 양** 많은 사람들과 작별 인사를 나누었다.

(2) 사장님이 왔을 때 직원들은 마치 아무 일도 없**는 양** 조용히 있었다.

(3) 두 영화배우가 사귄다는 소문을 사실**인 양** 쓴 기자를 고소했다.

(4) 가 : 요즘 탕홍 씨 봤어요? 자기가 무슨 반장인 줄 아는 것 같아요.
   나 : 맞아요. 다른 반에서는 자기가 마치 반장이라도 되**는 양** 이야기하고 다니던데요.

(5) 가 : 그런 짓을 저지르고도 어떻게 저렇게 버젓이 살 수 있을까요?
   나 : 그러게요. 잘못을 하고도 마치 좋은 사람**인 양** 이웃들과 인사하며 지냈대요.

① '–는 양'은 '–(으)ㄴ 양'으로 사용되어 과거의 완료된 사실을 나타낸다.

   예 동생은 그렇게 많은 피자를 다 먹고도 마치 먹지 **않은 양** 시치미를 떼었다.

② '–는 양'은 '–(으)ㄹ 양으로'사용되어 말하는 사람의 의도, 목적을 나타낸다.

   예 그녀는 한 번에 시험에 **붙을 양으로** 죽어라 공부했다.
   여러 경험도 하고 견문도 **넓힐 양으로** 배낭여행을 떠났다.

※ 다음 보기 와 같이 '-는 양'을 사용하여 문장을 완성하십시오.

> 보기
>
> 가 : 두 사람이 아는 사이인줄 알았는데 모르는 것 같아요.
> 나 : 설마요. 서로 <u>모르는 양</u> 일부러 인사를 안 했을지도 몰라요.

(1) 가 : 김 과장님은 얼핏 보면 이해심도 많고 사람도 좋아 _______________ 생각되지만 알고 보면 무서운 분이래요.

　　나 : 그런 것 같아요. 멀리서 대하면 좋아 보이지만 가까이 다가가서 함께 일을 하다 보면 꼭 그렇지만은 않은 사람들도 많은 것 같아요.

(2) 가 : 기자님, 이 소문의 진위 여부도 파악하지 않으시고, 떠도는 소문이 마치 _______________ 기사를 쓰면 어떻게 합니까? 이 기사 때문에 우리가 얼마나 많은 손해를 봤는지 알기나 합니까?

　　나 : 죄송합니다. 최대한 빨리 정정하도록 하겠습니다.

(3) 가 : 고작 2박 3일 여행가면서 가방은 마치 한 달 동안 _______________ 왜 그렇게 커? 가방만 보면 어디 이사 가는 줄 알겠다.

　　나 : 그렇지? 필요한 것 이것저것 넣다 보니까 이렇게 많이 싸게 되더라고.

(4) 가 : 아까 주인한테 이야기했다고 하셨는데 도대체 누구한테 이야기하신 거예요? 주인은 그런 얘기를 들은 적이 없다고 하던데요?

　　나 : 1층에 있던 그 분이 주인 아니었어요? 저는 그 분이 마치 자신이 _______________ 이야기하길래 그런 줄 알았죠.

(5) 가 : 그런 짓을 저지르고도 어떻게 저렇게 버젓이 살 수 있을까요? 나 같았으면 얼굴도 못 들고 다녔을 텐데 말이에요.

　　나 : 그러게요. 그런 짓을 하고도 _______________ 이웃들과 사이좋게 지냈대요. 얼굴만 보면 나쁜 짓을 할 거라고는 상상이 안 되잖아요.

–(으)ㅁ으로 말미암아

V, A + (으)ㅁ으로 말미암아 ; 부재함으로 말미암아, 받음으로 말미암아,
N + (으)로 말미암아 ; 부재로 말미암아, 노력으로 말미암아

의미 앞 문장의 원인이나 이유로 인해 뒤 문장에 좋지 않은 결과가 올 때 사용한다.

- 가 : 계속되는 경제 불황 속에서 내년 정부 복지 예산은 어떻게 될 전망입니까?

  나 : 예산이 줄어**듦으로 말미암아** 복지 혜택 또한 자연히 축소될 것으로 보입니다.

예문 (1) 환경오염**으로 말미암아** 지구 온난화가 가속화되고 있다.

(2) 인성교육이 부재**함으로 말미암아** 청소년의 범죄가 증가하고 있다.

(3) 그 영화배우는 악성루머가 퍼**짐으로 말미암아** 이미지에 큰 타격을 입게 되었다.

(4) 가 : 어제 내린 폭설로 피해가 이만저만이 아니었죠?

  나 : 네, 폭설**로 말미암아** 도시 전체가 거대한 주차장으로 변해 버렸어요.

(5) 가 : 이번 사태의 책임은 어디에 있다고 보십니까?

  나 : 이번 일은 회사의 부주의**함으로 말미암아** 생긴 일이니 회사 측에서 전적으로 책임을
  지도록 하겠습니다.

1 '–(으)ㅁ으로 말미암아'는 '–(으)ㅁ으로 인해'와 바꿔 사용할 수 있다.

  예 인성교육이 **부재함으로 말미암아** 청소년의 범죄가 증가하고 있다.

    = 인성교육이 **부재함으로 인해** 청소년의 범죄가 증가하고 있다.

  ☞ –(으)ㅁ으로 말미암아' 앞에 명사가 올 때 '명사+(으)로 말미암아', '명사+(으)로 인해'로
  사용된다.

  예 **폭설로 말미암아** 도시 전체가 주차장으로 변해 버렸다.

    = **폭설로 인해** 도시 전체가 주차장으로 변해 버렸다.

※ 다음 보기 와 같이 '-(으)ㅁ으로 말미암아'를 사용하여 문장을 완성하십시오.

> 보기
>
> 가 : 내년 정부 복지 예산은 어떻게 될 전망입니까?
> 나 : 예산이 <u>늘어남으로 말미암아</u> 복지 혜택 또한 자연히 확대 될 것으로 보입니다.

(1) 가 : 이번 국회의원 선거에서 김 후보가 떨어진 이유가 어디에 있다고 보십니까?

　　나 : 그 원인은 김 후보와 관련된 기사 때문으로 보이는데요. 김 후보의 비도덕적인 사생활
이 인터넷에 공개되면서 국민들의 신용을 잃게 되었고, 결국 김 후보에 대한 여론이
_____________________ 많은 득표를 얻지 못하게 된 게 아닌가 합니다.

(2) 가 : 이번 사태에 대한 책임은 어디에 있다고 보십니까?

　　나 : 저희 회사에서 조금만 더 주의를 기울였다면 이번과 같은 문제는 없었을 텐데 심려 끼
쳐드려 죄송합니다. 이번 일은 전적으로 회사의 _____________________ 생긴 일이니
저희 측에서 책임을 지고 해결하도록 하겠습니다.

(3) 가 : 이번 사건이 일어난 계기가 무엇이라고 생각합니까?

　　나 : 이번 사건은 결국 악성댓글로 인한 정신적인 _____________________ 생긴 일이라고
보시면 될 것 같습니다. 한 연예인을 놓고 주고받은 충격적인 댓글이 결국 이번 사건
의 원인이 된 것입니다.

(4) 가 : '중소기업 살리기'라는 목표로 제정된 이번 법률안이 통과되지 못한 것으로 알고 있는
데 그로 인한 결과를 어떻게 예측하십니까?

　　나 : 이번 법률안이 _____________________ 중소기업은 재정적인 혜택을 보지 못하게 돼
큰 타격을 입게 되겠지요.

(5) 가 : 이번 월드컵에 '김태민' 씨가 출전하지 못하게 되었는데 그 이유가 무엇입니까?

　　나 : 김 선수는 지난번 경기에서 발목 부상을 당한 적이 있는데 아직까지 완치가 되지 못한
상태입니다. 결국 안타깝게도 이번 월드컵에는 _____________________ 출전하지 못
하게 되었습니다.

–(으)ㄹ 대로

V, A + (으)ㄹ 대로 ; 될 대로, 썩을 대로, 지칠 대로, 식을 대로

의미   어떤 상태나 정도가 매우 심함을 나타낸다.

- 가 : 이번 교육감 비리는 정말 놀랍지 않아? 교육감이 돼서 어떻게 그럴 수가 있어?
  나 : 교육계의 **썩을 대로** 썩은 비리가 이번 일을 통해 드러난 거라고 할 수 있어.

예문
(1) 고된 타지 생활로 인해 그의 몸은 망가**질 대로** 망가져 버렸다.

(2) 잦은 싸움으로 두 사람의 관계는 악화**될 대로** 악화되어 버렸다.

(3) 그는 인생을 포기한 사람처럼 **될 대로** 되라는 식으로 모든 일을 처리했다.

(4) 가 : 자야 씨가 요즘 무척 기분이 좋아 보이던데 무슨 일이래요?
　　나 : 며칠 후면 부모님이 한국에 오신다며 신이 **날 대로** 나 있어요.

(5) 가 : 계속해 오던 그 연구는 이제 안 하기로 한 거야?
　　나 : 응. 실패가 계속 되니까 그 연구에 대한 애정마저 **식을 대로** 식어버리더라고.

① '–(으)ㄹ 대로'는 같은 형용사나 동사를 반복 사용하여 그 상태가 매우 심함을 나타낸다. 주로 부정적인 의미에 사용한다.

　예   내 친구는 가사 일로 인해 **지칠 대로 지쳐** 버렸다.
　　　고된 타지 생활로 인해 그의 몸은 **망가질 대로 망가져** 버렸다.

② '–(으)ㄹ 대로'와 비슷한 형태로 '–(으)ㄴ/는 대로'가 있다. '–(으)ㄴ/는 대로'는 앞의 동작이나 상태와 똑같이 뒤의 상태가 되거나 행동을 한다는 의미를 나타낸다.

　예   제가 **하는 대로** 따라 해 보세요.
　　　세상 모든 일은 **마음먹은 대로** 되지 않는다.

③ '–(으)ㄹ 대로'는 '–(으)ㄹ 대로 –아/어서'와 같이 관용구로 사용되기도 한다.

　예   제어찌나 오래 신었는지 **낡을 대로 낡아서** 구멍이 나 있었다.
　　　오랜 병마에 시달린 그는 **약해질 대로 약해져서** 금방이라도 쓰러질 것 같았다.

※ 다음 보기 와 같이 '-(으)ㄹ 대로'를 사용하여 문장을 완성하십시오.

> 보기
>
> 가 : 이번 교육감 비리는 정말 놀랍지 않아? 교육감이 돼서 어떻게 그럴 수가 있어?
> 나 : 교육계의 <u>썩을 대로 썩은</u> 비리가 이번 일을 통해 드러난 거라고 할 수 있어.

(1) 가 : 그 두 사람 어쩌다가 이혼까지 하게 됐대요? 행복하게 잘 사는 줄로만 알았는데요….

　　나 : 처음에는 잘 지냈는데 사소한 일로 말다툼이 잦아졌대요. 잦은 싸움으로 두 사람의
　　　　관계가 ＿＿＿＿＿＿＿＿＿ 결국엔 이혼을 하게 됐나 보더라고요.

(2) 가 : 이번 어버이날에 부모님께 선물을 하나 해 드리려고 하는데 어떤 게 좋을까?

　　나 : 글쎄. 저번에 옷장을 정리하다가 아버지 양복을 봤는데 얼마나 오래 입었는지 소매
　　　　부분이 ＿＿＿＿＿＿＿＿＿. 그래서 이번에는 아버지께 양복을 한 벌 해드리면 어떨
　　　　까 하는데.

(3) 가 : 이번에 국회의원들이 국회에서 보여준 행동에 대해서 어떻게 생각하십니까?

　　나 : 이번 사건 전에도 이와 비슷한 문제들이 많았지만 특히 이번 사건을 통해서 국회의원
　　　　들의 정치 수준을 알 수 있었다고 생각합니다. 이것이 바로 ＿＿＿＿＿＿＿＿＿ 한국
　　　　정치의 현주소라고 생각합니다.

(4) 가 : 온 사회를 떠들썩하게 만든 이 충격적인 사건의 원인이 무엇이라고 생각하십니까?

　　나 : 현대 사회로 가면서 사람 간의 정이 없어지고 삭막해졌죠. 이로 인해 서로를 위하는
　　　　마음 또한 사라지게 되었고요. 이런 사회 분위기 속에서 일어난 이번 사건은 ＿＿＿＿＿
　　　　＿＿＿＿＿ 오늘날 우리 사회의 모습을 보여 준거라고 할 수가 있겠습니다.

(5) 가 : 요즘 그 사람의 태도는 확실히 문제가 있어. 예전에는 안 그랬는데 요즘 왜 그러는지
　　　　모르겠어.

　　나 : 그건 회사의 책임도 커요. 열심히 회사를 위해서 밤낮 안 가리고 일만 했는데도 회사에
　　　　서 인정을 해 주지 않았거든요. 한번 크게 실망한 후로는 ＿＿＿＿＿＿＿＿＿ 되라는
　　　　식으로 나오는 것 같더라고요.

–자니

의미 어떤 이유로 인해 고민하거나 망설이는 것을 나타낸다.

- 가 : 차를 사기로 했어요?
  나 : 글쎄요. 차를 사**자니** 돈이 많이 들 것 같고, 걸어 다니**자니** 힘들고 그렇네요.

예문
(1) 후배가 부탁을 하는데 들어주**자니** 부담스럽고, 거절하**자니** 미안하네요.
(2) 음식이 조금 남았는데 먹**자니** 배부르고, 남기**자니** 아까워서 고민이에요.
(3) 그 사람 혼자 두고 가**자니** 마음이 편하지가 않네요. 그냥 같이 갑시다.
(4) 가 : 아까부터 시장에 간다더니 왜 아직도 집에 있어요?
  나 : 시장을 가**자니** 집에 혼자 있을 아이가 맘에 걸리고, 같이 가**자니** 귀찮고 해서 아직도
      못 가고 있어요.
(5) 가 : 대학교 졸업하고 어떻게 하기로 했어? 너 대학원도 생각하고 있었잖아.
  나 : 그러게. 취업을 하**자니** 공부를 더해 보고 싶기도 하고, 대학원에 가**자니** 학비가 많이
      들 것 같아서 고민하고 있어.

1. '–자니'는 '–(으)려고 하니'와 바꿔 사용할 수 있다.

   예 그 사람 혼자 두고 **가자니** 마음이 편하지 않네요.
      = 그 사람 혼자 두고 **가려고 하니** 마음이 편하지 않네요.

2. '–자니'는 '–자니 –고, –자니'의 형태로 자주 사용된다.

   예 음식이 조금 남았는데 **먹자니** 배가 **부르고**, **남기자니** 아까워서 어떻게 해야 할지 생각
      중이야.

※ 다음 보기 와 같이 '-자니'를 사용하여 문장을 완성하십시오.

> 보기
>
> 가 : 차를 사기로 했어요?
> 나 : 아직 모르겠어요. <u>차를 사자니</u> 유지비가 너무 많이 들 것 같고, <u>걸어 다니자니</u>
> 힘들고 그렇네요.

(1) 가 : 그 외국인 남자친구랑 정말 결혼할거야? 지난번에는 결혼까지 생각하고 있다고 했잖
아.

나 : 글쎄. 아직 잘 모르겠어. 막상 그 사람이랑 ________________ 부모님의 반대가 마음
에 걸리고, 안 하자니 그 사람한테 미안하고 해서 고민 중이야.

(2) 가 : 지난번에 만났을 때 아이를 미국으로 유학 보낼 생각이라더니 어떻게 됐어요?

나 : 아직 결정 못 했어요. 아이를 혼자 ________________ 걱정도 많이 되고, 따라 가자니
한국에 혼자 남을 남편이 신경 쓰여서 아직 결정을 못 내리고 있어요.

(3) 가 : 이번 사건의 책임을 물었을 때 복지부 장관을 해임하는 것이 마땅하지 않습니까?

나 : 물론 이번 사건의 책임자로서 그렇게 하는 것이 마땅하지만 복지부 장관을 ________
________ 그 뒤를 이을 마땅한 후임자도 없어서 지금 당장 판단하기에는 어렵다고 봅
니다.

(4) 가 : 아이가 아직 4살밖에 안 됐는데 벌써 어린이 집에 보내려고요? 어린이집에 보내기에는
너무 어린 거 아니에요? 아직 엄마의 손길이 많이 필요할 것 같은데요.

나 : 그렇긴 한데, 제가 다시 회사에 나가봐야 해서 어쩔 수 없거든요. 이렇게 어린 애를 어
린이집에 ________________ 안쓰럽고, 안 보내자니 봐 줄 사람이 없어서 고민이에요.

(5) 가 : 스티브 씨, 뭘 이렇게 많이 모아 두었어요? 이러니 집이 좁아서 못 살겠다고 했군요. 여
기 있는 것 중에서 안 쓰는 물건들은 정리하면 집이 훨씬 더 넓어질 것 같은데요.

나 : 하지만 모두 필요한 거란 말이에요. ________________ 아깝고, 다음에 또 쓸 일이 있
을 것 같아서 못 버리고 있어요.

‒(으)ㄹ 턱이 없다

V, A, 있다/없다 + (으)ㄹ 턱이 없다 ; 갈 턱이 없다, 먹을 턱이 없다, 예쁠 턱이 없다, 많을 턱이 없다,
있을 턱이 없다

N + (이)ㄹ 턱이 없다 ; 의사일 턱이 없다, 학생일 턱이 없다

의미 어떤 일이 이루어질 가능성이 없음을 나타낸다.

- 가 : 웬일로 하나가 밥을 다 남기네. 오늘은 배가 안 고픈가?

  나 : 30분 전에 밥을 두 그릇이나 먹었으니 배가 고플 **턱이 없지**.

예문 (1) 아무 근거도 없이 그런 터무니없는 소문이 **날 턱이 없다**.

(2) 생활하랴 빚 갚으랴 정신이 없는데 돈을 모**을 턱이 있겠어요**?

(3) 컴퓨터를 구입한 지 한 달도 채 안 됐는데 고장이라니 그럴 **턱이 없다**.

(4) 가 : 명수 씨와 현우 씨는 사이가 안 좋아 보이네요.

  나 : 명수 씨가 잘 해 오던 일을 갑자기 현우 씨가 맡게 됐으니 사이가 **좋을 턱이 있겠어요**?

(5) 가 : 자연재해에 대한 대책을 마련해 둔다면 그로 인한 피해가 없을 텐데 말이죠.

  나 : 그렇긴 하지만 대부분 문제가 생긴 후에야 대책을 마련하니 피해가 없**을 턱이 없지요**.

1 ‘‒(으)ㄹ 턱이 없다’는 ‘‒(으)ㄹ 리가 없다’와 바꿔 사용할 수 있다.

  예 항상 놀기만 했는데 시험에 **합격할 턱이 없다**.

    = 항상 놀기만 했는데 시험에 **합격할 리가 없다**.

    30분 전에 밥을 두 그릇이나 먹었는데 배가 **고플 턱이 없다**.

    = 30분 전에 밥을 두 그릇이나 먹었는데 배가 **고플 리가 없다**.

2 ‘‒(으)ㄹ 턱이 없다’는 ‘‒(으)ㄹ 턱이 있겠어요?’와 같이 의문문의 형태로 사용하여 ‘그렇게
될 가능성이 없음’을 강하게 나타낸다.

  예 아무 근거도 없이 그런 소문이 **날 턱이 있겠어요**?

    대출금 갚기도 힘든데 돈을 **모을 턱이 있겠어요**?

※ 다음 보기 와 같이 '-(으)ㄹ 턱이 없다'를 사용하여 대화를 완성하십시오.

> 보기
>
> 가 : 웬일로 하나가 밥을 다 남기네. 배가 고프지 않아서 그런가?
>
> 나 : 에이, 30분 전에 밥을 두 그릇이나 먹었는데 배가 고플 턱이 없지.

(1) 가 : 스티브, 우리 반에서 너만 기말 과제 안 냈던데 어떻게 된 거야? 과제 있는지 몰랐어?

　　나 : 과제가 있었어? 나는 과제에 대해서 들은 게 전혀 없어. 게다가 아무도 나한테 말해 주지 않았으니 내가 ＿＿＿＿＿＿＿＿＿＿＿＿.

(2) 가 : 선생님, 아무래도 오늘 학교에 못 갈 것 같아요. 어제 운동을 좀 무리하게 했더니 몸이 불편해서요. 하룻밤 지나면 괜찮을 줄 알았는데 오늘은 도저히 못 일어나겠어요.

　　나 : 그러니까 평소에 운동을 했어야지요. 그렇게 무리해서 운동을 하니 몸이 ＿＿＿＿＿＿＿ ＿＿＿＿＿＿.

(3) 가 : 너 현우 씨가 이혼했다는 소문 들었어?

　　나 : 그게 무슨 말이야? 잉꼬부부로 그렇게 유명한 두 사람이 이혼을 ＿＿＿＿＿＿＿＿＿ ＿＿＿＿. 어제도 두 사람이 백화점에서 다정하게 쇼핑하는 걸 내가 봤는데? 분명 잘못 들었겠지.

(4) 가 : 정부에서 재해대비를 위한 예산을 늘려도 왜 해마다 태풍이 오면 큰 피해를 입는 걸까요? 지난 여름에도 농가뿐만 아니라 도시에서도 태풍으로 인한 많은 피해가 있었잖아요.

　　나 : 미리 대비를 해야 하는데 항상 피해가 있고서야 대책을 마련하니 ＿＿＿＿＿＿＿＿＿ ＿＿＿＿＿.

(5) 가 : 요즘 경제 불황이 지속되다 보니 중산층에서 고소득층으로의 이동이 갈수록 힘들어진대. 심지어 고소득층은커녕 오히려 저소득층으로 떨어진 경우도 많다고 하잖아.

　　가 : 그러니깐. 고소득층이야 여유자금으로 재산을 늘릴 수 있겠지만 서민들은 계속되는 경제 불황으로 소득이 줄어드는 데다가 은행에서 빌린 대출까지 감당해야 하니 ＿＿＿＿ ＿＿＿＿＿＿＿＿＿.

–기 십상이다

의미 앞 문장처럼 되기 쉽거나 그럴 가능성이 큼을 나타낸다.

- 가 : 어제 공사장에서 사고가 있었는데 안전모를 쓰지 않았던 사람이 크게 다쳤대요.
  나 : 맞아요. 공사장에서 안전모 없이 일하다가는 큰 사고를 당하**기 십상이라니까요**.

예문 (1) 여기에서 자칫하다 길을 잃으면 미아가 되**기 십상입니다**.
(2) 돈을 모으지 않고 그렇게 흥청망청 쓰다가는 파산하**기 십상이다**.
(3) 제대로 된 장비 없이 산을 오르다가는 사고를 당하**기 십상이니** 주의하시기 바랍니다.
(4) 가 : 이제 4월인데 날씨가 왜 이렇게 추운 거죠?
  나 : 그러게요. 이런 날씨에 봄옷을 입고 돌아다니다가는 감기에 걸리**기 십상이에요**.
(5) 가 : 다음 주까지가 공모전 제출일인데 아무것도 하기가 싫어요. 어떡하죠?
  나 : 그렇게 게으름을 피우다가는 실패하**기 십상이니** 빨리 정신 차리세요.

① '–기 십상이다'는 '–기(가) 쉽다'와 바꿔 사용할 수 있다.

  예 절벽에서 발을 잘못 디디면 낭떠러지로 떨어지**기 십상이다**.
    = 절벽에서 발을 잘못 디디면 낭떠러지로 떨어지**기 쉽다**.

  이런 혹한 날씨에 밖에 있다가는 얼어 죽**기 십상이다**.
    = 이런 혹한 날씨에 밖에 있다가는 얼어 죽**기 쉽다**.

② '–기 십상이다'의 앞에는 '–(으)면', '–다가는'과 같은 표현이 주로 온다.

  예 선배들의 조언을 듣지 않**으면** 실패하기 십상이다.
  돈을 모으지 않고 흥청망청 쓰**다가는** 빈털터리가 되기 십상이다.

※ 다음 보기 와 같이 '-기 십상이다'를 사용하여 대화를 완성하십시오.

> 보기
>
> 가 : 어제 공사장에서 사고가 있었는데 안전모를 쓰지 않았던 사람이 크게 다쳤대요.
>
> 나 : 맞아요. 공사장에서 안전모 없이 일하다가는 큰 사고를 <u>당하기 십상</u>이라니까요.

(1) 가 : 요즘 잦은 야근으로 야식을 먹을 일이 많았는데 그것 때문에 살이 찐 것 같아요.

　　나 : 맞아요. 아무리 몸에 좋은 음식이라도 밤에 먹으면 ＿＿＿＿＿＿＿＿＿＿ 어쩔 수 없이 먹어야 한다면 음식 섭취 후 적어도 3시간 뒤에 잠자리에 드는 게 좋아요.

(2) 가 : 이번에 김 감독의 새 영화 포스트 봤어? 코미디 영화 같던데?

　　나 : 아, 그 영화? 포스트만 보면 코미디 영화로 ＿＿＿＿＿＿＿＿＿＿ 로맨틱한 사랑 이야기래. 이번에는 또 어떤 메시지를 담았을지 기대가 돼.

(3) 가 : 겨울철에는 난방 기구를 자주 사용해서 그런지 실내 공기가 건조한 것 같아요. 그래서 예전보다 얼굴도 푸석해진 것 같고요.

　　나 : 맞아요. 겨울에는 난방이다 뭐다 해서 실내 공기가 ＿＿＿＿＿＿＿＿＿＿ 피부 건강 잃지 않도록 조심하세요.

(4) 가 : 얼마 전에 한 인기 가수의 폭행 사건이 있었지요? 알고 보니 폭행을 한 것이 아니라 싸움을 말리다가 사건에 휘말린 거래요.

　　나 : 그래요? 연예인들은 조금만 잘못을 해도 사람들의 구설수에 ＿＿＿＿＿＿＿＿＿＿ 참 힘들 것 같아요.

(5) 가 : 요즘 힘든 도시 생활을 뒤로 하고 농사를 짓기 위해 귀농하는 사람들이 많은데요. 하지만 이들 대부분은 농사에 대한 지식이 없어서 귀농 초기에 많은 어려움을 겪는다고 해요.

　　나 : 맞아요. 아무 준비도 없이 농사에 뛰어들었다가는 ＿＿＿＿＿＿＿＿＿＿ 귀농하기 전에 구체적으로 무엇을 해야 할지, 어떤 준비가 필요할지 미리 생각해 보는 게 중요하죠.

–(으)ㄹ까 싶어(서)

의미 말하는 사람의 추측이나 의도를 나타낸다.

- 가 : 다음 학기 휴학 안 한다더니 왜 휴학한 거야?

  나 : 취업에 도움이 **될까 싶어서** 호주로 어학연수 갔다 오려고. 이제 4학년이니 본격적으로 취업 준비해야 하잖아.

예문

(1) 명수는 행여나 시험에 떨어**질까 싶어서** 밤을 새워 공부했다.

(2) 그 사람을 혹시나 만날**까 싶어서** 가까운 길을 두고 돌아서 갔다.

(3) 명절이라 차가 막**힐까 싶어** 아침부터 서둘렀는데 다행히 고속도로는 한산했다.

(4) 가 : 탕홍 씨는 항상 학교에 일찍 오시네요. 우리 반에서 제일 부지런한 것 같아요.

  나 : 아니에요. 단지 집에서 학교가 멀다 보니 지각**할까 싶어** 일찍 오는 것뿐이에요.

(5) 가 : 지희 씨는 고기를 항상 물에 삶아서 먹네요.

  나 : 제가 살이 잘 찌는 편이라 튀긴 음식을 먹으면 살이 **찔까 싶어** 음식을 주로 삶아서 먹는 편이에요.

1 '–(으)ㄹ까 싶어서'는 '–(으)ㄹ까 봐(서)', '–(으)ㄹ까 해서'와 바꿔 사용할 수 있다.

  예 취업에 도움이 **될까 싶어서** 호주로 유학을 가려고 한다.

    = 취업에 도움이 **될까 봐서** 호주로 유학을 가려고 한다.

    = 취업에 도움이 **될까 해서** 호주로 유학을 가려고 한다.

2 '–(으)ㄹ까 싶어서'는 '–(으)ㄹ까 싶다'의 형태로도 사용한다.

  예 방학동안 할 일도 없는데 요가나 배워 **볼까 싶다**.

    기차 시간도 많이 남았는데 근처에서 쇼핑이나 **할까 싶어요**.

3 '–(으)ㄹ까 싶다'는 말하는 사람의 추측으로 '앞 문장의 내용처럼 될 것 같지 않다'는 뜻을 나타내기도 한다.

  예 벌써 9시 40분인데 10시까지 도착할 수 있**을까 싶어요**.

    이렇게 비가 많이 오는데 내일 야유회를 할 수 있**을까 싶다**.

※ 다음 보기 와 같이 '–(으)ㄹ까 싶어(서)'를 사용하여 대화를 완성하십시오.

> 보기
> 가 : 탕홍 씨는 항상 학교에 일찍 오시네요. 우리 반에서 제일 부지런한 것 같아요.
> 나 : 아니에요. 단지 집에서 학교가 멀다 보니 <u>지각할까 싶어</u> 일찍 오는 것뿐이에요.

(1) 가 : 계속 지기만 한다고 야구 경기 안 본다더니 오늘은 왜 야구장에 가는 거야?

  나 : 왠지 오늘만큼은 자이언츠 팀이 ____________________ 예매했지.

(2) 가 : 다음 학기 휴학 안 한다더니 왜 휴학한 거야?

  나 : 취업에 ____________________ 호주로 어학연수 가기로 했거든. 나도 이제 4학년이니 본격적으로 취업을 준비해야 할 것 같아서 말이야.

(3) 가 : 자야 씨는 고기를 항상 물에 삶아서 먹네요.

  나 : 제가 살이 잘 찌는 편이라 기름진 음식을 먹으면 ____________________ 늘 이렇게 삶아서 먹습니다.

(4) 가 : 어이구, 우리 둘째 왔구나. 저녁에서야 도착한다더니 빨리 왔네.

  나 : 네, 안 그래도 차가 ____________________ 새벽부터 출발했는데 의외로 고속도로가 한산하더라고요.

(5) 가 : 우리 아이가 아침에 도통 일어나질 못해 텔레비전을 틀어서 잠을 깨워요. 좋아하는 만화를 틀어 주면 깨긴 하는데 아이에게 안 좋은 영향을 ____________________ 걱정이 되기도 해요.

  나 : 그럼 아이의 관심을 끌 수 있는 다른 것을 한번 찾아 보도록 하세요.

−ㄴ/는다손 치더라도

의미　앞의 내용은 인정하더라도 뒤의 내용은 받아들일 수 없음을 나타낸다.

- 가 : 내일이 시험이니 오늘 밤을 새워 공부해야지.
  나 : 밤을 새워 공부**한다손 치더라도** 그렇게 많은 양을 언제 다 보겠어?

예문

(1) 아무리 시간이 없**다손 치더라도** 밥은 먹어야지요.

(2) 아무리 부당하**다손 치더라도** 정해진 규칙을 따라야 합니다.

(3) 힘이 있**다손 치더라도** 이제 쉼을 바라보는 그가 옛날 같기야 하겠니?

(4) 가 : 옛날에 비싸게 주고 산 카메라인데 수리를 해도 예전만 못하네요.
  나 : 당연하지요. 아무리 수리를 **한다손 치더라도** 새것처럼 되기는 힘들지요.

(5) 가 : 앞집 아이 있잖아요. 나이가 어려서 그런지 어른을 봐도 인사를 안 하네요.
  나 : 그래요? 아무리 어리**다손 치더라도** 어른을 보면 인사는 해야지요.

① '−ㄴ/는다손 치더라도'는 '−아/어도', '−더라도', '−(으)ㄹ지라도'와 바꿔 사용할 수 있다.

　예 아무리 **바쁘다손 치더라도** 운동을 게을리 해서는 안 됩니다.
　　= 아무리 **바빠도** 운동을 게을리 해서는 안 됩니다.
　　= 아무리 **바쁘더라도** 운동을 게을리 해서는 안 됩니다.
　　= 아무리 **바쁠지라도** 운동을 게을리 해서는 안 됩니다.

　☞ '−ㄴ/는다손 치더라도'와 '−아/어도', '−더라도', '−(으)ㄹ지라도'는 그 의미는 비슷하나 실현 가능성에서 정도의 차이가 있으며, '−ㄴ/는다손 치더라도'는 보다 극단적인 상황에 사용된다.

② '−ㄴ/는다손 치더라도'는 앞의 내용을 극한 정도까지 가정하는 '비록'이나 '설령, 설사, 제 아무리' 등과 같이 사용한다.

　예 **비록** 화가 났다손 치더라도 기본적인 예의를 지켜야 했다.
　　설령 그 사람이 사과한다손 치더라도 저는 용서할 수 없습니다.
　　설사 바쁘다손 치더라도 명절만큼은 부모님을 뵈러 고향에 가야 한다.
　　제 아무리 돈이 많다손 치더라도 저금을 하지 않는다면 금방 없어질 것이다.

※ 다음 보기 와 같이 '-ㄴ/는다손 치더라도'를 사용하여 대화를 완성하십시오.

> 보기
>
> 가 : 옛날에 비싸게 주고 산 카메라인데 수리를 해도 예전만 못하네요.
> 나 : 당연하지요. 아무리 수리한다손 치더라도 새것처럼 되기는 힘들지요.

(1) 가 : 어제 영화 시상식 봤어요? 어떻게 김 감독님의 작품이 수상을 못할 수가 있죠?

　　나 : 이런 일이 한두 번도 아니잖아요. 아무리 작품성 있는 ＿＿＿＿＿＿＿＿＿＿

　　　　대회 주최측과 관련이 없다면 상을 못 받는 게 허다하잖아요.

(2) 가 : 여기 우리 앞집에 사는 아이 있잖아요. 나이가 어려서 그런지 쓰레기를 길가에 함부로

　　　　버리길래 오늘은 한 소리를 했더니 울지 뭐에요. 제가 잘못한 걸까요?

　　나 : 아니요, 혼 낼 건 혼내는 게 맞다고 봐요. 아무리 ＿＿＿＿＿＿＿＿＿＿＿ 쓰레

　　　　기는 함부로 버리면 안 되는 거니까요.

(3) 가 : 웬 전공 서적을 이렇게나 많이 빌렸어요?

　　나 : 다음 주에 시험이 있어서 공부 좀 하려고 빌렸는데 다 볼 수 있을지 모르겠어요.

　　가 : 아무리 밤을 ＿＿＿＿＿＿＿＿＿＿＿＿ 이렇게나 많은 책을 다 읽고 이해할 수 있

　　　　겠어요? 그냥 볼 수 있는 것 몇 개만 정해서 제대로 보는 게 더 나을 듯해요.

(4) 가 : 탕홍 씨, 내일 세미나 잊지 말고 참석하세요.

　　나 : 세미나가 내일이었어요? 아무래도 내일은 바빠서 참석하기 힘들 것 같은데요….

　　가 : 교수님은 물론 졸업한 선배들도 참석한다고 했으니 아무리 ＿＿＿＿＿＿＿＿＿

　　　　＿＿＿ 꼭 참석하도록 하세요.

(5) 가 : 민호야, 내가 말한 회사에 지원서는 냈어?

　　나 : 아니, 과제 때문에 깜빡하고 있었네. 늦긴 했지만 지금이라도 빠른우편으로 보내 볼까?

　　가 : 아무리 ＿＿＿＿＿＿＿＿＿＿＿＿＿ 원서 마감이 내일 오전까진데 도착할 수 있겠

　　　　어? 아무래도 그건 무리일지 싶어.

–노라면

의미 어떤 상태가 지속되거나 행위를 계속하다 보면 뒤 문장의 일이 발생하게 됨을 나타낸다.

- 가 : 다른 곳은 많이 바뀌었지만 학교 뒷골목은 옛날 모습 그대로네요.

  나 : 이곳을 거닐고 있**노라면** 옛 추억이 생각나네요.

예문 (1) 사**노라면** 언젠가는 즐거운 날이 오겠지.

(2) 이 노래를 듣고 있**노라면** 왠지 모르게 마음이 평온해진다.

(3) 품 안에 안겨 자고 있는 아이를 보**노라면** 그동안의 고단함이 눈 녹 듯 사라져요.

(4) 가 : 조금 힘은 들지만 오랜만에 산에 오르니 기분이 상쾌해지네요.

  나 : 네, 정상에서 아래를 내려 보**노라면** 가슴이 확 트이는 것 같아요.

(5) 가 : 왕훙 씨, 고향이 상해였지요? 상해는 어디가 가장 아름다워요?

  나 : 동방명주가 보이는 강이 아름다워요. 특히 밤에 강가를 거니**노라면** 이국적인 야경에
  매료될 거예요.

[1] '–노라면'은 '–다(가) 보면', '계속해서 –(으)면'과 바꿔 사용할 수 있다.

  [예] 이 노래를 **듣노라면** 옛 사랑이 떠오릅니다.

    = 이 노래를 **듣다(가) 보면** 옛 사랑이 떠오릅니다.

    = 이 노래를 **계속해서 들으면** 옛 사랑이 떠오릅니다.

  ☞ '–노라면'은 '–다(가) 보면', '계속해서 –(으)면'보다 더 예스러운 느낌이 있다.

※ 다음 보기 와 같이 '-노라면'을 사용하여 대화를 완성하십시오.

> 보기
>
> 가 : 다른 곳은 많이 바뀌었지만 학교 뒷골목은 옛날 모습 그대로네요.
> 나 : 이곳을 거닐고 <u>있노라면</u> 옛 추억에 잠기게 됩니다.

(1) 가 : 힘이 들기는 하지만 오랜만에 산에 오르니 기분도 상쾌하고 좋네요.

　　나 : 네, 정상에서 바람을 맞으며 산 아래를 ＿＿＿＿＿＿ 가슴이 확 트이는 것 같아요.

(2) 가 : 지희 씨, 아이를 낳고 나서 얼굴이 더 좋아졌어요. 한결 여유로워지고 평안해 보여요.

　　나 : 네, 내 품 안에 안겨서 자고 있는 아이를 ＿＿＿＿＿＿ 지금까지 힘들었던 모든 기억들이 눈 녹듯이 사라지거든요.

(3) 가 : 왕홍 씨, 고향이 상해였지요? 상해는 어떤 도시예요?

　　나 : 상해는 현대의 모습과 전통의 모습이 공존하는 곳이에요. 특히 강을 가로지르는 유람선을 ＿＿＿＿＿＿ 마치 타임머신을 타고 시간을 거슬러 올라가는 느낌이 들 거예요.

(4) 가 : 하나 씨는 생각이 많거나 신경 쓸 일이 많을 때 어떻게 생각을 정리해요?

　　나 : 조용히 창밖을 보면서 생각을 ＿＿＿＿＿＿ 마음이 차분해지면서 복잡한 생각도 정리되는 것 같더라고요.

(5) 가 : 자야 씨, 제가 다음 주부터 배낭여행을 떠나는데 더 챙겨야 할 게 있나요? 해외여행은 처음이라서 빠뜨린 게 없나 걱정이 돼요.

　　나 : 배낭여행이 처음이라면 이것저것 챙겨야 할 게 많지만 특히 한국 음식을 챙겨가는 게 좋을 거예요. 입에도 안 맞는 외국 음식을 하루 종일 ＿＿＿＿＿＿ 금세 고향음식이 그리워지거든요.

–(으)리만치

의미 어떠한 정도를 나타낸다.

- 가 : 저 두 사람 놀랄 정도로 닮지 않았어요? 모르는 사람이 보면 형제인 줄 알겠어요.
  나 : 맞아요. 외모며 성격, 식습관까지 놀라**우리만치** 닮았어요.

예문 (1) 그녀의 환하게 웃는 모습은 눈이 부시**리만치** 아름다웠다.
(2) 옷도 갈아입지 못하**리만치** 지친 나는 그대로 쓰러져 잠이 들었다.
(3) 경기는 한 치 앞도 알 수 없**으리만치** 팽팽한 긴장감 속에 진행되었다.
(4) 가 : 평소에 그렇게 활발하던 수영 씨가 오늘은 무슨 일인지 심각하네요.
  나 : 도대체 무슨 일이기에 이상하**리만치** 표정이 굳었을까요? 걱정이 되네요.
(5) 가 : 사회 전반에 걸쳐서 네티즌의 영향이 커지고 있는 것 같아요.
  나 : 네, 신기하**리만치** 네티즌의 의견이 정책 결정에 많은 영향을 주더라고요.

1. '–(으)리만치'는 '–(으)ㄹ 만치', '–(으)리만큼'과 바꿔 사용할 수 있다.

   예 두 사람은 **놀라우리만치** 외모며 성격, 식습관까지 닮았다.
   = 두 사람은 **놀라울 만치** 외모며 성격, 식습관까지 닮았다.
   = 두 사람은 **놀라우리만큼** 외모며 성격, 식습관까지 닮았다.

   ☞ '–(으)리만치'는 '–(으)ㄹ 만치'의 줄임말이다.

   예 이것은 열 사람이 먹고도 **남으리만치** 많은 음식이다.
   = 이것은 열 사람이 먹고도 **남을 만치** 많은 음식이다.

※ 다음 보기 와 같이 '–(으)리만치'를 사용하여 대화를 완성하십시오.

보기
가 : 평소에 그렇게 활발하던 수영 씨가 오늘은 무슨 일인지 심각하네요.
나 : 도대체 무슨 일이기에 이상하리만치 표정이 굳었을까요? 걱정이 되네요.

(1) 가 : 저 두 사람은 아무리 쌍둥이라도 ＿＿＿＿＿＿＿＿ 외모며 성격, 행동까지 닮았어.

　　나 : 이상할거 없어. 내 밑에 동생도 쌍둥이인데 외모는 말할 것도 없고 성격, 식습관까지 닮았거든. 역시 쌍둥이는 쌍둥이인 것 같아.

(2) 가 : 아무리 내가 잘못을 했어도 그렇지, 그렇게 화를 낼 일은 아니잖아! 너무 심한 거 아니야?

　　나 : 내가 너무 심하다고? 너 이번이 몇 번째인 줄 아니? 네가 잘못한 건 일일이 ＿＿＿＿＿＿＿ 많다는 건 너도 잘 알고 있잖아.

(3) 가 : 현대인들은 환경, 건강, 교육, 인간 간의 불신 등 열거할 수 없을 정도로 많은 문제들을 안고 살아가고 있는것 같습니다.

　　나 : 맞습니다. 그 중에서도 인간의 불신으로 인해 발생하게 될 사회 문제는 우리가 ＿＿＿＿＿＿＿＿＿＿ 많다고 할 수 있습니다.

(4) 가 : 이번 시즌 첫 경기인데다가 훈련 기간도 부족해서 많이 긴장되었을 텐데 어떻게 그렇게 침착하게 경기를 풀어나갔습니까?

　　나 : 이번 시즌 첫 경기이니만큼 저도 많은 기대를 안 했는데 그날따라 ＿＿＿＿＿＿＿＿＿＿ 컨디션이 좋아서 예상외의 결과를 보인 것 같습니다.

(5) 가 : 사회 전반에 걸쳐서 네티즌의 영향이 커지고 있는 것 같아요. 얼마 전에는 한 네티즌이 지역 정책에 관한 의견을 냈는데 그 의견이 정책에 반영되었다고 하더군요.

　　나 : 이런 걸 보면 우리 사회가 ＿＿＿＿＿＿＿＿＿ 빠르게 민주주의를 향해 나아가고 있다는 걸 느낄 수가 있는 거죠.

–거들랑

의미

① 뒤 문장의 조건을 나타낸다.

- 가 : 모처럼 만나는 모임이라도 너무 늦게까지 있지 말고 일찍 오도록 해.

  나 : 알았어. 참, 택배가 오**거들랑** 나한테 문자 메시지 한 통 보내줘.

② 앞에서 언급한 내용에 대한 이유나 생각을 나타낸다.

- 가 : 일도 중요하지만 쉬엄쉬엄 해. 너무 피곤해 보여.

  나 : 안 돼. 다음 주가 원고 마감이라서 기한 내에 마쳐야 하**거들랑**.

예문

(1) 좋은 기회가 오**거들랑** 놓치지 말고 잡으세요.

(2) 한가해지**거들랑** 만나서 차라도 한 잔 합시다.

(3) 그 사람은 술버릇이 나빠서 동료들이 싫어하**거들랑**.

(4) 가 : 탕홍 씨가 아르바이트를 해서 그런지 항상 과제를 할 때면 내용이 부실해요.

  나 : 이번 과제에도 내용이 부실하**거들랑** 주의를 주는 게 좋을 것 같아요.

(5) 가 : 어떻게 입어 보지도 않고 옷이 크다는 것을 단번에 알 수 있어?

  나 : 이 브랜드는 다른 브랜드에 비해 치수가 좀 크**거들랑**.

1 '–거들랑'이 ①의 의미일 때 '–(으)면', '–거든'과 바꿔 사용할 수 있다.

  예 이번에도 약속을 어기**거들랑** 주의를 주세요.

   = 이번에도 약속을 어기**면** 주의를 주세요.

   = 이번에도 약속을 어기**거든** 주의를 주세요.

  ☞ '–거들랑'의 뒤 문장에는 명령문 · 청유문이 온다.

  예 한가해지거들랑 차라도 한 잔 **합시다**.

   기회가 오거들랑 놓치지 **마세요**.

2 '–거들랑'이 ②의 의미일 때 이유의 '–거든(요)'와 바꿔 사용할 수 있다.

  예 다음 주가 원고 마감일이라 기한 내에 맞춰야 하**거들랑**.

   = 다음 주가 원고 마감일이라 기한 내에 맞춰야 하**거든**.

  예 '–거든(요)'에 비해 '–거들랑'은 비격식 · 비공식적인 상황에서 사용한다.

※ 다음 보기 와 같이 '–거들랑'을 사용하여 대화를 완성하십시오.

> 보기
>
> 가 : 모처럼 만나는 모임이라도 너무 늦게까지 있지 말고 일찍 오도록 해.
> 나 : 알았어. 참, 택배가 <u>오거들랑</u> 나한테 문자 메시지 한통 보내줘.

(1) 가 : 4월인데도 초봄이라서 그런지 날씨가 제법 쌀쌀하네요. 이럴 줄 알았으면 스카프라도 가지고 올 걸 그랬어요.

　　나 : 히로미 씨, 감기에 걸리면 안 되니까 ＿＿＿＿＿＿＿＿ 제 카디건이라도 걸치세요.

(2) 가 : 안녕하십니까? 이번에 마케팅 부서로 발령받았습니다. 잘 부탁드립니다.

　　나 : 어, 이번에 새로 온 신입사원이군요. 일하면서 모르는 부분이 ＿＿＿＿＿＿＿＿ 주저하지 말고 언제든지 물어보도록 하세요.

(3) 가 : 명수 씨가 아르바이트가 많아서 그런지 항상 과제를 할 때면 시간 내에 하지도 못하고, 내용도 부실한 편이에요.

　　나 : 그러니까요. 지난번에도 발표 전까지 맡은 부분을 보내지 않아서 제가 다시 했잖아요.

　　가 : 안 되겠어요. 이번에도 시간 내에 ＿＿＿＿＿＿＿＿ 주의를 줘야겠어요.

(4) 가 : 그 사람이 나에게 저지른 잘못을 떠올리면 화가 나서 참을 수가 없어.

　　나 : 그렇게 참을 수 없을 정도로 ＿＿＿＿＿＿＿＿ 차라리 속 시원하게 이야기하는 게 좋지 않을까? 너 혼자 힘들어해 봤자 그 사람이 알 턱이 없잖아.

(5) 가 : 지나간 시간을 돌이켜보면 내게도 참 많은 기회가 있었던 것 같아요. 그럼에도 불구하고 망설이다가 놓쳐버린 것도 많고요. 지금 생각해보면 너무 아쉬워요.

　　나 : 이제부터는 후회만 하지 말고, 좋은 기회가 ＿＿＿＿＿＿＿＿ 주저하지 말고 당장 그 기회를 잡도록 하세요.

–(으)ㄴ/는 탓에

의미 앞 문장의 이유로 뒤 문장에 부정적 결과가 옴을 나타낸다.

- 가 : 오늘 병원에 갔는데 대기 환자가 많아서 1시간을 기다렸어요.
  나 : 갑자기 날씨가 추워**진 탓에** 감기 환자가 늘어서 그런 것 같아요.

예문

(1) 나는 성격이 급**한 탓에** 실수를 많이 하는 편이다.

(2) 어제 밤새도록 책을 읽**은 탓에** 회사에 지각하고 말았다.

(3) 민수 씨는 너무 긴장**한 탓에** 면접에서 떨어지고 말았다.

(4) 가 : 날이 갈수록 생필품과 식료품의 가격이 올라서 큰일이에요.

  나 : 물가가 하늘 모르고 치솟**는 탓에** 지갑을 닫는 소비자만 늘었지 뭐예요.

(5) 가 : 요즘 카드 할부 서비스를 이용하는 고객들이 많아졌대요.

  나 : 네, 계속되는 경기 불황 **탓에** 서민들이 살기 어렵게 되었기 때문이죠.

1 ‘–(으)ㄴ/는 탓에’는 부정적 결과가 뒤에 나오는 ‘–는 통에’, ‘–는 바람에’와 바꿔 사용할 수 있다.

  예 아침에 급하게 **나온 탓에** 중요한 서류를 놓고 왔다.
    = 아침에 급하게 **나오는 통에** 중요한 서류를 놓고 왔다.
    = 아침에 급하게 **나오는 바람에** 중요한 서류를 놓고 왔다.

  ☞ ‘–(으)ㄴ/는 탓에’는 부정적인 상황에만 쓸 수 있다.

  예 옆집에서 떠드는 **탓에** 잠을 설치고 말았다. (○)
    친구가 도와**준 탓에** 생각보다 빨리 끝낼 수 있었다. (×)

2 ‘–(으)ㄴ/는 탓에’는 ‘–(으)ㄴ/는 탓으로’, ‘–(으)ㄴ/는 탓이다’의 형태로도 사용할 수 있다.

  예 날씨가 추워**진 탓으로** 야외 활동 시간이 크게 줄었다.
    서민들이 살기 어려워진 것은 정부가 무능**한 탓이다.**

3 ‘–(으)ㄴ/는 탓에’ 앞에 명사가 올 때 ‘명사+탓에, 탓으로, 탓이다’의 형태로 사용된다.

  예 계속되는 **경기 불황 탓에** 소비가 많이 줄었다.
    = 계속되는 **경기 불황 탓으로** 소비가 많이 줄었다.
    = 소비가 많이 준 것은 계속되는 **경기 불황 탓이다.**

※　다음 보기 와 같이 '–(으)ㄴ/는 탓에, –(으)ㄴ/는 탓으로'를 사용하여 대화를 완성하십시오.

> 보기
>
> 가 : 요즘 지하철이나 버스를 타면 거의 대부분의 사람들이 스마트폰을 보느라 정신이 없는데요. 친구들을 만나도 마찬가지예요.
>
> 나 : 맞아요. 스마트폰 덕분에 생활은 편리해졌지만 <u>스마트폰 탓에</u> 인간미가 사라진 것 같아 아쉬워요.

(1) 가 : 하나 씨, 하나 씨는 키가 큰데 동생은 의외로 키가 작네요.

　　나 : 네, 제 동생은 어릴 때부터 음식을 ＿＿＿＿＿＿＿＿ 키가 제대로 안 큰 것 같아요. 반면에 저는 가리는 것 없이 다 잘 먹었더니 키도 쑥쑥 자라더라고요.

(2) 가 : 민호 씨, 어제 대학원 면접이 있었다더니 잘 봤어요? 많이 긴장됐을 텐데요.

　　나 : 말도 마세요. 제 차례가 다가올수록 어찌나 긴장이 되던지 목이 타서 물만 계속 마셨어요. 면접 중에는 ＿＿＿＿＿＿＿＿ 배가 아파서 혼났어요. 면접관의 질문에 뭐라고 대답했는지 기억조차 안 나요.

(3) 가 : 임신 중에 커피를 많이 마시면 저체중아를 출산하거나 임신 기간이 길어진다는 연구 결과가 나왔대요. 카페인을 섭취할 때마다 태아의 체중이 줄어들게 되고, 임신 기간은 길어진다는 말이죠.

　　나 : 요즘 저체중아의 출산 비율이 높아진 이유 중의 하나가 ＿＿＿＿＿＿＿＿ 볼 수 있겠군요.

(4) 가 : 스티브 씨는 버스를 탈 때 무엇이 제일 불편했어요? 요즘 시민들이 버스 이용하는 걸 보면 위험하다고 느낄 때가 한 두 번이 아니에요.

　　나 : 맞아요. 며칠 전에는 버스가 갑자기 ＿＿＿＿＿＿＿＿ 할아버지 한 분이 넘어져서 크게 다칠 뻔한 사고도 있었어요. 버스 운전사들의 의식 개선이 필요하다고 봐요.

(5) 가 : 신문 보도에 따르면 'A'사의 부품을 생산하는 중국 업체에서 올해 신규 채용이 없을 것이라고 밝혔다는데요. 원인이 무엇이라고 보십니까?

　　나 : 먼저 'A'사의 신규 모델의 주문량이 크게 ＿＿＿＿＿＿＿＿ 추측해 볼 수 있습니다. 'A'사의 신규 모델에 대한 고객들의 기대감이 실망감으로 바뀌면서 그 주문량이 대폭 하락했고, 부품 생산에도 영향을 미친 것이라고 볼 수 있지요.

–(으)ㄴ/는/(으)ㄹ 판이다

V, 있다/없다 + 는 판이다 ; 가는 판이다, 먹는 판이다, 없는 판이다
V + (으)ㄴ 판이다 ; 간 판이다, 먹은 판이다
V + (으)ㄹ 판이다 ; 갈 판이다, 먹을 판이다

의미

어떠한 처지나 상황, 또는 형편을 나타낸다.

- 가 : 이번에 신입사원을 채용하기로 했으니 이 결정에 따라주시기 바랍니다.

  나 : 신입사원이라고요? 구조조정을 해야 **할 판에** 사람을 더 뽑는다니요?

예문

(1) 이번 사태에 대한 책임을 놓고 시시비비를 따져야 **할 판이다.**

(2) 사람의 생사가 걸**린 판에** 이해득실을 따져서야 되겠어요?

(3) 경제상황이 안 좋아 모두가 문을 닫**는 판에** 개업을 한다니 무슨 말입니까?

(4) 가 : 언제쯤 백수신세를 면하고 당당히 취업을 할 수 있을까요?

  나 : 지금 나라 경제상황을 보니 당분간은 백수신세를 면치 못**할 판이에요.**

(5) 가 : 제가 어떻게 하면 누명을 벗을 수 있을까요?

  나 : 김 과장님이 아무 말도 안 하고 있으면 오히려 누명을 쓸 **판이니까** 처음부터 있는 그
  대로의 사실을 정확히 진술해 주시기 바랍니다.

[1] '–(으)ㄴ/는/(으)ㄹ 판이다'는 '–어/아도 모자랄 판에'의 형태로 사용하여 '어떤 일이 자신
의 기대에 미치지 못한 상황'을 나타낸다.

  [예] 서둘러 처리해**줘도 모자랄 판에** 연락조차 없어서 화가 난다.

  나를 도와주**어도 모자랄 판에** 어떻게 방해를 할 수가 있을까?

  ☞ '–아/어도 모자랄 판에'는 '–아/어도 될까 말까한데'로 바꿔 쓸 수 있다.

  [예] 서둘러 처리해**줘도 모자랄 판에** 연락조차 없어서 화가 난다.

  = 서둘러 처리해**줘도 될까 말까한데** 연락조차 없어서 화가 난다.

  나를 도와**줘도 모자랄 판에** 어떻게 방해를 할 수가 있을까?

  = 나를 도와**줘도 될까 말까한데** 어떻게 방해를 할 수가 있을까?

※　다음 대화의 빈칸을　보기　와 같이 '–(으)ㄴ/는/(으)ㄹ 판이다'를 사용하여 문장을 완성하십시오.

> 보기
>
> 가 : 이번에 신입사원을 채용하기로 했으니 이 결정에 따라주시기 바랍니다.
>
> 나 : 신입사원이라고요? 구조조정을 <u>해야 할 판에</u> 사람을 더 뽑는다니요?

(1) 가 : 내일 한 사람이 채용정보를 보고 우리 회사에 면접을 보러 온다고 하네요.

　　나 : 일이 힘들어서 있는 직원마저도 회사를 ＿＿＿＿＿＿＿＿＿ 들어온다는 사람도 있

　　　　네요.

(2) 가 : 음식을 너무 많이 주문한 거 아닐까요? 아무리 배가 고프다 해도 다 먹을 수 있겠어요?

　　나 : 걱정 마세요. 어제부터 굶었더니 하도 배가 고파서 지금은 혼자서 10인분도 거뜬히

　　　　＿＿＿＿＿＿＿＿＿ .

(3) 가 : 현우 씨, 김 교수님 과제 다 끝냈다면서요? 제출하기만 하면 되니까 좋겠어요.

　　나 : 다 끝내기는요. 컴퓨터가 고장 나는 바람에 파일이 다 날아가서 처음부터 다시 ＿＿＿

　　　　＿＿＿＿＿＿ . 정말 속상해 죽겠어요.

(4) 가 : 제 친구는 아이의 교육을 위해서 외국에서 살다가 한국으로 들어온다고 하네요.

　　나 : 모든 사람들이 아이의 교육을 위해서 외국으로 ＿＿＿＿＿＿＿＿＿ 친구 분은 오히

　　　　려 한국으로 들어온다니 이상한 일이군요.

(5) 가 : 동생에게라도 돈을 좀 빌리는 게 어때요? 이대로 가다가는 집마저 넘어가게 생겼어요.

　　나 : 체면이 있지 동생에게 어떻게 돈을 빌려?

　　가 : 지금 부도로 인해 집이 ＿＿＿＿＿＿＿＿＿ 체면을 차릴 필요가 있어요?

01~09 다음 (   )안에 알맞은 것을 고르십시오.

01
새로운 시도를 해 본 이 파격적인 영화는 대중의 사랑을 (   ) 외면을 받기도 한다.

① 받노라면 ② 받건 말건
③ 받으리만치 ④ 받는가 하면

02
기자는 그 소문이 진실인지 아닌지 확인도 하지 않은 채 마치 (   ) 떠들어 댔다.

① 진실인 양 ② 진실이거들랑
③ 진실이건 말건 ④ 진실인가 하면

03
회사와 노동자 양측이 협상에 노력하지 (   ) 이 문제를 해결할 길은 없다.

① 않는 한 ② 않노라면
③ 않거들랑 ④ 않건 말건

04
이 배우는 대중에게 외면을 (   ) 개의치 않고, 늘 새로운 시도를 추구한다.

① 받거들랑 ② 받건 말건
③ 받으리만치 ④ 받는가 하면

05
꼼꼼한 시장 조사와 메뉴 개발 없이 무턱대고 창업에 뛰어들었다가는 (   ).

① 실패한 탓이다 ② 실패할 리가 없다
③ 실패해도 그만이다 ④ 실패하기 십상이다

06
이렇게 비가 많이 오는데 과연 소풍을 갈 수 (   ).

① 있을 판이다 ② 있을까 싶다
③ 있을 턱이 없다 ④ 있을 리 만무하다

07

이번 선거를 통해 (　　　　) 썩은 정치계의 비리가 세상 밖으로 드러났다.

① 썩을 세라　　　　　　　　　② 썩을 대로
③ 썩을지언정　　　　　　　　④ 썩을 바에야

08

최근 경제상황을 (　　　　) 당분간은 경제가 회복될 기미가 보이지 않는 것 같다.

① 보자니　　　　　　　　　　② 볼망정
③ 본답시고　　　　　　　　　④ 볼 양으로

09

늘 피해가 있고서야 대책을 마련하는 식의 정책이 국민들에게 (　　　　).

① 환영 받을 판이다　　　　　② 환영받으려니 하다
③ 환영 받기 십상이다　　　　④ 환영 받을 턱이 없다

10~18 다음 밑줄 친 부분과 의미가 가장 비슷한 것을 고르십시오.

10

폭설로 교통이 마비되고 <u>혼잡해짐으로 인해</u> 출근시간 대란이 예상된다.

① 혼잡해짐을 무릅쓰고　　　② 혼잡해짐으로 미루어서
③ 혼잡해짐에도 불구하고　　④ 혼잡해짐으로 말미암아

11

카드의 사용은 간편하고 효율적인 쇼핑이 되도록 <u>도와주는 반면</u> 무분별한 과소비를 낳기도 한다.

① 도와줄 거라면　　　　　　② 도와주는 데다
③ 도와줄까 싶어서　　　　　④ 도와주는가 하면

12

출퇴근용으로 차를 한 대 <u>구입하려고 하니</u> 앞으로 어떻게 유지할지 눈앞이 캄캄하다.

① 구입한댔자　　　　　　　　② 구입하자니
③ 구입한답시고　　　　　　　④ 구입하고서야

13

그는 수중에 돈도 한 푼 없으면서 <u>부자인 양</u> 허세를 부리고 다닌다.

① 부자인 듯　　　　　　　　　　② 부자인지라
③ 부자일지언정　　　　　　　　④ 부자일라치면

14

인터넷 실명제를 실시하지 <u>않는 한</u> 악성 댓글로 인한 피해는 계속될 것입니다.

① 않는 양　　　　　　　　　　② 않는 이상
③ 않는 탓에　　　　　　　　　④ 않는가 하면

15

그 영화는 아름다운 영상미로 <u>유명한가 하면</u> 뛰어난 연출로도 소문이 자자하다.

① 유명할까 싶어서　　　　　　② 유명하다손 치더라도
③ 유명함으로 말미암아　　　　④ 유명한 것은 물론이고

16

각박하고 메마른 도시에서 <u>살다가 보면</u> 여유롭고 풍성한 시골 인심이 떠오른다.

① 살더라도　　　　　　　　　② 사노라면
③ 산다면야　　　　　　　　　④ 살라치면

17

30분 전에 밥을 두 그릇이나 먹었으니 배가 <u>고플 턱이 없다.</u>

① 고프기 나름이다　　　　　　② 고플 수밖에 없다
③ 고프려니 생각하다　　　　　④ 고플 리가 만무하다

18

아무리 <u>바쁘다 하더라도</u> 하나 밖에 없는 친구 결혼식에는 어떻게든 시간을 내서 가야 한다.

① 바쁠까 싶더라도　　　　　　② 바쁘다손 치더라도
③ 바쁜 것은 물론이고　　　　④ 바쁜 것은 차치하더라도

 다음 글을 읽고 물음에 답하십시오.

최근 삶이 여유로워지면서 애견 인구가 크게 느는 동시에 유기견의 수 또한 급속도로 늘어나고 ㉠(   ). 이런 유기견은 일정 기간 동안 입양되지 못하면 어쩔 수 없이 안락사 되는데 그 수도 엄청나다고 한다. 이에 미국의 한 도시에서는 갈 곳 없는 유기견을 노숙인들이 임시로 돌보게 하고, 노숙인들에게 주당 8만 원 정도의 보조금을 지급하고 있다. 해당 시 관계자는 "노숙인들은 유기견으로 인해 삶의 즐거움을 ㉡<u>얻는가 하면</u> 정서적 치유 효과도 누리게 될 것입니다."라고 언급했다. 물론 유기견을 돌보는 노숙인들은 사전에 정신 감정도 받고, 애완견을 돌보는 방법을 교육받은 후에 유기견을 돌보게 된다.

19 ㉠에 알맞은 것을 고르십시오.

① 있는 판이다   ② 있기 십상이다
③ 있는 법이 없다   ④ 있을 리 만무하다

20 ㉡과 바꿔 쓸 때 알맞은 것을 고르십시오.

① 얻을까 싶어서   ② 얻는다기보다는
③ 얻는다손 치더라도   ④ 얻는 것은 물론이고

 다음을 읽고 물음에 답하십시오.

　　최근 경제 상황의 악화로 일자리가 줄고, 조기 퇴직하는 사람들이 늘면서 작게나마 소자본으로 창업을 해 보려는 사람들이 늘고 있다. 하지만 창업을 시도하는 가게가 늘고 있는 반면 창업 실패로 문을 닫는 가게도 ㉠놀라울 정도로 많은 것이 사실이다. 이에 대해 전문가들은 다음과 같이 조언한다. 첫째, 남들이 다하는 것은 하지 마라. 누구나 쉽게 창업할 수 있는 아이템은 피하고 아무나 따라하지 못하는 자기만의 특성을 가져라. 둘째, 창업 시장에서의 사례 분석을 통해 어떤 것이 흥하고, 어떤 것이 망하는가를 분석하는 시간이 필요하다. 이 과정을 통해 성공하는 창업의 비결을 배우게 될 것이다. 셋째, 전문성을 취득하는 것이 필요하다. 만약 창업에 실전 기술과 체험이 필요하다면 돈과 시간이 ㉡(　　　　) 실전체험을 쌓는 것이 중요하다. 그러므로 정말 창업에 성공하고 싶다면 위 세 가지 조언을 기억하고 실행하기 바란다.

21 ㉠과 바꿔 쓸 때 알맞은 것을 고르십시오.

① 놀라우련마는　　　　　　② 놀라우리만치

③ 놀라울 뿐더러　　　　　　④ 놀라울 따름이니

22 ㉡에 알맞은 것을 고르십시오.

① 듦으로 말미암아　　　　　② 든다손 치더라도

③ 들기라도 할라치면　　　　④ 드는 것은 물론이고

23~24 다음을 읽고 물음에 답하십시오.

　서양 의학의 ㉠(　　　　) 그동안 우리가 많은 혜택을 누려온 것은 거부할 수 없는 사실이며 앞으로도 서양 의학에 수명 연장의 기대 또한 걸어야 하는 것은 공공연한 사실이다. 하지만 최근 서양 의학의 무분별한 남용으로 인한 부작용이 늘면서 대체 의학에 관심이 쏠리고 있다. 대체의학이란 서양 의술의 부작용이나 오류 및 한계를 극복하고, 자연 치유가 가능하게 만들어 치료의 효과를 높이는 방법을 말한다. 특히 동양의 대체 의학인 한의학에 관심이 쏟아지고 있는데 침술, 약초요법 등과 같은 것이 대표적이다. 오랜 질병에 ㉡시달리다가 보면 면역력과 회복력이 떨어져서 약물과 주사에 의존하기 십상인데 자연 약재와 생물을 이용하는 대체의학을 통해 이러한 약물 의존성을 줄일 수 있다. 또한 대체의학은 인간의 병을 부분적으로 보는 서양 의학과 달리 전체적으로 보면서 인간의 면역력과 자생력을 길러주기에 차세대 대체 의학으로서 각광받고 있는 것이다.

23　㉠에 알맞은 것을 고르십시오.

　① 발달하기로서니　　　　　② 발달할 따름이니
　③ 발달로 말미암아　　　　　④ 발달함은 물론이고

24　㉡과 바꿔 쓸 때 알맞은 것을 고르십시오.

　① 시달리자니　　　　　② 시달릴 대로
　③ 시달리노라면　　　　　④ 시달리건 말건

–고서

V + 고서 ; 가고서, 먹고서

의미

① 앞 문장의 결과로 뒤 문장이 일어났음을 나타낸다.

- 가 : 그 사건에 대한 오해는 풀렸어요?
  나 : 네, 그 사람의 말을 듣**고서** 겨우 오해가 풀렸어요.

② 앞 문장과 뒤 문장이 서로 대립 관계에 있음을 나타낸다.

- 가 : 스티브 씨도 술을 마셨어요?
  나 : 네, 같이 마시**고서** 안 마신 척해요.

예문

(1) 아이를 출산하**고서** 다시 직장으로 복귀하는 여성들이 늘고 있다.

(2) 그가 갑자기 사퇴한 것을 두**고서** 좋지 않은 온갖 소문이 돌기 시작했다.

(3) 그는 그 책을 읽지 않**고서** 마치 다 아는 양 떠들어댔다.

(4) 가 : 요즘 건강에 대한 관심이 높아지면서 채식 위주의 전통 식단이 주목받고 있대요.

   나 : 그럼 우리 오늘 퇴근하**고서** 한식 먹으러 가는 게 어때요?

(5) 가 : 민호 씨가 저에게 화가 났는지 저를 보고도 모르는 사람처럼 그냥 지나가더라고요.

   나 : 네? 그럼 하나 씨를 보**고서** 못 본 척한 거예요?

① '–고서'는 ①의 의미일 때 의미를 강조하기 위해 '–고서야', '–고서는'의 형태로 사용된다.

예 그는 내 말을 **듣고서** 어느 정도 이해하는 눈치였다.
   = 그는 내 말을 **듣고서야** 어느 정도 이해하는 눈치였다.
   = 그는 내 말을 **듣고서는** 어느 정도 이해하는 눈치였다.

② '–고서'는 ①의 의미일 때 '–지 않고서는 + 부정문'의 형태로 자주 사용된다.

예 서로 돕**지 않고서는** 절대로 우승을 하지 **못할 것이다**.
   게으른 습관을 버리**지 않고서는** 결코 꿈을 이룰 **수 없다**.
   문제를 해결하**지 않고서는** 더 이상의 발전을 기대하**기 어렵다**.

③ '–고서'는 ②의 의미일 때 '–고(서)도', '–았/었으면서도'와 바꿔 사용할 수 있다.

예 그는 담배를 **피우고서** 안 피운 척해요.
   = 그는 담배를 **피우고(서)도** 안 피운 척해요.
   = 그는 담배를 **피웠으면서도** 안 피운 척해요.

③ '-고서'는 앞 문장에 과거, 미래와 함께 사용할 수 없다.

예 창문을 열**고서** 청소를 하기 시작했다. (○)

창문을 열**었고서** 청소를 하기 시작했다. (×)

창문을 열**겠고서** 청소를 하기 시작했다. (×)

※ 다음 보기 와 같이 '–고서'를 사용하여 대화를 완성하십시오.

> 보기
>
> 가 : 김 대리, 이번 프로젝트 진행하느라 수고 많았어요. 주말동안 좀 쉬었어요?
> 나 : 네, <u>프로젝트가 끝나고서</u> 고향에 내려가서 좀 쉬고 왔어요.

(1) 가 : 명수 씨, 이번 휴가 때 해외로 여행갈 거라더니 잘 다녀왔어요?

   나 : 갑자기 급한 일이 생겨서 여행은커녕 제대로 쉬지도 못했어요. 호텔이며 비행기 표를
   _____________________ 여행을 못 간 사람은 나밖에 없을걸요. 정말 속상해요.

(2) 가 : 올 여름은 너무 더워서 에어컨 없이는 더위를 견디기 힘들었는데 어떻게 견뎠어요?

   나 : 에어컨을 살 형편이 안 돼서 견디고 견디다가 _____________________ 비로소 에어컨
   을 한 대 장만했어요. 올여름은 갔지만 내년에 쓸 수 있겠죠.

(3) 가 : 질병에 걸리기 쉬운 여름철에 무엇을 어떻게 조심해야 할까요?

   나 : 먼저 여름철에는 식중독에 걸리기 쉬우므로 무조건 음식을 조리해서 먹어야 합니다.
   또한 물도 끓여 마시고, 외출 후에는 손을 반드시 씻어서 식중독을 예방해야 합니다.

   가 : 네, 식중독에 _____________________ 후회하지 말고, 미리 예방하도록 조심해야겠습
   니다.

(4) 가 : 최근 명절인데도 친척들의 시선이 부담스러워 고향에 가지 않는 취업준비생들이 많
   다고 하는데요. 졸업식 참석 여부를 묻는 조사에서도 이와 비슷한 결과가 나왔다고
   합니다.

   나 : 네, 이 같은 현상은 최근 들어 더욱 증가하고 있는데요. 대학을 _________________
   취직을 하지 못하는 취업 준비생들이 많아지면서 사회의 풍속도 또한 변하고 있는 것
   입니다.

(5) 가 : 최근 행정상의 착오로 세금을 이중으로 냈는데도 돌려받지 못한 분들이 많은데요. 이
   런 피해를 예방하거나 보상받으려면 어떻게 해야 합니까?

   나 : 우선은 세금 고지서를 꼼꼼히 살피는 게 중요하고, 또한 세금을 낸 후에는 영수증을 버
   리지 않고 잘 보관하는 게 중요합니다. 이렇게 하면 세금을 _____________________
   돌려받지 못하는 피해를 예방할 수 있을 것입니다.

–ㄴ/는다거나

V, A, 있다/없다 + ㄴ/는다거나 ; 간다거나, 먹는다거나, 예쁘다거나, 맛있다거나
N + (이)라거나 ; 의사라거나, 학생이라거나
V, A, 있다/없다 + 았/었다거나 ; 갔다거나, 먹었다거나, 예뻤다거나, 맛있었다거나
N + 였/이었다거나 ; 의사였다거나, 학생이었다거나

의미

앞 문장과 뒤 문장을 나열할 때 사용한다.

- 가 : 잠을 잘 오게 하는 방법에는 어떤 것이 있을까요?
  나 : 잠을 자기 전에 따뜻한 우유를 마**신다거나** 따뜻한 물로 샤워를 하는 방법이 있죠.

예문

(1) 요즘 건강을 위해 살을 **뺀다거나** 운동을 하는 사람들이 많다.

(2) 자신을 경찰**이라거나** 은행 관계자라고 하는 사람은 조심해야 한다.

(3) 어른 앞에서 술을 마**신다거나** 담배를 피우는 것은 예의에 어긋난다.

(4) 가 : 그새 비가 온 것 같지 않아요? 공기가 달라졌어요.

  나 : 글쎄요. 비가 **왔다거나** 눈이 **왔다거나** 했으면 땅이 젖었을 텐데요.

(5) 가 : 요즘 자기 계발이 화제로 떠오르고 있는데 자기 계발에는 어떤 것들이 있나요?

  나 : 자격증을 **딴다거나** 외국어를 배**운다거나** 하는 것이 자기 계발이라고 할 수 있죠.

① '–ㄴ/는다거나'는 '–거나', '–(으)ㄴ다든가'와 바꿔 사용할 수 있다.

  예 밤에 피아노를 **친다거나** 고성을 지르는 것은 옳지 않다.
  = 밤에 피아노를 **치거나** 고성을 지르는 것은 옳지 않다.
  = 밤에 피아노를 **친다든가** 고성을 지르는 것은 옳지 않다.

② '–ㄴ/는다거나'는 '–ㄴ/는다거나 –ㄴ/는다거나 하다'의 형태로도 사용된다.

  예 사람들은 책을 **본다거나** 친구를 만나며 여가를 보낸다고 답했다.
  = 사람들은 책을 **본다거나** 친구를 만**난다거나 하며** 여가를 보낸다고 답했다.

  수업 시간에 장난을 **친다거나** 전화를 받는 것은 바람직하지 않다.
  = 수업 시간에 장난을 **친다거나** 전화를 받**는다거나 하는** 것은 바람직하지 않다.

※　다음 보기 와 같이 '-ㄴ/는다거나'를 사용하여 대화를 완성하십시오.

> 보기
>
> 가 : 탕홍 씨는 여유가 있을 때 보통 뭘 하며 시간을 보내세요?
> 나 : 저는 운동을 좋아해서 <u>산악자전거를 탄다거나</u> 암벽 등반을 하며 시간을 보내요.

(1) 가 : 어제 민호 씨가 여자 분을 한 명 데리고 왔다면서요? 그 분이 혹시 여자친구 아닐까요?

　　나 : 글쎄요, 민호 씨가 그 분을 소개할 때 ＿＿＿＿＿＿＿＿＿＿＿＿ 그냥 친구라거나

　　　　하는 구체적인 말이 없어서 아직 확실히는 잘 모르겠어요.

(2) 가 : 자야 씨는 졸업 후에 고향에 돌아가 사업을 할 거래요.

　　나 : 그래요? 처음에는 한국어를 가르치는 ＿＿＿＿＿＿＿＿＿＿＿＿ 태권도 사범 같이

　　　　가르치는 일을 하고 싶다더니 마음이 바뀌었나 보죠? 고향에 돌아가 사업을 하는 것도

　　　　나쁘지 않겠네요.

(3) 가 : 하나 씨, 방학 동안 혼자서 배낭여행을 다녀왔다면서요? 여자 혼자 무섭지 않았어요?

　　　　저도 작년에 배낭여행을 했는데 무척 힘들었었거든요.

　　나 : 그래요? 다행히 저는 여행 내내 좋은 사람들을 많이 만나서 여행이 ＿＿＿＿＿＿＿＿

　　　　＿＿＿＿＿＿ 힘들다거나 하지는 않았어요.

(4) 가 : 요즘 보이스 피싱으로 사기를 입는 피해가 급증하고 있는데요. 어떤 점을 주의해야 사

　　　　기 피해를 막을 수 있을까요?

　　나 : 보이스 피싱 전화를 건 사람들은 대체로 자신들이 ＿＿＿＿＿＿＿＿＿＿＿＿ 금융

　　　　기관 관계자라 속이기 때문에 경찰이나 금융기관이라며 개인정보를 물을 때는 의심을

　　　　해 보는 것이 필요합니다.

(5) 가 : 제 동생이 수능 시험을 준비하고 있는데 자주 화를 내고, 화를 내다가도 갑자기 울곤

　　　　해요.

　　나 : 수험생 우울증이라고 들어봤어요? 우리나라와 같이 시험에 대한 스트레스가 강한 고3

　　　　수험생들에게 주로 나타나는 병인데, 평소에 ＿＿＿＿＿＿＿＿＿＿＿＿ 짜증을 내

　　　　는 횟수가 늘고, 식욕이 갑자기 증가하면 수험생 우울증으로 의심해 볼 수 있어요.

–아/어 봤자

의미

① 앞 문장의 일이 일어나도 뒤 문장에는 아무 소용이 없음을 나타낸다.

- 가 : 요즘 술 때문에 몸이 안 좋은데 보약을 좀 먹어야겠어요.
  나 : 술을 계속 마신다면 아무리 좋은 약을 먹**어 봤자** 소용없어요.

② 앞 문장의 일이 생각만큼 놀랍거나 대단하지 않음을 나타낸다.

- 가 : 올 겨울은 유난히 추울 거라고 해서 걱정이에요.
  나 : 한국의 겨울이 추**워 봤자** 얼마나 춥겠어요? 제 고향보다는 안 추울 거예요.

예문

(1) 공연 시간이 이미 지났으니 뛰어**가 봤자** 소용없다.

(2) 수출을 늘려 **봤자** 당분간은 환율로 인한 적자가 계속 될 것이다.

(3) 현우 씨가 돈을 빌려준다고 하는데 빌려**줘 봤자** 얼마나 빌려줄 수 있겠어요?

(4) 가 : 오늘 모임에 히로미 씨도 초대할까요? 이번 기회에 친해지면 좋잖아요.
  나 : 초대**해 봤자** 못 올 거예요. 요즘 아르바이트를 하는 것 같더라고요.

(5) 가 : 휴가철을 맞아 한국을 찾는 외국인 관광객이 많아지면서 경제가 조금씩 살아나고 있대.
  나 : 관광객이라고 해야 휴가철에만 잠시 오는 건데 경제에 도움이 된다고 **해 봤자** 얼마나
  되겠어요?

1 '–아/어 봤자'는 ①의 의미일 때 '–(으)ㄴ/는들', '–더라도', '–(으)나마나'와 바꿔 사용할 수
있다.

예 술을 마신다면 좋은 약을 **먹어 봤자** 소용없을 거예요.
  = 술을 마신다면 좋은 약을 **먹은들** 소용없을 거예요.
  = 술을 마신다면 좋은 약을 **먹더라도** 소용없을 거예요.
  = 술을 마신다면 좋은 약을 **먹으나마나** 소용없을 거예요.

☞ '–아/어 봤자'는 문장의 뒤에 주로 부정적 내용이 오기에 '–더라도' 뒤에 긍정적 내용이
올 경우에는 바꿔 사용할 수 없다.

예 하나 씨는 힘든 일이 **있더라도** 항상 웃어요. (○)
  = 하나 씨는 힘든 일이 **있어 봤자** 항상 웃어요. (×)

※ 다음 보기 와 같이 '–아/어 봤자'를 사용하여 대화를 완성하십시오.

> 보기
>
> 가 : 자야 씨, 약속 시간에 늦었는데 택시를 타고 가는 게 어때요?
>
> 나 : 지금은 퇴근 시간이라 교통이 막혀서 <u>택시를 타 봤자</u> 늦을 게 뻔해요. 히로미 씨에게 늦는다고 전화하고 지하철을 타고 가요.

(1) 가 : 명수 씨, 요즘 전화가 안 되던데 무슨 일이에요? 전화기가 고장이라도 났어요?

　　나 : 액정이 깨져서 수리점에 갔더니 액정 수리비만 10만 원을 달라는 거 있죠. 어차피 다음 달에 새 핸드폰으로 바꾸려던 참이었으니 괜히 비싼 돈 주고 ＿＿＿＿＿＿＿＿ 별 필요가 없을 것 같아서 그냥 두었거든요.

(2) 가 : 하나 씨, 요즘 보약 먹는다면서 그렇게 술도 마시고 고기도 먹어도 돼요?

　　나 : 괜찮아요. 오늘만 먹고 내일부터는 안 먹으면 되잖아요.

　　가 : 약은 일정 시간 꾸준히 먹어야 효과가 나는 건데 약을 먹는 도중에 그렇게 아무거나 먹으면 아무리 좋은 약을 ＿＿＿＿＿＿＿＿ 별 효과가 없을 거예요.

(3) 가 : 민호 씨, 집을 내 놓는다더니 어떻게 됐어요? 요즘 부동산 경기가 안 좋아서 집이 잘 안 나간다던데요.

　　나 : 네, 안 그래도 기존가보다 싸게 내 놓았는데도 연락이 없어요. 신문에 광고를 내 볼까요?

　　가 : 부동산에서도 연락이 없는데 ＿＿＿＿＿＿＿＿ 연락이 올까요? 좀 더 기다려 봐요.

(4) 가 : 보성 기업에서 올해 상반기에 신입사원을 20명이나 뽑는다던데 이력서를 내 보지 그래요?

　　나 : 그렇긴 한데 저희 과에서 지원하는 수만 해도 40명이 넘어요. 다들 외국어 자격증에, 컴퓨터 자격증에 워낙 스펙이 훌륭해서 경쟁하기 힘들 거예요. 저 같은 평범한 사람이 ＿＿＿＿＿＿＿＿ 붙기 어려울 거예요.

(5) 가 : 최근 들어 신용카드보다는 직불 카드 사용자가 많아지고 있는데 그 이유가 무엇이라고 보십니까?

　　나 : 새해 들어 신용 카드를 사용할 때 누릴 수 있었던 무이자 할부 혜택이 없어지면서 ＿＿＿＿＿＿＿＿ 별 도움이 안 되는 신용카드보다는 소득 공제가 되는 직불 카드가 오히려 이득이라는 생각에서 직불 카드로 바꾸는 사용자가 증가하는 것으로 보입니다.

–거든

의미

앞 문장이 뒤 문장의 조건이나 가정임을 나타낸다.

- 가 : 비행기 시간이 다 돼 가는데 언제 출발할 거예요?
  나 : 잠시 후에 히로미 씨가 도착하**거든** 출발합시다.

예문

(1) 비가 오**거든** 야외 일정을 취소하기 바랍니다.

(2) 건강을 생각하**거든** 인스턴트 음식, 고열량 음식을 삼가야 합니다.

(3) 대통령 선거에 출마하려**거든** 먼저 국민의 소리에 귀를 기울여야 해요.

(4) 가 : 교수님, 방금 설명하신 내용을 잘 모르겠는데요.
  나 : 이해가 안 **됐거든** 다시 한 번 설명할 테니까 잘 들으세요.

(5) 가 : 선생님, 언제 또 병원에 오면 됩니까?
  나 : 약을 먹어도 증세가 좋아지지 않**거든** 다시 들러주세요.

① '–거든'은 '–(으)면', '–거들랑'과 바꿔 사용할 수 있다.

  예 내 도움이 필요하**거든** 언제든지 연락하세요.
    = 내 도움이 필요하**면** 언제든지 연락하세요.
    = 내 도움이 필요하**거들랑** 언제든지 연락하세요.

② '–거든'의 뒤 문장에는 청유나 명령이 자연스럽다.

  예 만약 감기가 낫지 않거든 병원에 가서 진찰을 **받아봅시다**. (○)
    만일 누가 나를 찾거든 1시간 후에 돌아온다고 **전해 주세요**. (○)
    학생들이 도착하거든 수업을 **시작합니다**. (×)

  ☞ '–거든'의 뒤 문장에 서술, 의문이 오기도 하나 이때는 미래, 의지를 나타낸다.

  예 시간이 나거든 취미 생활을 **시작할 거예요**.
    시간이 나거든 취미 생활을 **시작해 보려고요**.
    시간이 나거든 취미 생활을 **시작해 볼 거예요**?

③ '–거든'은 주로 윗사람이 아랫사람에게 말할 때 사용한다.

④ '-거든'은 '-(으)면'과 다음과 같은 차이가 있다.

	사실의 상황	가상의 상황	서술문 제약
-(으)면	○	○	×
-거든	×	×	○(미래에 대한 의지)

예 아침이 오**면** 해가 뜬다. (○)

아침이 오**거든** 해가 뜬다. (×)

복권에 당첨되**면** 세계여행을 할 것이다. (○)

복권에 당첨되**거든** 세계여행을 할 것이다. (×)

내일 날씨가 맑**으면** 대청소를 합니다. (○)

내일 날씨가 맑**으면** 대청소를 할 겁니다. (○)

내일 날씨가 맑**거든** 대청소를 합니다. (×)

내일 날씨가 맑**거든** 대청소를 할 겁니다. (○)

※ 다음 보기 와 같이 '-거든'을 사용하여 대화를 완성하십시오.

> 보기
>
> 가 : 현우 씨, 주말에 세미나 참석 차 서울에 가신다면서요? 혹시 김 교수님도 오시나요?
> 나 : 네, 제가 듣기로는 김 교수님이 발표를 하신다는 것 같았어요. 무슨 일이에요?
> 가 : 아, 혹시 김 교수님을 뵙거든 제 안부 인사 좀 전해달라고요.

(1) 가 : 손님, 이 옷은 어때요? 이 옷을 입으면 키도 커 보이고, 날씬해 보일 텐데요.

　　 나 : 예쁘긴 한데요, 제 동생이 입기에는 조금 작을까봐 걱정이에요.

　　 가 : 집에 가서 입어 보시고 ＿＿＿＿＿＿＿＿＿＿＿＿ 언제든 교환하러 오세요.

(2) 가 : 히로미 씨는 하루에 한 끼만 먹고 3킬로그램을 뺐대요. 그래서 저도 오늘부터 다이어트를 위해서 하루에 한 끼만 먹으려고요.

　　 나 : ＿＿＿＿＿＿＿＿＿＿＿＿ 무조건 굶는 것보다는 운동을 하는 게 훨씬 건강에 좋지 않을까요?

(3) 가 : 왕홍 씨, 한국에 유학 와서 왜 하루 종일 기숙사에만 틀어박혀 있어요?

　　 나 : 실은 제가 한국어를 잘 못해서 혹시 실수라도 할까 봐 밖에 나가기가 두렵거든요.

　　 가 : 하지만 한국어를 ＿＿＿＿＿＿＿＿＿＿＿＿ 한국 사람을 많이 만나야죠. 틀리더라도 부딪혀봐야 실력이 느는 법이잖아요.

(4) 가 : 하나 씨, 이번 주에 개업식 초대를 받았는데 어떤 선물을 사야 할지 모르겠어요.

　　 나 : 한국에서는 발전과 번창의 의미로 화환이나 화분을 많이 선물하는 편이에요. 크고 화려한 화환은 개업식을 빛내기에 좋거든요. 실용성을 생각한다면 화분도 좋고요. 그런데 아무래도 개업식 당일을 ＿＿＿＿＿＿＿＿＿＿＿＿ 화환을 선물하는 게 좋을 것 같아요.

(5) 가 : 최근 '하이브리드 자동차'가 개발되었는데요. 일반 차량에 비해 어떤 점이 좋은가요?

　　 나 : '하이브리드 자동차'는 일반차량에 비해 연료 사용도 줄일 수 있고, 배출되는 유해 가스의 양 또한 줄일 수 있어 친환경적이라고 할 수 있죠. 환경도 생각하고 기름 값도 ＿＿＿＿＿＿＿＿＿＿＿＿ 하이브리드 자동차를 선택하는 게 바람직하다고 봅니다.

-(으)ㄴ/는 셈 치다

의미

① 앞 문장의 내용을 가정하고 뒤 문장의 행동을 함을 나타낸다.

- 가 : 현우 씨, 다음 학기에 휴학한다면서요? 무슨 일 있어요?
  나 : 어학 연수하**는 셈 치고** 1년 동안 배낭여행을 하기로 했거든요.

② 보통 가지고 있는 생각과 다름을 나타낸다.

- 가 : 하나 씨는 그렇게 많이 먹는데도 왜 살이 안 쪄요?
  나 : 제가 많이 먹**는 셈 치고**는 살이 안 찌는 체질이라서 그런 것 같아요.

예문

(1) 이번 달 월급은 안 받**는 셈 치고** 불우이웃에게 기부하기로 했어요.

(2) 부모님께 효도하**는 셈 치고** 장학금 혜택이 있는 대학을 선택했어요.

(3) 내 동생은 어학연수를 다녀**온 셈 치고**는 영어를 못하는 편이다.

(4) 가 : 이번 대통령 후보 중에 누구를 뽑을 건지 마음을 정했어요?
    나 : 이번에도 속**는 셈 치고** 여당 후보를 한번 뽑아 보려고요.

(5) 가 : 민호 씨가 시험에서 또 떨어졌대요. 벌써 몇 번째인지 안타까워 죽겠어요.
    나 : 그러게 말이에요. 열심히 하**는 셈 치고**는 결과가 좋지 않아서 안타까워요.

1 '-(으)ㄴ/는 셈 치다'는 ①의 의미일 때 '-는다고 생각하고'와 바꿔 사용할 수 있다.

  예 부모님은 내 약속을 **속는 셈 치고** 들어주셨다.
    = 부모님은 내 약속을 **속는다고 생각하고** 들어주셨다.

2 '-(으)ㄴ/는 셈 치다'는 ②의 의미일 때 '-(으)ㄴ/는 셈 치고는'의 형태로 주로 사용한다.

  예 공부를 **안 한 셈 치고는** 시험 결과가 좋다.
    어학연수를 **다녀온 셈 치고는** 외국어 실력이 좋지 않다.

  ☞ '-(으)ㄴ/는 셈 치고는'은 '명사+치고(는)'으로도 사용할 수 있다.

  예 겨울 **날씨치고는** 따뜻한 편이다.

3 '-(으)ㄴ/는 셈 치다'는 '-(으)ㄴ/는 셈이다'와 형태가 비슷하나 의미는 다르다.

  예 오늘은 저녁을 얻어먹**은 셈 칠게요**. (=오늘은 저녁을 얻어먹었다고 생각할게요.)
    오늘은 저녁을 얻어먹**은 셈이에요**. (=오늘은 저녁을 얻어먹은 것과 같아요.)

※ 다음 보기 와 같이 '–(으)ㄴ/는 셈 치다'를 사용하여 대화를 완성하십시오.

> 보기
>
> 가 : 이번에 시험에 또 떨어져서 너무 속상해요. 그래도 시험을 한 번 더 준비하면 그만큼 더 공부할 수 있다고 생각하려고요.
> 나 : 그래요. 실력을 쌓는 셈 치고 한 번 더 도전해 보세요.

(1) 가 : 탕홍 씨, 미안해요. 제가 길을 잘 몰라서 1시간 만에 갈 수 있는 길을 3시간째 헤맸네요.

　　나 : 괜찮아요. 명수 씨 덕분에 서울 구경도 하고, 한국 사람들이 사는 모습도 볼 수 있었어요. 다리는 조금 아팠지만 ＿＿＿＿＿＿＿＿＿. 요즘 워낙 운동을 못했거든요.

(2) 가 : 히로미 씨, 오늘 회비는 한 사람 당 2만 원씩이니까 회비를 내고 들어가 주세요.

　　나 : 죄송해요. 버스를 타고 오다가 지갑을 잃어버린 것 같아요. 아무리 찾아도 지갑이 없어요.

　　가 : 그래요? 그럼 히로미 씨는 회비를 ＿＿＿＿＿＿＿＿＿아무한테도 말하지 말고 빨리 들어가세요. 다음부터는 지갑 조심하시고요.

(3) 가 : 하나 씨, 어학연수나 유학을 갔다 온 적이 있어요? 어쩜 그렇게 영어를 잘하세요?

　　나 : 아니요, 저는 해외에 나가본 경험이 없어요. 하지만 팝송을 좋아해서 어릴 때부터 자주 듣곤 했는데, 그러다 보니 저절로 영어를 잘하게 된 것 같아요.

　　가 : 해외에 나가본 경험이 없다고요? ＿＿＿＿＿＿＿＿＿ 정말 영어를 잘하는군요.

(4) 가 : 명수 씨, 다음 달부터 부성 무역의 인턴사원으로 일한다면서요? 그럼 앞으로 그 기업에 정식 사원으로 채용될 가능성도 많겠네요?

　　나 : 아직은 앞으로 어떻게 될지 잘 모르겠어요. 하지만 인턴사원으로 일하면서 업무에 필요한 지식을 최대한 많이 쌓으려고 해요. 설령 정식사원으로 채용되지 않는다고 해도 그동안의 시간은 경력을 ＿＿＿＿＿＿＿＿＿.

(5) 가 : 요즘은 결혼의 조건으로 사랑보다는 경제력을 우선으로 두는 것 같아요. 또 사람의 성품이나 가능성보다는 지금 현재의 능력을 보고 사람을 고르는 것이죠.

　　나 : 맞아요. 돈이 없으면 ＿＿＿＿＿＿＿＿＿ 함께 벌어서 차차 모아가면 되는 것이고, 능력이 없으면 없다 생각하고 키워 나가면 되는 건데 처음부터 갖춰진 상태에서 시작하려고 하니 문제인 거죠.

–(으)ㄴ/는 한편

V + 는 한편 ; 주력하는 한편, 짓는 한편
A + (으)ㄴ 한편 ; 바쁜 한편, 좋은 한편
N + 인 한편 ; 가수인 한편, 학생인 한편
V, A + 았/었던 한편 ; 했던 한편, 지었던 한편, 바빴던 한편, 좋았던 한편

의미 한 상황을 말한 다음 또 다른 상황을 말할 때 사용한다.

- 가 : 왕홍 씨, 다음 주에 귀국하신다면서요? 기분이 어때요?
  나 : 고향으로 돌아간다고 생각하니 기분이 좋**은 한편** 5년 동안 한국에서의 생활을
  정리하려니 섭섭하기도 합니다.

예문 (1) 명수 씨는 공부를 열심히 하**는 한편** 학교 행사에도 열심이다.

(2) 교통 정책의 일환으로 도로를 넓히**는 한편** 지하철 공사 또한 추진하고 있다.

(3) 경기가 어려워지자 기업은 구조조정을 하**는 한편** 경비를 절감하기 위한 대책 또한 마련하
고 있다.

(4) 가 : 자야 씨가 대학원에 간 이후로 연락이 뜸하네요.

  나 : 그래요? 저하고는 자주는 아니지만 전화 통화를 하**는 한편** 가끔은 만나서 밥을 먹기도
  하는데요.

(5) 가 : 전 세계적으로 이산화탄소 배출을 규제하는 것에 대해 어떻게 생각하십니까?

  나 : 저는 이산화탄소 배출량을 규제하는 것은 기업의 자율성을 제한하**는 한편** 일자리창출
  또한 억제하는 일이기에 반대합니다.

1. '–는 한편'은 '–거니와', '–는가 하면', '–는 동시에'와 바꿔 사용할 수 있다.

  예 경기가 어려워지자 기업은 구조조정을 **하는 한편** 경비 또한 절감하고 있다.

   = 경기가 어려워지자 기업은 구조조정을 **하거니와** 경비 또한 절감하고 있다.

   = 경기가 어려워지자 기업은 구조조정을 **하는가 하면** 경비 또한 절감하고 있다.

   = 경기가 어려워지자 기업은 구조조정을 **하는 동시에** 경비 또한 절감하고 있다.

  ☞ '–는 한편'은 앞 문장과 뒤 문장이 대조되는 경우에 사용하기도 한다. 이 경우에는 '–는
  반면(에)', '–는 데 반해'와 바꿔 사용할 수 있다.

  예 봉사활동은 힘이 **드는 한편** 보람도 있다.

   = 봉사활동은 힘이 **드는 반면에** 보람도 있다.

   = 봉사활동은 힘이 **드는 데 반해** 보람도 있다.

※ 다음 보기 와 같이 '-(으)ㄴ/는 한편'을 사용하여 대화를 완성하십시오.

보기
가 : 지희야, 이번 학기부터 자취를 하기로 했다며? 기분이 어때?
나 : 혼자서 지내려니 걱정이 되는 한편 자립심을 키우기에 좋은 기회일 것 같아서 기대도 돼.

(1) 가 : 왕홍 씨, 요즘 스티브 씨가 많이 바쁘다면서요?

　　나 : 네, 대학원 졸업 논문을 쓰기 시작해서 그렇대요. 하루 종일 도서관에서 논문과 관련된 자료들을 ＿＿＿＿＿＿＿＿＿＿ 지도 교수님도 뵙고, 틈틈이 선배들을 만나서 조언도 구해야 하고 정말 눈코 뜰 새 없이 바쁘대요.

(2) 가 : 수영 씨, 저 이번에도 취직에 실패했어요. 마지막 면접까지 봤기에 가족들도 기대를 많이 하고 있었는데, 어떡하면 좋죠?

　　나 : 하나 씨, '마라톤'이라는 경기는 너무 힘들어서 어떤 선수들은 중간에 경기를 ＿＿＿＿＿＿ ＿＿＿＿＿＿ 어떤 선수들은 결승점을 향해 끝까지 뛰잖아요. 우리가 처한 현실도 마찬 가지 아니겠어요? 포기하지 않으면 언젠가 좋은 결과가 있을 거예요.

(3) 가 : 전 세계적으로 환경 문제가 심각해지자 국가들이 연합하여 무분별한 개발을 ＿＿＿＿＿＿ ＿＿＿＿＿＿ 연료 사용을 줄이고자 대체 에너지 또한 개발하고 있습니다. 그렇다면 개 인적인 차원에서 노력해야 하는 것에는 어떤 것이 있을까요?

　　나 : 쓰레기를 재활용하거나 일회용 제품의 사용을 줄이는 것도 좋은 방법이 아닐까요?

(4) 가 : 이 사장님께서 취임하신 후, 회사의 연매출이 20%나 상승했고, 직원들의 복지 문제 또 한 해결되었다고 들었습니다. 그 비결이 무엇인지 말씀 좀 해 주시겠습니까?

　　나 : 우리 회사와 같은 큰 조직을 이끈다는 것이 부담스럽게 ＿＿＿＿＿＿＿＿＿＿ 최선을 다한다면 반드시 좋은 성과를 얻을 것이라고 믿고 행동했던 것이 이렇게 좋은 결과를 가져온 것 같습니다.

(5) 가 : UN(국제연합)은 여러 활동을 통해 국제 사회의 많은 문제들을 해결한 반면 아직까지 해 결하지 못한 것들도 많은데요. 김 박사님께서 자세하게 말씀해 주시겠습니까?

　　나 : 네, 먼저 개발도상국과 선진국 간의 경제력 차이, 냉전이 끝났음에도 불구하고 계속되 고 있는 크고 작은 분쟁들과 같은 ＿＿＿＿＿＿＿＿＿＿ UN 안전보장이사회에 속하지 못한 국가들의 불만과 회원국의 분담금 납부 문제와 같은 내부적인 문제도 있습니다.

-건대

V + 건대 ; 바라건대, 생각하건대

의미

① 자기의 생각이나 견해를 말할 때 사용한다.

- 가 : 현우 씨, 이번 핸드볼 경기에서는 어느 팀이 우승할 것 같아요?

  나 : 글쎄요, 양 팀의 전력이 비슷하니 제가 생각하**건대** 박빙의 승부가 될 것 같네요.

② 말하는 사람이 뒤 문장의 일을 바라거나 부탁하는 경우에 사용한다.

- 가 : 한국의 겨울은 여간 추운 게 아니네요. 바라**건대** 어서 봄이 오면 좋겠어요.

  나 : 그래도 내일이 봄의 시작인 '입춘'이니까 조금씩 따뜻해지지 않겠어요?

예문

(1) 바라**건대** 우리 가족이 건강하고 화목하게 살았으면 좋겠다.

(2) 추측하**건대** 앞으로 아이 없이 살기 원하는 부부들이 더 증가할 것이다.

(3) 내가 보**건대** 이번 상대팀이 워낙 강해서 겨루기 힘든 경기가 될 것 같다.

(4) 가 : 내가 생각하**건대** 장기기증이야말로 사람을 살리는 가장 가치 있는 일인 것 같아.

  나 : 나도 예전부터 하고 싶었는데 망설이고 있었어. 어떻게 하면 되는 거야?

(5) 가 : 민호 씨, 저 사실은요…. 아니에요, 별일 아니니까 신경 쓰지 마세요.

  나 : 뭐예요? 제게 할 말이 있으면 부탁하**건대** 숨기지 말고 솔직하게 말해 주세요.

① '-건대'가 ①의 의미일 때 주로 '보다', '생각하다', '추측하다', '짐작하다', '확신하다' 등의 동사와 함께 사용한다.

  예 내가 **보건대** 이번 상대팀이 워낙 강해서 겨루기 힘든 경기가 될 것이다.

  내가 **생각하건대** 장기기증이야말로 사람을 살리는 가장 가치 있는 일이다.

  추측하건대 앞으로 아이 없이 살기 원하는 부부들이 더욱 증가할 것이다.

② '-건대'가 ②의 의미일 때 주로 '원하다', '부탁하다', '기대하다', '바라다' 등의 동사와 함께 사용한다.

  예 **원하건대** 바라는 모든 일들이 다 이루어졌으면 좋겠습니다.

  부탁하건대 시간이 있으면 이 편지를 친구에게 전해 주십시오.

  집 앞에 지하철이 개통되면 **기대하건대** 부동산 가격이 오를 것 같다.

  바라건대 국민 모두가 한 마음으로 이 위기를 잘 극복했으면 좋겠습니다.

③ '-건대'가 '-하다'로 끝나는 동사의 경우, '-하건대'를 줄여 받침이 'ㄱ,ㄷ,ㅂ'으로 끝날 때
는 '-건대'를, 'ㄴ,ㄹ,ㅇ'으로 끝날 때는'-컨대'를 사용하기도 한다.

예 이렇게 날씨가 추운 걸 보니 **생각하건대**(생각건대) 눈이 올 것 같다.

　　진심으로 노력한다면 **확신하건대**(확신컨대) 화해하는 것은 시간문제라고 본다.

※ 다음 보기 와 같이 '-건대'를 사용하여 대화를 완성하십시오.

> 보기
>
> 가 : 다음으로 전력 관리부의 건의사항을 들어보겠습니다. 부장님, 말씀해 주시죠.
> 나 : 네, 계속되는 무더위로 전력 수급에 비상이 걸렸으니 <u>부탁하건대</u> 모든 부서마다
> 　　 전기 사용에 조금만 신경을 써 주시기 바랍니다.

(1) 가 : '삼포세대'라는 말을 들어 보셨어요? 경제적인 이유로 '연애', '결혼', '출산' 이 세 가지
　　　를 포기하는 한국의 젊은 층을 말하는 신조어래요.

　　나 : 그래요? 정말 씁쓸하네요. 앞으로 경기가 좋아지지 않는 이상 _____________ '취업'
　　　까지 포기해 버리는 '사포세대'도 등장할 것 같네요.

(2) 가 : 졸업생 여러분, 마지막으로 교장 선생님의 말씀을 듣도록 하겠습니다.

　　나 : 졸업생 여러분, 졸업은 더 큰 세상으로 나아가는 관문입니다. 큰 세상으로 나아가기 위
　　　해 첫째, 확실한 목표를 가지십시오. 둘째, 근면 성실하게 생활하십시오. 마지막으로
　　　_____________ 실패를 두려워하지 않는 마음을 가지십시오.

(3) 가 : 올해 업무 평가에서 또 명수 씨가 최하점을 받을 것 같지 않아요?

　　나 : 설마요, 며칠 전에는 최 대리 업무를 도와준다며 늦게까지 남아 있던데요.

　　가 : 그러면 뭐해요? 정작 책임지고 잘 해야 할 일은 늘 제대로 못 하는걸요. 이대로 가다가
　　　는 _____________ 또 나쁜 평가를 받게 될 게 불 보듯 훤해요.

(4) 가 : 이번 토론에서 저는 수영 씨의 입장을 지지하고 싶어요. 수영 씨의 의견은 정말로 반박
　　　할 여지가 없는 것 같아요.

　　나 : 저는 생각이 달라요. 제가 _____________ 오히려 현우 씨의 주장이 타당할뿐더러
　　　근거와 검증 과정도 투명해서 더 많은 지지를 받을 것 같은데요.

(5) 가 : 2050년 세계 인구는 93억 명에 달하겠지만 계속되는 사막화로 곡물 생산량이 줄어들
　　　면서 심각한 식량 위기가 올 것으로 보이는데요.

　　나 : 네, 사막화가 진행되는 속도로만 보면 _____________ 식량 위기가 앞으로 30년도
　　　채 남지 않았다고 봐야겠죠.

–(으)ㄴ즉

V, A, 있다/없다 + (으)ㄴ즉 ; 본즉, 읽은즉, 기쁜즉, 밝은즉, 있은즉
N + 인즉 ; 이유인즉, 사연인즉

의미

① 앞 문장이 뒤 문장의 이유나 원인이 됨을 나타낸다.

- 가 : 회사 자금 부족으로 어쩔 수 없이 월급이 5%씩 인하될 예정이라고 하더군요.
  나 : 맞아요. 회사 측 이야기를 들어**본즉** 불가피한 선택이더라고요.

② 앞 문장에서 경험한 행동을 통해 뒤 문장의 사실을 알게 됨을 나타낸다.

- 가 : 이 부장, 오랜만에 고향에 가니 어떻던가?
  나 : 글쎄, 고향에 가 **본즉** 모든 것이 달라져 있어서 많이 낯설었네.

예문

(1) 현대 의학이 발전하고 있**은즉** 고치기 힘든 질병 또한 줄어들게 분명하다.

(2) 책상 서랍을 아무리 뒤져 **본즉** 내가 찾고자 하는 물건을 도무지 찾을 수가 없었다.

(3) 그 화가의 창작 활동에 대해 의견이 분분한 이유**인즉** 그가 작품을 제작하는 방식에 논란이 있었기 때문이다.

(4) 가 : 하나 씨, 어제 선은 잘 봤어요? 맞선 상대는 마음에 들던가요?
  나 : 아직 잘 모르겠어요. 그래도 만나**본즉** 제가 생각했던 것보다는 훨씬 좋은 사람인 것 같았어요.

(5) 가 : 스티브 씨, 제시카 씨의 이야기를 듣고 **본즉** 사건의 진상이 명백해진 것 같네요.
  나 : 그렇죠? 이제 그 누구도 의심할 여지없이 명수 씨가 범인이라는 게 밝혀지겠네요.

1 '–(으)ㄴ즉'이 ①의 의미일 때 '–(으)니', '–(으)므로', '(으)ㄴ/는지라'와 바꿔 사용할 수 있다.

  예 현대 의학이 나날이 발전하고 **있은즉** 사람의 수명 또한 길어질 게 분명하다.
    = 현대 의학이 나날이 발전하고 **있으니** 사람의 수명 또한 길어질 게 분명하다.
    = 현대 의학이 나날이 발전하고 **있으므로** 사람의 수명 또한 길어질 게 분명하다.
    = 현대 의학이 나날이 발전하고 **있는지라** 사람의 수명 또한 길어질 게 분명하다.

2 '–(으)ㄴ즉'이 ②의 의미일 때 주로 '–아/어 본즉'의 형태로 사용되고, '–아/어 보니까', '아/어 봤더니'와 바꿔 사용할 수 있다.

  예 오랜만에 고향에 **가 본즉** 모든 것이 몰라보게 달라져 있었다.
    = 오랜만에 고향에 **가 보니까** 모든 것이 몰라보게 달라져 있었다.
    = 오랜만에 고향에 **가 봤더니** 모든 것이 몰라보게 달라져 있었다.

③ '-(으)ㄴ즉'은 '명사+인즉'으로 사용되어 '그것은 바로', '-(으)로 말하면 즉(곧)'의 의미를 나타낸다. 자주 사용되는 명사로 '이유, 사연, 정황, 말씀, 이야기'등이 있다.

예 지희 씨가 병원에 입원하게 되었는데 **사연인즉** 빙판길에 넘어져 다쳤기 때문이다.
= 지희 씨가 병원에 입원하게 되었는데 **사연으로 말하면 즉** 빙판길에 넘어져 다쳤기 때문이다.

☞ '-(으)ㄴ즉'은 예스러운 표현으로 주로 문어체, 격식체에서 사용하는 편이다.

※ 다음 보기 와 같이 '-(으)ㄴ즉'을 사용하여 대화를 완성하십시오.

> 보기
>
> 가 : 하나 씨, 어제 선은 잘 봤어요? 맞선 상대는 마음에 들던가요?
> 나 : 이제 겨우 한 번 만났는데…. 아직 잘 모르겠어요. 그래도 일단 만나고 본즉 제가
>   기대했던 것보다 훨씬 좋은 사람인 것 같아요.

(1) 가 : 왕홍 씨, 저번 그 일의 진범은 밝혀졌나요?

　　나 : 네, 제시카 씨의 이야기를 ＿＿＿＿＿＿＿ 사건의 진상이 명백히 밝혀질 거 같네요.

(2) 가 : 감독님, 이번 영화의 여자 주인공이 다른 배우로 교체된다는 게 사실인가요?

　　나 : 맞아, 오늘 아침 회의에서 '김지희' 배우로 바꾸기로 결정이 났네. ＿＿＿＿＿＿＿
　　　　우리가 찍는 영화의 줄거리에는 통통 튀는 밝은 이미지를 가진 배우가 어울리는데, 수
　　　　영 씨는 차분하고 정적인 이미지를 가지고 있기 때문이라네.

(3) 가 : 수영아, 하나한테 들었는데 결혼식 때 정말 재미있는 일이 있었다면서?

　　나 : 응, 부케를 ＿＿＿＿＿＿＿ 부케를 받은 사람이 내 친구가 아니라 친구 옆에 서 있
　　　　던 사진 기자 아저씨였지 뭐야.

(4) 가 : 교수님, 이렇게 고립된 지역에는 어떤 문제들이 발생할 수 있을까요?

　　나 : 네, 최근 산간 지역 주민이 줄어들면서 버스 운행 또한 대폭 ＿＿＿＿＿＿＿ 시내
　　　　로 나가는 게 쉽지 않은 주민들의 생필품 구입이 예전보다 더 어려워지게 되었습니다.

(5) 가 : 현우 씨, 이 기사 좀 보세요. 한국의 '기아대책'이라는 단체가 지난 20년간 이웃을 돕는
　　　　일에 ＿＿＿＿＿＿＿ 드디어 그 공로를 인정받아 국가로부터 상을 받게 되었대요.

　　나 : 정말 잘됐어요. 앞으로도 사회적으로 이렇게 좋은 일을 하는 단체들이 상을 많이 받게
　　　　되면 더할 나위 없이 좋을 것 같아요.

–(으)ㄴ/는바

의미

① 앞 문장에는 과거에 있었던 일을 회상하여 나타내고, 뒤 문장에는 그 일을 통해 새롭게 알게 된 사실을 나타낸다.

- 가 : 제시카 씨, 이 문제로 벌써 30분째 끙끙대고 있는데 도무지 풀리지가 않네요.
  나 : 힘내요. 제가 풀어 **본바** 별로 어렵지 않으니 지희 씨도 충분히 풀 수 있을 거예요.

② 앞 문장의 주어도 동일하게 뒤 문장의 행동, 상황, 내용을 알고 있을 경우에 사용한다.

- 가 : 교수님, 왜 인간은 혼자가 아닌 공동체를 지향하는 것일까요?
  나 : 그것은 여러분이 아**는 바와** 같이 인간은 사회적 동물이기 때문입니다.

예문

(1) 우리 팀의 최종 목표는 우승에 있**는바** 모든 훈련을 견뎌내야 한다.
(2) 가족과 떨어져 타국 생활을 해 **본바** 여간 힘들고 삭막한 것이 아니었다.
(3) 자, 여러분께서 보시**는 바와** 같이 지금 제 손에는 아무것도 없습니다.
(4) 가 : 탕홍 씨, 프랑스에서 산 적이 있다면서요? 어땠어요?
  나 : 네, 프랑스에서 생활해 **본바** 듣던 대로 낭만적이고 아름다운 도시였어요.
(5) 가 : 명수는 자기가 맡은 일은 무엇이든 철저하게 하는 것 같아.
  나 : 응, 맞아. 네가 느**낀 바와** 같이 모든 사람이 명수를 신뢰하고 있어.

1 '–(으)ㄴ/는바'가 ①의 의미일 때 '아/어 본바'의 형태로 주로 문어체에서 사용하며, '–아/어 봤더니', '–아/어 보니까'와 사용할 수 있다.

  예 가족과 떨어져 타국 생활을 **해 본바** 여간 힘들고 삭막한 것이 아니었다.
    = 가족과 떨어져 타국 생활을 **해 봤더니** 여간 힘들고 삭막한 것이 아니었다.
    = 가족과 떨어져 타국 생활을 **해 보니까** 여간 힘들고 삭막한 것이 아니었다.

2 '–(으)ㄴ/는바'가 ②의 의미일 때 주로 '–(으)ㄴ/는 바와 같이'의 형태로 사용하며, 구어체의 경우 '–(으)ㄴ 것과 같이', –(으)ㄴ 것처럼'과 바꿔 사용할 수 있다.

  예 관중 여러분께서 **보시는 바와 같이** 지금 제 손에는 아무것도 없습니다.
    = 관중 여러분께서 **보시는 것과 같이** 지금 제 손에는 아무것도 없습니다.
    = 관중 여러분께서 **보시는 것처럼** 지금 제 손에는 아무것도 없습니다.

※ 다음 보기 와 같이 '-(으)ㄴ/는바'를 사용하여 대화를 완성하십시오.

> 보기
>
> 가 : 탕홍 씨, 프랑스에 유학을 가신 적이 있었다면서요?
> 나 : 네, 프랑스에서 <u>생활해 본바</u> 듣던 대로 낭만적이고 아름다운 도시였어요.

(1) 가 : 왕홍 씨, '봉순이 언니' 라는 소설을 한번 읽어 보세요. 이 책은 내용이 아주 ________
　　　　 ________ 요즘 많은 독자들의 사랑을 독차지하다시피 하고 있는 책이래요.

　　 나 : 저도 들어 봤어요. 안 그래도 읽어 보려던 참이었어요.

(2) 가 : 오늘 부장님과 같이 식당에 갔는데, 부장님은 밥을 먹기는커녕 만나는 사람마다 인사
　　　　 하시느라 더 바쁘신 거 있지? 정말 우리 부장님처럼 발이 넓은 사람은 없는 것 같아.

　　 나 : 그러게 말이야. 너도 ________________ 부장님은 모든 사람과 두루두루 잘 어울리는
　　　　 원만하고 온화한 성격을 가지고 계시잖아. 그러니 많은 사람들과 친하실 수밖에 없지
　　　　 않겠어?

(3) 가 : 자야 씨, 이 기사 좀 보세요. 한국에서 제주도가 세계 5대 자연 경관으로 __________
　　　　 ________ 주식 시장에서 관련 주가도 대폭 상승했대요!

　　 나 : 그래요? 투자자들이 너 나 할 것 없이 제주와 관련된 주식에 투자를 늘리고 있는 모양
　　　　 이네요.

(4) 가 : 스티브 씨, 어제 하나 씨가 친구랑 전화를 하고 나서는 "배 아파 죽겠어."라고 하는 거
　　　　 예요. 그래서 제가 "그렇게 아프면 빨리 병원에 가든지 약을 먹으세요."라고 하니까 갑
　　　　 자기 저를 보며 크게 웃는 거 있죠. 제가 잘못 말한 것도 아닌데, 기분이 좀 나빴어요.

　　 나 : 하하하, 저도 예전에 그런 적이 있었어요. 그래서 인터넷으로 그 말을 ___________
　　　　 __ 한국에서 상대방이 잘 되어서 질투가 나는 경우에도 사용하는 말이라고 나와 있는
　　　　 거예요. 그걸 알고 나서는 얼마나 부끄러웠는지 몰라요.

(5) 가 : 네, 여보세요. 지금 광고 중인 분홍색 스웨터를 사려고 하는데, 보내시는 상품의 재질
　　　　 이나 색깔이 모두 광고와 다를 바가 없겠죠?

　　 나 : 물론이죠. 지금 광고를 보시면 예전 구입 고객님들의 상품평이 나가고 있는데요, _____
　　　　 ___________ 많은 고객님들이 직접 상품을 받아보시고 만족했다는 말씀을 많이 하
　　　　 셨습니다. 그러니 믿고 구입하셔도 좋을 것 같습니다.

–기(가) 일쑤이다

의미 어떤 일이 매우 자주 일어남을 나타내며 주로 부정적인 상황에 사용된다.

- 가 : 명수 씨, 제대를 축하해요. 군대 생활은 어땠어요? 많이 힘들었죠?
  나 : 네, 매일 강도 높은 훈련을 받느라 파김치가 되**기 일쑤였어요.**

예문

(1) 연구진들은 새로운 실험 연구에 몰두하느라 끼니를 거르**기가 일쑤였다.**

(2) 제설장비가 부족한 강원도 산간지방은 큰 눈만 오면 고립되**기 일쑤이다.**

(3) 일부 비양심적인 정치인의 부정부패로 정치인 모두가 욕을 먹**기 일쑤였다.**

(4) 가 : 스티브 씨, 왜 항상 열심히 공부하겠다는 결심은 작심삼일이 되**기 일쑤일까요?**
  나 : 무리하게 계획을 세우니까 그렇죠. 앞으로는 실천할 수 있는 계획만 세우세요.

(5) 가 : 민호 씨, 스키장에 갔다 왔다고 피부가 이렇게까지 상할 수 있는 거예요?
  나 : 당연하죠. 강한 햇빛에 오랜 시간 노출되면 피부가 손상되**기 일쑤죠.** 그러니까 꼭 자외
    선 차단제를 바르도록 하세요.

1 '–기(가) 일쑤이다'는 '–곤하다', '–기 십상이다(쉽다)', '–기 마련이다'와 비슷한 의미로 사
  용할 수 있다. 의미의 차이는 다음과 같다.

–기(가) 일쑤이다	–곤 하다	–기 십상이다(쉽다)	–기 마련이다
일의 자연스러운 발생	같은 일의 반복, 되풀이	일이 나타날 가능성	일의 당연한 발생

예 연구진들은 연구에 몰두하느라 끼니를 거르**기 일쑤였다.**
  (연구진들은 연구에 몰두하느라 자신들도 모르게 자주 밥을 먹지 않았다.)

  연구진들은 연구에 몰두하느라 끼니를 거르**곤 했다.**
  (연구진들이 연구에 몰두하느라 밥을 먹지 않는 일이 반복적으로 나타났다.)

  명수 씨처럼 저렇게 열심히 연구에 몰두하다가는 끼니를 거르게 되**기 십상이죠.**
  (명수 씨처럼 연구에 몰두하다가는 끼니를 거르게 될 가능성이 많다.)

  밤낮 할 것 없이 연구에 몰두하다보면 끼니를 거르**기 마련이죠.**
  (밤낮 할 것 없이 연구에 몰두하다보면 당연히 끼니를 거를 수밖에 없다.)

※ 다음 보기 와 같이 '–기(가) 일쑤이다'를 사용하여 대화를 완성하십시오.

> 보기
>
> 가 : 요즘 아이들은 틈만 나면 컴퓨터 게임을 <u>하기 일쑤니</u> 이를 어쩌면 좋아요?
> 나 : 맞아요. 우리 아들도 집에 오기가 무섭게 먼저 하는 일이 컴퓨터를 켜는 거거든요.

(1) 가 : 수영 씨, 운전면허증을 딴 김에 이번 설날에는 직접 운전을 해서 고향에 내려가 보려고요.

　　나 : 서울에서 부산까지 장거리 운전을 하다보면 파김치가 ＿＿＿＿＿＿＿＿＿. 게다가 초보 운전이라 위험하지 않겠어요? 그냥 KTX를 타고 가는 편이 훨씬 나을 거예요.

(2) 가 : 요즘 왜 이렇게 자주 깜박깜박하는지 모르겠어요. 오늘은 출근길에 가스 불을 끄지 않고 나왔다는 게 갑자기 생각나서 다시 집에 갔다 왔지 뭐예요.

　　나 : 저도 마찬가지예요. 금방 생각했던 것도 자주 ＿＿＿＿＿＿＿＿＿.

(3) 가 : 현우 씨, 서류 위에 실수로 커피 좀 쏟은 게 큰 잘못이에요? 다시 출력하면 되는데 이 대리가 그렇게까지 화를 내다니 정말 이해가 안 돼요.

　　나 : 이 대리는 사소한 일에도 걸핏하면 ＿＿＿＿＿＿＿＿＿. 수영 씨까지 화를 내면 더 큰 싸움으로 번지기 십상이니 그냥 참으세요.

(4) 가 : 자야 씨, '신중하지 않으면 찾아 온 기회를 ＿＿＿＿＿＿＿＿＿.'라는 말 들어본 적 있어요? 저처럼 실수를 많이 하는 사람에게 참 좋은 말인 것 같아요.

　　나 : 맞아요. 경솔하게 행동하다 보면 실수도 많고, 기회도 많이 놓치는 것 같더라고요. 저도 앞으로 기회를 놓치지 않게 신중하게 행동해야겠어요.

(5) 가 : 현우 씨, 어제 '다큐 25시'라는 프로그램에서 봤는데, 요즘 사회 불만을 표출하기 위해 아무런 연고 없는 사람들을 대상으로 죄를 짓는 '묻지마 범죄'가 점점 늘어나고 있대요.

　　나 : 네, 저도 봤어요. 그런 피의자들은 죄를 짓고도 죄를 뉘우치기는커녕 남이나 사회 탓으로 책임을 ＿＿＿＿＿＿＿＿＿. 이러한 범죄들을 예방할 수 있는 국가차원의 노력이 필요하다고 봐요.

–고도

의미

① 앞 문장과 뒤 문장의 관계가 서로 반대거나 예상한 결과가 아님을 나타낸다.

- 가 : 민수 씨, 독감으로 병원에 갔다더니 좀 괜찮아졌어요?
  나 : 아니요, 독감이 어찌나 심한지 주사를 맞**고도** 좀처럼 좋아지지가 않네요.

② 앞 문장에 이어 다른 내용이 올 때 사용한다.

- 가 : 올해로 이민 생활 10년째이신데 어떠세요? 많이 힘드시죠?
  나 : 네, 제 나라를 떠나 타지에서 산다는 것은 불편하**고도** 힘든 일이니까요.

예문

(1) 그 분은 은퇴하**고도** 여전히 바쁘게 생활하신다.

(2) 이 식당은 음식이 싸**고도** 맛있어서 손님이 끊이질 않는다.

(3) 대학을 졸업하**고도** 적당한 직장을 못 구하는 청년들이 많다.

(4) 연말이면 으레 바빠서 퇴근 시간을 넘기**고도** 집에 못 가곤 한다.

(5) 가 : 알고 봤더니 그 일을 꾸민 사람이 바로 민수 씨래요. 그런데 감쪽같이 우리를 속였지 뭐
         예요.
  나 : 맞아요. 자기 잘못이 들통 난 걸 알**고도** 어떻게 사과 한마디 없을까요?

(6) 가 : 하나 씨, 부산의 대표적인 해산물 시장으로 자갈치 시장을 들 수 있죠?
  나 : 네, 자갈치 시장은 싸**고도** 싱싱한 해산물이 가득해서 아주 유명한 곳이죠.

1️⃣ '–고도'는 ①의 의미일 때 동사와 함께 쓰여 '–(았/었)는데도', '–(으)ㅁ에도 불구하고'와 바
   꿔 사용할 수 있다.

   예 슬픈 영화를 **보고도** 울지 않는 사람들이 많다.
      = 슬픈 영화를 **보는데도** 울지 않는 사람들이 많다.
      = 슬픈 영화를 **봄에도 불구하고** 울지 않는 사람들이 많다.

   ☞ '고도'는 큰 의미 차이 없이 '–고서도'와 바꿔 사용할 수 있다.

   예 새 일을 **하고도** 힘든 내색 한번 없다.
      = 밤새 일을 **하고서도** 힘든 내색 한번 없다.

2️⃣ '–고도'는 ②의 의미일 때 형용사와 함께 쓰여 '–(으)면서도', '–(으)ㄴ데다가'와 바꿔 사용
   할 수 있다.

[예] 출퇴근 시간에 지하철을 이용하는 것은 **빠르고도** 경제적인 방법이다.

= 출퇴근 시간에 지하철을 이용하는 것은 **빠르면서도** 경제적인 방법이다.

= 출퇴근 시간에 지하철을 이용하는 것은 **빠른데다가** 경제적인 방법이다.

☞ '–고도'는 '–고도 남다'의 형태로도 쓰여 '충분히 그럴 수 있음'을 나타낸다.

[예] 지금 이 시간이면 여기에 도착하**고도 남았을** 시간이다.

이 정도 양이면 우리 세 사람이 충분히 먹**고도 남을** 양이다.

※ 다음 보기 와 같이 '–고도'를 사용하여 대화를 완성하십시오.

> 보기
>
> 가 : 자야 씨가 고향으로 돌아간 후로는 통 소식이 없네요.
> 나 : 저도 며칠 전에 메일을 보냈었는데 내 메일을 읽고도 답장이 없어서 좀 서운했
> 어요. 아마 새로운 환경에 적응하느라 바쁜가 봐요.

(1) 가 : 명수 씨, 이번 휴가 때 해외로 여행갈 거라더니 잘 다녀왔어요?

　　 나 : 갑자기 급한 일이 생겨서 제대로 쉬지도 못했어요. 호텔이며 비행기 표를 ＿＿＿＿＿
　　　　 여행을 못 간 사람은 나밖에 없을 거예요. 정말 속상해요.

(2) 가 : 어제 행사에 간다고 해 놓고 못 가서 미안해요. 대신 제가 보낸 케이크 맛있게 먹었어요?

　　 나 : 네, 행사는 아무 일 없이 무사히 끝났는데 자야 씨가 참석 못해서 많이 아쉬웠어요. 보
　　　　 내주신 케이크는 맛있게 잘 먹었어요. 케이크가 어찌나 큰지 10명이 ＿＿＿＿＿＿＿
　　　　 남더라고요.

(3) 가 : 제시카 씨는 어쩜 그렇게 남을 돕는 일에 관심이 많으세요? 요즘처럼 삭막한 시대에
　　　　 정말 대단한 것 같아요.

　　 나 : 사실 좀 힘들기는 하지만 자원 봉사를 함으로써 정신적으로 얻는 게 더 많으니까 계속
　　　　 하게 되는 것 같아요. 명수 씨도 한번 해 보세요. 남을 돕는 일이 ＿＿＿＿＿＿＿＿
　　　　 뿌듯한 일이라는 걸 알게 될 거예요.

(4) 가 : 최근에 행정상의 착오로 세금을 이중으로 냈는데도 돌려받지 못한 분들이 많은데요.
　　　　 이런 피해를 예방하거나 보상받으려면 어떻게 해야 합니까?

　　 나 : 우선은 세금 고지서를 꼼꼼히 살피는 게 중요하고, 세금을 낸 후에는 영수증을 잘 보관
　　　　 하는 게 무엇보다 필요합니다. 세금 고지서와 영수증만 잘 챙겨도 ＿＿＿＿＿＿＿
　　　　 돌려받지 못하는 피해는 예방할 수 있습니다.

(5) 가 : 최근 명절인데도 친척들의 시선이 부담스러워 고향에 내려가지 않겠다는 취업준비생
　　　　 들이 많아지고 있는데요. 졸업식 참석 여부를 묻는 조사에서도 이와 비슷한 결과가 나
　　　　 왔다고 합니다.

　　 나 : 네, 이 같은 현상은 최근 들어 더욱 증가하고 있는데요. 대학을 ＿＿＿＿＿＿＿ 취직
　　　　 을 못하는 학생들이 많아지면서 사회의 풍속도 변하고 있는 것입니다.

　다음 (　　　)안에 알맞은 것을 고르십시오.

01

어른 앞에서 술을 (　　　　) 담배를 피우는 것은 예의에 어긋난다.

① 마셔 봤자　　　　　　　　② 마신다거나
③ 마시고서도　　　　　　　　④ 마시는 셈치고

02

수출을 (　　　　) 당분간은 환율로 인한 적자가 계속될 것이다.

① 늘건 말건　　　　　　　　② 느는 한편
③ 늘려 봤자　　　　　　　　④ 늘겠냐마는

03

건강을 (　　　　) 인스턴트 음식이나 고열량 음식을 삼가야 합니다.

① 생각하거든　　　　　　　　② 생각한답시고
③ 생각하는가 하면　　　　　　④ 생각기에 망정이지

04

이번 달 월급은 (　　　　) 불우이웃에게 기부했어요.

① 안 받건대　　　　　　　　② 안 받거늘
③ 안 받은 셈치고　　　　　　④ 안 받는 둥 마는 둥

05

그는 사회적 기업을 이끌고 있는 (　　　　) 정치가로도 승승장구하고 있어요.

① 사업인즉　　　　　　　　　② 사업가이거들랑
③ 사업가인 한편　　　　　　　④ 사업가로 말미암아

06

저에게 하고 싶은 말이 있으면 (　　　　) 숨기지 말고 허심탄회하게 말해 주세요.

① 부탁하고도　　　　　　　　② 부탁하건대
③ 부탁한다거나　　　　　　　④ 부탁하기는커녕

07

책상 서랍을 아무리 뒤져 (　　　　　) 내가 찾고자 하는 물건을 찾을 수 없었다.

① 본즉　　　　　　　　　　　② 보고서야

③ 볼뿐더러　　　　　　　　　④ 본 나머지

08

우리 팀의 최종 목표는 우승에 (　　　　　) 모든 훈련을 견뎌내야 한다.

① 있는바　　　　　　　　　　② 있거들랑

③ 있어 봤자　　　　　　　　　④ 있음으로써

09

제설장비가 부족한 강원도 산간지방은 큰 눈만 오면 (　　　　　).

① 고립되기 일쑤다　　　　　　② 고립되면 그만이다

③ 고립되기 나름이다　　　　　④ 고립될 리가 만무하다

10

대학을 (　　　　　) 적당한 직장을 못 구하는 청년들이 많다.

① 졸업하고도　　　　　　　　② 졸업하노라면

③ 졸업하는 한편　　　　　　　④ 졸업함으로 말미암아

11~17 다음 밑줄 친 부분과 의미가 가장 비슷한 것을 고르십시오.

11

밤에 피아노를 <u>친다거나</u> 괴성을 지르는 것은 옳지 않다.

① 치는 양　　　　　　　　　　② 치건마는

③ 친다든가　　　　　　　　　④ 치기만 하면

12

공연 시간이 이미 지났으니 <u>뛰어가 봤자</u> 소용없다.

① 뛰고서야　　　　　　　　　② 뛰어가자니

③ 뛰어가 본들　　　　　　　　④ 뛰어가노라면

13

대통령 선거에 <u>출마하려거든</u> 먼저 국민의 소리에 귀를 기울여야 해요.

① 출마하려면   ② 출마할지니
③ 출마한다거나   ④ 출마하는가 하면

14

경기가 어려워져서 기업마다 구조조정을 <u>하는 한편</u> 경비 또한 절감하고 있다.

① 하게끔   ② 할 세라
③ 한다면야   ④ 하는가 하면

15

이런 힘든 일이 일어날 것이라고 미리 <u>예상한즉</u> 별로 놀랍지는 않다.

① 예상한지라   ② 예상하고자
③ 예상한답시고   ④ 예상하기로서니

16

가족과 떨어져 타국 생활을 <u>해 본바</u> 여간 힘들고 삭막한 것이 아니었다.

① 해 보자니   ② 해 봤더니
③ 하다 못해   ④ 한 나머지

17

강한 햇빛에 오랜 시간 스키를 즐기다보면 피부가 손상되는 줄도 <u>모르기 일쑤죠</u>.

① 모를 따름이죠   ② 모를 법도 하죠
③ 모르기 십상이죠   ④ 모를 겨를이 없죠

18~19 다음 글을 읽고 물음에 답하십시오.

한국의 빠른 경제 성장과 2002년 월드컵의 성공적 개최, 아시아 나라에서의 한류열풍 등으로 한국에 대한 관심이 늘어나면서 국내 대학의 학부와 대학원에 입학하는 외국인 유학생 수가 계속 증가하고 있다. 또한 2004년 12월 교육인적자원부가 '외국이 유학생 유치확대 방안'을 통해 2010년까지 외국인 유학생을 5만여 명까지 유치하겠다고 발표했다. 이러한 추세로 ㉠(   ) 당분간 유학생 수는 계속 증가할 것으로 보인다. 그러나 매년 증가하는 외국인 유학생들은 교과목을 ㉡(   ) 보고서를 작성하거나 발표 또는 시험 준비 등에서 어려움을 느끼고 있다.

18 ㉠에 알맞은 것을 고르십시오.

① 보건대   ② 보련마는

③ 보건마는   ④ 보겠냐마는

19 ㉡에 알맞은 것을 고르십시오.

① 수강한즉   ② 수강하거늘

③ 수강하고서도   ④ 수강한다면야

20~21 다음 기사문을 읽고 물음에 답하십시오.

> 부산 사하경찰서는 26일 빈집에 들어가 상습적으로 물건을 훔친 김모(35)씨를 구속했다. 경찰이 ⓐ조사해 본바 김씨는 지난 4월 14일 유모(45)씨의 집에 침입해 시계, 반지등의 귀중품과 컴퓨터를 훔치는 등 지난해 8월부터 최근까지 30여차례에 걸쳐 5천만 원 상당의 금품을 훔친 용의자로 보고 있다. 이런 혐의를 ⓑ(　　　　) 전과 5범인 김씨는 지난해 8월 교도소에서 나온 후 생활비를 마련하기 위해 이 같은 범행을 저지른 것으로 조사됐다. 김씨는 집 앞에 나와 있는 우편물을 보고 비어있는 집임을 추정, 오랜 시간을 지켜본 후 집에 침입해 물건을 훔친 것으로 드러났다.

20 ⓐ과 바꿔 쓸 수 있는 것을 고르십시오.

① 조사한 들　　　　　　　② 조사한 채로
③ 조사해 봤더니　　　　　④ 조사하기로서니

21 ⓑ에 알맞은 것을 고르십시오.

① 받고 있고자　　　　　　② 받고 있는 한편
③ 받고 있어 봤자　　　　④ 받고 있는 셈치고

22~23 다음 기사문을 읽고 물음에 답하십시오.

20세기 후반 이래 우리는 세계화 시대를 맞이하였다. 국가별 보호정책으로 막혀 있던 그전과는 달리 지금은 자본과 상품의 이동이 훨씬 ㉠자유로운즉 국가의 경계를 넘어서는 경제활동이 더욱 증가하고 그에 발맞추어 정치나 문화면에서도 세계적인 교류가 점점 확대되고 있다. 교통과 통신 및 커뮤니케이션 등이 날이 갈수록 발전하고 있으며 특히 인터넷의 등장으로 문화 교류나 전달의 속도도 엄청나게 빨라지고 있다. 그리하여 세계 각 지역에서 창조되는 문화를 동시대에 같이 즐길 수 있게 되었다. 그러나 이러한 외래 문화의 홍수 속에 있다보면 우리의 문화적 정체성에 혼란이 ㉡(   ). 따라서 문화 세계화의 문제점에 대해 알아보고 외래 문화와의 관계 속에서 우리의 문화적 정체성을 어떻게 지켜나갈지 생각해 보아야 할 것이다.

22 ㉠과 바꾸어 쓸 수 있는 것을 고르십시오.

① 자유롭거들랑　　　　　　　　② 자유롭다거나

③ 자유로운지라　　　　　　　　④ 자유로우리만치

23 ㉡에 알맞은 것을 고르십시오.

① 생기다시피하다　　　　　　　② 생길 턱이 없다

③ 생기기 십상이다　　　　　　　④ 생길리가 만무하다

PART

3

이것도 알면 고득점
(저빈도)

–거늘

의미

앞 문장의 사실을 미루어 뒤 문장의 내용도 당연히 그러해야함을 강조할 때 사용한다.
예스러운 표현이다.

- 가 : 오랜 만에 고향에 와 보니 많이 변했네요.
  나 : 그렇죠? 십년이면 강산도 변하**거늘** 하물며 고향인들 변하지 않겠어요?

예문

(1) 동물도 자식을 위해 희생하**거늘** 인간이 어찌 자식을 버릴 수 있겠어요?

(2) 친구 사이에는 의리가 중요하**거늘** 너는 어떻게 의리를 저버릴 수 있는가?

(3) 내가 그렇게 타일**렀거늘** 듣지 않다가 저런 일을 당하네요.

(4) 가 : 그 동안 모든 사람들이 너에게 많은 기대를 **했거늘** 어떻게 그 기대를 저버리느냐?
  나 : 아버지의 기대에 부응하지 못해서 죄송합니다.

(5) 가 : 이번에 공부를 많이 하지 못했지만 시험에 붙었으면 좋겠어요.
  나 : 모든 일은 노력을 해야 성공을 할 수 있**거늘** 너는 노력도 하지 않았으면서 뭘 바라느냐?

1 '–거늘'은 '하물며'를 사용하여 그 당연함을 강조하는 경우가 많다.

  예 동물도 자식을 사랑하거늘 **하물며** 인간이 자식을 사랑하지 않을 수 **있겠는가?**

2 '어떻게(어찌) ~ –는가/느냐' 등의 의문문의 형태와 함께 자주 사용한다.

  예 친구 사이에는 의리가 중요하거늘 너는 **어떻게** 의리를 저버릴 수 **있는가?**

※ 다음 보기 와 같이 '–거늘'을 사용하여 대화를 완성하십시오.

> 보기
>
> 가 : 오랜 만에 고향에 와 보니 많이 변했네요.
>
> 나 : 그렇죠? 십년이면 강산도 <u>변하거늘</u> 하물며 고향인들 변하지 않겠어요?

(1) 가 : 뉴스에서 보니까 세 친구가 서로를 배신했다는군요.

　　나 : 친구끼리는 의리가 제일 ＿＿＿＿＿＿＿＿＿ 어찌 친구를 배신할 수 있을까요?

(2) 가 : 아이가 어리긴 하지만 나의 일을 위해서 어린이 집에 보내야겠어요.

　　나 : 아이는 엄마가 당연히 ＿＿＿＿＿＿＿＿＿ 당신은 어떻게 당신 일만 생각할 수 있어요?

(3) 가 : 이번에 공부를 많이 하지 못했지만 시험에 붙었으면 좋겠어요.

　　나 : 모든 일은 노력을 해야 성공을 ＿＿＿＿＿＿＿＿＿ 너는 노력도 하지 않았으면서 뭘 바라느냐?

(4) 가 : 뉴스 봤어요? 미혼모가 아이를 낳자마자 버렸다는군요.

　　나 : 동물도 자기 자식은 ＿＿＿＿＿＿＿＿＿ 어찌 사람의 도리로써 그럴 수 있을까?

(5) 가 : 그 아이가 여러 사람들의 사랑과 조언을 듣지 않고 나쁜 길로 빠져 버렸대요.

　　나 : 그 아이에게 많은 사람들이 타이르고 ＿＿＿＿＿＿＿＿＿ 어떻게 그걸 저버리고 그럴 수 있을까?

–(으)ㄴ/는 마당에

의미 어떤 일이 이루어지는 상황이나 처지를 나타낸다.

- 가 : 마지막으로 할 말이 있으면 해 봐.
  나 : 헤어지**는 마당에** 무슨 할 말이 있겠어요? 할 말 없어요.

예문

(1) 중요한 행사를 앞두고 있**는 마당에** 그런 불미스러운 일이 터져서 큰일이네요.

(2) 빨리 서둘러야 하**는 마당에** 계속 회의만 하고 있으니 답답할 노릇이에요.

(3) 시험에 떨어**진 마당에** 밥이 넘어가겠어요?

(4) 가 : 이번 회사 체육대회에서 버려진 음식 쓰레기가 이렇게나 많아요. 너무 낭비예요.
   나 : 굶어 죽는 사람도 있**는 마당에** 이렇게 많은 음식을 버려서야 되겠습니까?

(5) 가 : 그 회사와 계속 거래를 할 예정입니까?
   나 : 이미 신뢰가 깨**진 마당에** 더 이상 이 회사와 거래할 수 없습니다.

1. 가까운 미래의 상황이나 처지를 나타낼 때도 '–을 마당에'를 사용하지 않고 '–는 마당에'를 사용한다.

   예 내일 한국을 **떠나는 마당에** 지금까지 계속 회의만 하니 힘들 뿐입니다.

2. '–는 마당에'는 '–는 마당이라', '–는 마당이니' 등으로 바꿔 쓸 수 있다.

   예 이미 신뢰가 **깨진 마당에** 더 이상 이 회사와 거래할 수 없습니다.
   = 이미 신뢰가 **깨진 마당이라** 더 이상 이 회사와 거래할 수 없습니다.
   = 이미 신뢰가 **깨진 마당이니** 더 이상 이 회사와 거래할 수 없습니다.

※ 다음 보기 와 같이 '-(으)ㄴ/는 마당에'를 사용하여 대화를 완성하십시오.

보기

가 : 우리가 헤어지기 전에 마지막으로 할 말이 있으면 해 봐.
나 : <u>헤어지는 마당에</u> 무슨 할 말이 있겠어요? 할 말 없어요.

(1) 가 : 요즘 새로 나온 휴대폰을 써 보니까 좋던데 너도 이번 기회에 한번 바꿔 보는 게 어때?

　　나 : 아르바이트를 그만둬서 생활비도 ________________ 새로운 휴대폰은 꿈도 못 꿔.

(2) 가 : 몇 달을 준비해 온 프로젝트가 무산되니 허무하네요. 같이 술이라도 한 잔 할까요?

　　나 : 술을 마실 기분이 아니네요. 프로젝트가 ________________ 술을 마시면 더 힘들 것 같아요.

(3) 가 : 요즘에는 한 번에 한 번 먹을 만큼만 포장이 되니 음식물이 남지 않아서 좋아요.

　　나 : 맞아요. 세계 곳곳에 굶어 죽는 사람도 ________________ 음식물을 버리지 않게 되니 좋은 것 같아요.

(4) 가 : 사장님께서 그 사업안을 마무리하라고 하시는데 다 끝나 갑니까?

　　나 : 아니요, 준비기간도 ________________ 벌써 끝내라고 하시다니 답답하네요.

(5) 가 : 어려운 이웃을 돕자는 의도는 좋지만 이렇게 돈을 많이 써 가며 행사를 진행할 필요가 있을까요?

　　나 : 저도 동감이에요. 당장 작은 도움을 줄 수 있는 돈도 ________________ 행사에 이렇게 많은 돈을 쓸 필요가 없다고 생각해요.

–는 둥 마는 둥

V, 있다/없다 + 는 둥 마는 둥 ; 가는 둥 마는 둥, 읽는 둥 마는, 있는 둥 마는 둥

의미

어떤 행동을 열심히 하지 않거나 제대로 하지 않은 것을 나타낸다.

- 가 : 눈이 빨갛게 충혈된 것을 보니 많이 피곤한가 봐요.

  나 : 그렇죠? 요즘 날씨가 더워서 자**는 둥 마는 둥** 했더니 그런가 봐요.

예문

(1) 그 사람은 내 이야기에 관심이 없는 듯 듣**는 둥 마는 둥** 했다.

(2) 민수는 공항에 늦게 도착하는 바람에 인사도 하**는 둥 마는 둥** 하고 급히 탑승해 버렸다

(3) 애인을 만날 생각에 들떠서 숙제를 하**는 둥 마는 둥** 하고 집에서 나왔다.

(4) 가 : 김과장, 이 보고서 완성된 거 맞아요? 보니까 너무 대충한 거 같은데.

  나 : 죄송합니다. 부장님. 어제 급한 일이 있어서 하**는 둥 마는 둥** 했더니 제대로 못했네요.

   다시 하겠습니다.

(5) 가 : 히로미가 요즘 기분이 영 안 좋아 보이네요.

  나 : 그렇죠? 저한테도 인사를 하**는 둥 마는 둥** 하며 그냥 지나가 버리던데요.

① '–는 둥 마는 둥' 뒤에는 보통 '하다'를 붙여서 사용한다.

  예 명수가 나를 보는 둥 마는 둥 **하면서** 지나갔다.

② '–는 둥 마는 둥'은 과거형 '–(으)ㄴ 둥 만 둥', 미래형 '–(으)ㄹ 둥 말 둥'으로 사용되기도 한다.

  예 명수가 나를 **본 둥 만 둥** 하면서 지나갔다.

   히로미가 나에게 비밀을 **말할 둥 말 둥** 하며 말을 하지 않는다.

※ 다음 보기 와 같이 '-는 둥 마는 둥'을 사용하여 대화를 완성하십시오.

> 보기
>
> 가 : 눈이 빨갛게 충혈된 것을 보니 많이 피곤한가 봐요.
>
> 나 : 그렇죠? 요즘 날씨가 더워서 <u>자는 둥 마는 둥</u> 했더니 그런가 봐요.

(1) 가 : 요즘 왜 이렇게 힘이 없어 보여요?

　　나 : 여자 친구와 헤어져서 _________________ 했더니 힘이 하나도 없네요. 지금 심정
　　　　으로는 물도 마시기 싫은걸요.

(2) 가 : 엄마 말을 _________________ 엄마가 이야기하고 있는데 무슨 생각하니?

　　나 : 죄송해요. 제가 요즘 고민이 너무 많아서 모든 일에 집중을 못하겠어요.

(3) 가 : 민수는 아빠가 왔는데 나와 보지도 않고 어디 갔어?

　　나 : 방금 좋아하는 가수가 텔레비전에 나왔다고 _________________ 하면서 텔레비전
　　　　을 보러 갔어요.

(4) 가 : 이 프로젝트 완성한 거 맞아요? 아직 완성이 안 된 것 같은데요.

　　나 : 죄송합니다. 요즘 업무량이 너무 많아서 어느 것 하나 제대로 못하고 __________
　　　　했더니 형편없이 됐네요.

(5) 가 : 이번 시험 잘 쳤니? 나는 이번에 공부를 많이 못 해서 망친 거 같아.

　　나 : 말도 마. 나도 요즘 바쁜 일이 많아서 _________________ 해서 그런지 시험문제
　　　　를 하나도 모르겠더라고.

–을/를 무릅쓰고

의미 어떤 일을 그대로 참고 견디어 내는 것을 나타낸다.

- 가 : 며칠 전 뉴스에서 자신을 희생해서 아이의 목숨을 구한 경찰관 이야기 들었어요?
  나 : 네, 생명의 위협**을 무릅쓰고** 위기에 처한 아이를 구했더라고요.

예문

(1) 자신의 미모를 위해 죽을 위험**을 무릅쓰고** 성형 수술을 하려는 사람도 있다.

(2) 히로미 씨는 어른들의 반대**를 무릅쓰고** 그 남자와 결혼했지만 행복하지 않았다.

(3) 폭설**을 무릅쓰고** 그 회의장으로 달려갔지만 회의가 취소되어 아무도 없었다.

(4) 가 : 이번에 민수가 모든 책임을 떠안고 나가기로 했다는 거 들었어?

　　나 : 그러게. 민수는 해고의 위기**를 무릅쓰고** 김 과장의 비리를 폭로한 죄밖에는 없어.

(5) 가 : 직원들의 파업에 회사는 어떤 움직임을 보여주고 있나요?

　　나 : 직원들은 한강대교에서 생사**를 무릅쓰고** 시위를 벌이고 있지만 회사는 꿈쩍도 하지 않
　　　습니다.

1　'–을/를 무릅쓰고' 앞에는 보통 어려운 상황이나 좋지 않은 조건이 온다.

　예　**위기를 무릅쓰고** 김 과장의 비리를 폭로했다.
　　　반대를 무릅쓰고 가족이 싫어하는 남자와 결혼했다.

※ 다음 보기 와 같이 '-을/를 무릅쓰고'를 사용하여 대화를 완성하십시오.

> **보기**
>
> 가 : 며칠 전 뉴스에서 자신을 희생해서 아이의 목숨을 구한 경찰관 이야기 들었어요?
>
> 나 : 네, <u>생명의 위협을 무릅쓰면서</u> 위기에 처한 아이를 구했더라고요.

(1) 가 : 대단하십니다. 장애가 있음에도 불구하고 수석의 영광을 차지하셨습니다.

　　나 : 장애라는 _________________ 열심히 노력하니 이런 영광스러운 순간을 맞이하게
　　　　되었네요.

(2) 가 : 이 추운 겨울에 에베레스트 정상에 깃발을 꽂고 오셨는데 소감이 어떻습니까?

　　나 : 네, _________________ 도전을 해서 그런지 더 뿌듯합니다.

(3) 가 : 부모님께서 너희 결혼을 반대하셨지만 너를 위해서 그런 거 알고 있지?

　　나 : 네, _________________ 한 결혼이니 더 열심히 살아야죠.

(4) 가 : 이번 국회의 법안 통과에 대해서 어떻게 생각하십니까?

　　나 : 법안이 통과되었다 하더라도 많은 논란이 있을 거라고 봐요. 대다수 국민들의 _______
　　　　_____________ 한 법안에 국민들이 따를 리가 없으니까요.

(5) 가 : 직원들의 파업에 회사는 어떤 움직임을 보여주고 있나요?

　　나 : 직원들이 너 나 할것없이 잠도 못 자며 _________________ 시위를 벌이고 있지만
　　　　회사는 전혀 움직임이 없습니다.

–은/는 차치하고(차치하더라도)

의미 앞 문장의 내용은 내버려두더라도 뒤 문장의 내용이 문제가 되거나 그 정도가 더욱 심하다.

- 가 : 가을에 어학연수 간다더니 왜 안 갔어요? 비용 때문에 못 간 거예요?

  나 : 비용**은 차치하고** 회사 업무가 너무 많아서 엄두가안 났거든요.

예문 (1) 사건에 대한 진상**은 차치하고** 확인되지 않은 소문까지 확대되면서 억울한 피해자까지 나오고 있다.

(2) 그는 이번 인사발령에서 자질과 능력 여부**는 차치하고** 자신과의 연줄이 있는 사람만을 승진시켰다.

(3) '이명보'시인의 시는 외국어로 번역하면 문학적 미**는 차치하더라도** 문법적 오류 등으로 지은이의 뜻이 제대로 전달되지 않는다고 합니다.

(4) 가 : 이번에 새로 온 신입사원 있잖아요. 개성이 강해서 그런지 사람들과 그렇게 친한 것 같지 않아요.

  나 : 옷차림**은 차치하고** 하는 행동도 튀고 자기 주장이 강해서 사람들이 그 사람을 꺼려하는 것 같아요.

(5) 가 : 배우 '기성미'가 그 연기력으로 이번에도 최우수상을 받을 수 있을까요?

  나 : 아닐걸요. 연기력**은 차치하더라도** 발음에다가 대사 전달까지 어려워서 아마 받기 힘들 거예요.

1 '–은/는 차치하고'는 '–은/는 둘째치고'와 바꿔 사용할 수 있다.

  예 **문학적 미는 차치하고** 문법적 오류로 인해 뜻이 왜곡되기도 한다.

    = **문학적 미는 둘째치고** 문법적 오류로 인해 뜻이 왜곡되기도 한다.

  ☞ 의미적으로는 비슷하나 '–은/는 차치하고'는 신문기사나 전문서적 등과 같이 문어적 표현에 많이 사용된다.

  예 이 사건에 대한 진상**은 차치하고** 확인되지 않은 소문으로 인해 억울한 피해자가 생기고 있다.

연습문제 e x e r c i s e

※ 다음 보기 와 같이 '–은/는 차치하고(차치하더라도)'를 사용하여 대화를 완성하십시오.

> 보기
>
> 가 : 가을에 어학연수 간다더니 왜 안 갔어요? 비용 때문에 못 간 거예요?
>
> 나 : <u>비용은 차치하고</u> 연수를 가기엔 업무가 많아서 갈 수가 있어야지요.

(1) 가 : 이번에 새로 이사 온 옆집 사람과 이야기해 봤어요?

　　나 : 직접적으로 이야기해 본 적은 없지만 무례한 행동 때문인지 평은 좋지 않더라고요.

　　가 : 맞아요. ＿＿＿＿＿＿＿＿＿＿ 자기 주장까지 강해서 평이 더 안 좋은 것 같더라고요.

(2) 가 : 요즘 배우 '김지선' 씨의 폭행사건으로 떠들썩하네요. 워낙 이미지가 바르고 성실해서

　　　　충격이 더 큰 것 같아요. 도대체 사건의 진상이 어떻게 되는지 궁금하네요.

　　나 : 지금 인터넷에선 ＿＿＿＿＿＿＿＿＿＿ 확인이 안 된 소문까지 퍼지고 있대요.

(3) 가 : 이번 인사발령으로 사람들이 말이 많더라. 그동안 성실하게 일해 온 민수 씨는 명단에

　　　　서 빠지고 사장님 친척이 승진됐더라고.

　　나 : 맞아. 그런 걸 보면 ＿＿＿＿＿＿＿＿＿＿ 연줄만 있으면 승진이 쉽게 되는 것 같아.

(4) 가 : 이번에 컴백한 배우 '기성미'있잖아. 첫 회부터 연기력 논란으로 사람들이 말이 많던

　　　　데. 특히 다른 배우들이 워낙 연기파 배우들이라서 차이가 많이 나는 것도 있고.

　　나 : 그 배우는 ＿＿＿＿＿＿＿＿＿＿ 발음이 이상해서 대사 전달이 잘 안 되는 것 같아.

　　　　드라마를 보다가도 그 배우만 나오면 집중이 잘 안 되더라고.

(5) 가 : '이명보' 시인의 시는 한 구절 한 구절이 정말 아름다워. 그래서 읽을 때마다 감탄하게

　　　　되는 것 같아.

　　나 : 그래. 외국에서도 많이 알려졌잖아. 외국어로 번역된 시집도 많고.

　　가 : 외국어로 번역하면 '이명보' 시인 특유의 문학적 미가 느껴질지 의문이네.

　　나 : ＿＿＿＿＿＿＿＿＿＿ 의미 전달도 제대로 되지 않을 것 같아.

–고자

V, A, 있다/없다 + 고자 ; 가고자, 많고자, 있고자
N + 이고자 ; 학교이고자, 학생이고자

의미

어떤 행동의 목적이나 말하는 사람의 의도, 희망을 나타낸다.

- 가 : 얼마 전에 회식을 했는데 또 회식을 하는 이유는 뭔가요?

  나 : 갑자기 인사이동이 많아지면서 부서 안에서의 분위기가 좋지 않았잖아요. 그래서 분위기를 환기시키**고자** 하는 것 같아요.

예문

(1) 어릴 적 꿈인 의사가 되**고자** 앞만 보며 달려왔다.

(2) 이 분야의 최고가 되**고자** 힘들어도 참으며, 밤낮없이 연습하였다.

(3) 이번 학기 집안 사정으로 휴학을 하**고자** 학교 행정실을 찾아갔다.

(4) 가 : 저희가 결혼한다는 것을 알리**고자** 이렇게 자리를 마련하게 되었습니다. 바쁘신 와중에 참석해 주셔서 감사합니다.

  나 : 진심으로 축하합니다. 행복하게 사세요.

(5) 가 : 여름에만 열었던 워크숍을 가을에 개최하는 목적이 무엇입니까?

  나 : 우리 학회 창립 20주년을 기념하며, 새로운 도약과 앞으로의 학회의 발전 방향을 이야기하**고자** 개최하게 되었습니다.

① '–고자'는 앞 문장의 주어와 뒤 문장의 주어가 같아야 한다.

  예 **나는** 이번 경기에 우승을 하고자 (나는) 밤낮없이 연습하였다.

  나는 이번 경기에 우승을 하고자 **그 사람이** 밤낮없이 연습하였다. (×)

② '–고자' 앞에는 과거의 '–았/었–'과 미래를 나타내는 '–겠–'과 같이 사용할 수 없다.

  예 나는 이번 경기에 우승을 **했고자** 힘들어도 참고 견뎠다. (×)

  나는 이번 경기에 우승을 **하겠고자** 힘들어도 참고 견뎠다. (×)

③ '–고자 하다'의 형태로 사용되어 무엇을 하려는 의도나 희망을 나타내기도 한다.

  예 쓰고 싶은 것도 쓰지 않고 악착같이 돈을 모으**고자 한** 것은 모두 우리 가족들의 행복을 위한 것이었다.

※　다음 보기 와 같이 '–고자'를 사용하여 대화를 완성하십시오.

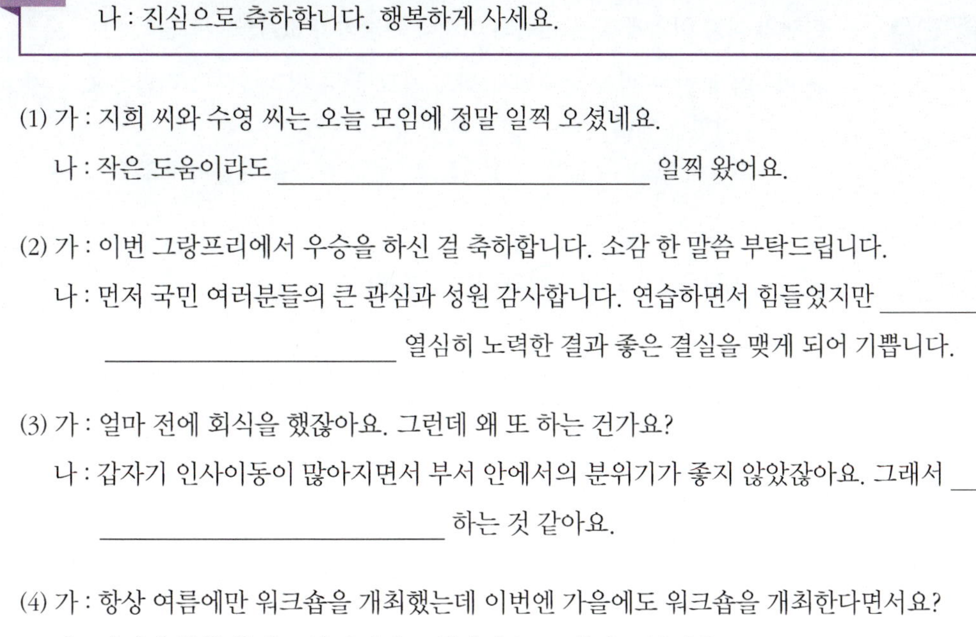

> 보기
>
> 가 : 저희가 <u>결혼한다는 것을 알리고자</u> 이렇게 자리를 마련하게 되었습니다.
>
> 나 : 진심으로 축하합니다. 행복하게 사세요.

(1) 가 : 지희 씨와 수영 씨는 오늘 모임에 정말 일찍 오셨네요.

　　나 : 작은 도움이라도 ＿＿＿＿＿＿＿＿＿＿＿＿＿＿ 일찍 왔어요.

(2) 가 : 이번 그랑프리에서 우승을 하신 걸 축하합니다. 소감 한 말씀 부탁드립니다.

　　나 : 먼저 국민 여러분들의 큰 관심과 성원 감사합니다. 연습하면서 힘들었지만 ＿＿＿＿＿
＿＿＿＿＿＿＿＿＿＿ 열심히 노력한 결과 좋은 결실을 맺게 되어 기쁩니다.

(3) 가 : 얼마 전에 회식을 했잖아요. 그런데 왜 또 하는 건가요?

　　나 : 갑자기 인사이동이 많아지면서 부서 안에서의 분위기가 좋지 않았잖아요. 그래서 ＿＿
＿＿＿＿＿＿＿＿＿＿＿＿ 하는 것 같아요.

(4) 가 : 항상 여름에만 워크숍을 개최했는데 이번엔 가을에도 워크숍을 개최한다면서요?

　　나 : 이번에 학회 창립 20주년이라고 하잖아요. 그래서 20주년을 ＿＿＿＿＿＿＿＿＿＿
＿＿＿＿＿ 개최한다고 해요.

(5) 가 : 그래, 갑자기 나를 찾아온 목적은 무엇인가?

　　나 : 교수님, 다름이 아니라 ＿＿＿＿＿＿＿＿＿＿＿＿＿＿ 찾아뵈었습니다.

　　가 : 무슨 일로 휴학을 하려는지 모른다만 마지막 학기인데 계속 하는 게 좋지 않겠나?

–(으)ㄹ 따름이다

의미

현재의 상황 이외에 다른 선택의 여지나 가능성이 없음을 나타낸다.

- 가 : 어제 현우 씨가 밤새워서 회의 자료를 다 정리했나 보더라고요. 혼자 하기에는 무리였을 텐데……
  나 : 혼자서 그 많은 일을 다 했다고요? 정말 놀라**울 따름이네요**.

예문

(1) 다른 사람은 몰라도 나는 나의 길을 **갈 따름이다**.

(2) 그는 뜻밖의 비보를 받고 그저 망연자실**할 따름이었다**.

(3) 아기의 울음소리, 기침소리, 하품하는 모습을 보자니 그저 신기**할 따름이다**.

(4) 가 : 지희 씨, 아까 넘어지면서 많이 다친 것 같은데, 괜찮아요?
  나 : 발목만 조금 삐었**을 따름이지**, 크게 다치진 않았습니다.

(5) 가 : 김 과장님도 '기러기 아빠'라고 하네요. 우리 부서에만 기러기 아빠가 3명이나 되네요.
  나 : 자식의 유학을 위해서 떨어져서 산다고는 하지만, 요즘 '기러기 아빠'들이 자살률이 높다는 뉴스를 보면 그런 단어가 있다는 현실 자체가 안타까**울 따름이에요**.

1 '–(으)ㄹ 따름이다'는 '–(으)ㄹ뿐이다', '–기만 하다'와 바꿔 사용할 수 있다.

  예 많은 일을 한꺼번에 할 수 있는 그 사람의 능력에 **놀라울 따름이다**.
    = 많은 일을 한꺼번에 할 수 있는 그 사람의 능력에 **놀라울 뿐이다**.
    = 많은 일을 한꺼번에 할 수 있는 그 사람의 능력에 **놀랍기만 하다**.

2 '–(으)ㄹ 따름이다'가 형용사 뒤에 오면 상태의 정도를 강하게 나타내며, 동사 뒤에 오면 '–(으)ㄹ 뿐이다'의 의미를 나타낸다.

  예 그가 혼자서 많은 일을 하다니 **놀라울 따름입니다**.
    (그 사람이 혼자서 많은 일을 한 것에 대한 놀라움을 강하게 나타내고 있다.)

    그저 제가 할 수 있는 일을 **했을 따름입니다**.
    (내가 할 수 있는 일을 했을 뿐이라는 의미를 나타낸다.)

※　다음 보기 와 같이 '-(으)ㄹ 따름이다'를 사용하여 대화를 완성하십시오.

> 보기
>
> 가 : 지희 씨, 아까 넘어지면서 많이 다친 것 같은데, 괜찮아요?
>
> 나 : 괜찮아요. <u>발목을 삐었을 따름이지</u> 크게 다치진 않았습니다.

(1) 가 : 어제 현우 씨 밤새워서 회의 자료를 다 정리했나 보더라고요. 혼자 하기에는 무리였을
　　　텐데…….

　　나 : 혼자서 그 많은 일을 다 했다고요? 정말 ＿＿＿＿＿＿＿＿＿＿＿＿＿.

(2) 가 : 민호 씨는 왜 그렇게 여동생을 구박해요? 저렇게 귀여운 여동생이 저한테 있으면 저는
　　　동생이 해달라는 걸 다 해 주겠어요.

　　나 : 무슨 말씀이에요? 제가 구박하기는요? 저는 그냥 장난을 치면서 조금 ＿＿＿＿＿＿
　　　＿＿＿＿＿＿ 울어요.

(3) 가 : 하나 씨, 제가 신기한 동영상 보여줄까요?

　　나 : 무슨 사진인데요? (사진을 보고) 얼마 전에 멕시코에서 나타난 UFO 동영상 맞지요?
　　　동영상으로 보니 ＿＿＿＿＿＿＿＿＿＿＿＿＿.

(4) 가 : 김 과장, 입사하고 처음 맡은 큰 프로젝트인데 못하게 되어서 참 안타깝게 됐네.

　　나 : 저는 괜찮습니다. 다만, 지금까지 함께 고생해 온 팀원들에게 ＿＿＿＿＿＿＿＿＿
　　　＿＿＿＿＿.

(5) 가 : 요즘 '기러기 아빠'가 많다고 하던데 '기러기 아빠'가 도대체 뭐예요?

　　나 : 자식의 공부를 위해 자신은 한국에 있으면서 자식과 아내를 해외에 보낸 뒤 돈을 벌어
　　　서 해외로 보내는 것을 말해요.

　　가 : 자식의 유학을 위해서 가족이 떨어져서 산다는 말이에요? 아휴, 세상에 그런 단어가 생
　　　기는 현실이 ＿＿＿＿＿＿＿＿＿＿＿＿＿.

‒(으)ㄴ/는/(으)ㄹ 성싶다

의미 뒤 문장의 내용을 추측하거나 짐작할 때 사용한다.

- 가 : 이번에는 현우 씨가 캐스팅이 될 줄 알았는데 아쉽네요.

  나 : 괜찮습니다. 오히려 이 계기가 전화위복이 **될 성싶어요**. 이번 오디션을 보면서
  많은 것을 경험했으니까요.

예문 (1) 하늘이 흐린 걸 보니 비가 **올 성싶네요**.

(2) 그의 말을 곰곰이 생각해보니 다시 만나자는 말**일 성싶다**.

(3) 물이 푸른 걸 보니 저수지가 꽤 깊**을 성싶다**.

(4) 가 : 절도 사건의 범인이 옆집 남자로 밝혀졌대.

   나 : 어쩐지 지난 번에 물어봐도 회피하고 엉뚱한 대답을 하더니 그 사람이 범인**일 성싶었어**.

(5) 가 : 요즘 도대체 밤에 뭐 하길래 수업 시간에 조는 거야? 또 게임하는 거야?

   나 : 아니, 룸메이트가 밤늦게까지 여자 친구랑 통화하는 바람에 잠을 못 자서 그래. 아무래
   도 오늘도 수업 시간에졸 **성싶으니** 나중에 필기한 거 보여줘.

1 '‒(으)ㄴ/는/(으)ㄹ 성싶다'는 '‒(으)ㄴ/는/(으)ㄹ 듯하다'와 바꿔 사용할 수 있다.

   예 그 사람이 **범인일 성싶었다**.

   = 그 사람이 **범인일 듯했다**.

※ 다음 보기 와 같이 '-(으)ㄴ/는/(으)ㄹ 성싶다'를 사용하여 대화를 완성하십시오.

> 보기
>
> 가 : 절도 사건의 범인이 옆집 남자로 밝혀졌대.
> 나 : 어쩐지 지난 번에 물어봐도 회피하고 엉뚱한 대답을 하더니만 그 사람이 <u>범인일</u>
> <u>성싶어</u>.

(1) 가 : 어제 현우가 왜 만나자고 한 거야?

　　나 : 글쎄, 나도 확실히 잘 모르겠어. 그런데 곰곰이 생각해 보니 나를 ＿＿＿＿＿＿＿＿.

　　가 : 역시, 내가 말했잖아. 현우가 너 좋아하는 것 같다고.

(2) 가 : 요즘 도대체 밤에 뭐 하길래 수업 시간에 조는 거야? 또 게임하는 거야?

　　나 : 아니, 룸메이트가 밤늦게까지 여자 친구랑 통화하는 바람에 잠을 못 자서 그래. 아무래
　　　도 오늘도 수업 시간에 ＿＿＿＿＿＿＿＿ 나중에 필기한 거 보여줘.

(3) 가 : 월드컵은 첫 출전입니다만 부담감이 크지 않습니까?

　　나 : 네, 첫 출전이라 부담감이 있는 건 사실이지만 상대방의 전략을 철저히 분석하고 준비
　　　한다면 ＿＿＿＿＿＿＿＿.

(4) 가 : 이번 선거 결과가 어떻게 나올까요? 후보님이 당선됐으면 좋겠는데요.

　　나 : 아니요, 이번에는 처음 출마한 거니까 당선되지 않는 게 오히려 ＿＿＿＿＿＿＿＿.
　　　쉽게 당선돼서 기고만장하면 오히려 독이 될 수 있잖아요.

(5) 가 : 이번 문화체험 주제가 김치 만들기라지요? 너무 식상하지 않을까요? 김치는 외국 학생
　　　들에게 새로운 주제는 아니잖아요.

　　나 : 네, 그렇긴 하지만 외국 학생들에게 김치를 제대로 만드는 방법을 가르쳐 주는 것도
　　　＿＿＿＿＿＿＿＿.

–(으)면 그만이다

V, A, 있다/없다 + (으)면 그만이다 ; 가면 그만이다, 좋으면 그만이다
N + (이)라면 그만이다 ; 위치라면 그만이다, 맛이라면 그만이다
V, A, 있다/없다 + 았/었으면 그만이다 ; 갔으면 그만이다, 맛있었으면 그만이다

의미

① 앞 문장이 그것으로 끝임을 나타낸다.

- 가 : 명수 씨, 다 같이 사용하는 테이블을 이렇게 더럽게 하고 가면 안 되죠.
  나 : 괜찮아요. 귀찮은데 그냥 가요. 다음 사람이 치우겠죠.
  가 : 명수 씨는 가버리**면 그만이지만** 뒤 사람을 생각해야죠. 내가 한 실수 때문에 다른 사람이 기분 나쁠 수도 있잖아요.

② 앞 문장이 가장 좋고, 최고임을 나타낸다.

- 가 : 학교 앞 식당 음식 맛이 어때요? 먹을 만해요?
  나 : 그 집은 음식 맛**이라면** 아주 **그만이에요**. 한번 먹어 보세요.

예문

(1) 아무리 많은 재산도 죽**으면** 다 **그만이다.**
(2) 싸움에서 이기려면 상대의 약점을 찾아 그것을 공격하**면 그만이다.**
(3) 모든 부모들은 자식이 행복하**면 그만이지,** 그 이상 아무것도 바라지 않는다.
(4) 가 : 요즘 자기만 편하겠다고 남에게 피해를 주는 사람들이 많은 것 같아요.
  나 : 그러게요. 나만 편하**면 그만이라는** 생각 때문에 그런 것 같아요.
(5) 가 : 새로 입사한 회사 어때요? 일은 재미있어요?
  나 : 처음에는 일만 할 수 있**으면 그만이라고** 생각했는데 지금은 조금 힘드네요.

1 '–(으)면 그만이다'는 ①의 경우 뒤 문장에 '반어적 의문문'과 함께 사용하기도 한다.

  예 네가 하기 **싫으면 그만이지**, 왜 다른 사람도 못하게 하니?
    영화가 재미만 **있으면 그만이지**, **무슨** 큰 의미가 있어야 좋은 영화인가요?
    학생이 공부만 열심히 **하면 되지**, 하고 싶은 게 왜 그렇게 많아?

2 '–(으)면 그만이다'는 ②의 경우 '명사+(이)라면 그만이고, 명사+도/까지'와 같은 형태로도 쓰여 '앞 문장을 인정하면서 뒤 문장 또한 포함'함을 나타낸다.

  예 이 식당은 **음식 맛이라면 그만이고, 서비스도** 좋습니다.
    이 영화는 **내용이라면 아주 그만이고, 연출력까지** 뛰어납니다.

※ 다음 보기 와 같이 '–(으)면 그만이다'를 사용하여 대화를 완성하십시오.

> 보기
>
> 가 : 명수 씨, 다 같이 사용하는 테이블을 이렇게 더럽게 하고 가면 안 되죠.
> 나 : 괜찮아요. 귀찮은데 그냥 가요. 다음 사람이 치우겠죠.
> 가 : 명수 씨는 <u>가버리면 그만이지만</u> 뒤 사람을 생각해야죠. 내가 한 실수 때문에 다른 사람이 기분 나쁠 수도 있잖아요.

(1) 가 : 미안한데 어제 내가 준 책 다시 돌려주면 안 돼? 그 책이 다시 필요하게 됐거든.

　　나 : 한 번 _______________ 다시 달라는 게 어딨어?

(2) 가 : 이번 체육대회에서 영호 씨랑 같은 팀이 됐는데 영호 씨 운동 실력 어때요?

　　나 : 영호 씨는 다른 운동은 물론이고, _______________. 우리학교에서 축구 잘하기로 소문났으니까 기대해 볼 만해요.

(3) 가 : 요즘 젊은 사람들은 자기 주위에 문제가 생겨도 관심이 없는 것 같아요. '나 몰라라', '나만 아니면 돼', '나 하나쯤이야'라는 말이 요즘 사람들의 정신을 잘 보여주는 것 같아요.

　　나 : 맞아요. 요즘 젊은 사람들은 오로지 자기 일에만 관심이 있죠. 대통령 선거가 있어도 '나 몰라라', 사회에 문제가 생겨도 '나만 _______________'라는 이기적인 생각뿐인 거죠.

(4) 가 : 스티븐 씨, 한국과 미국의 회식만 비교해 봐도 상당한 문화 차이가 있는 걸 알 수 있는데요.

　　나 : 맞아요. 우리나라에서는 직장 상사가 술을 권했을 때 마시기 싫으면 정중하게 ______ _______________. 그런데 한국에서는 상사의 술잔을 거절하거나 회식에 참석하지 않으면 피해가 가더라고요. 이런 걸 보면 역시 문화가 다르구나 하는 것을 알 수 있죠.

(5) 가 : 외국 기업을 한국에 적극적으로 유치하기 위한 방법에는 어떤 것이 있을까요?

　　나 : 우선 외국 기업이 한국에서 투자금 걱정 없이 일할 수 있고, 낮은 세금으로 많은 이윤을 낼 수 있도록 만들어 주는 것이 필요합니다. 또한 무엇보다도 외국 기업 내의 직원과 가족들이 학교와 병원 시설을 마음 놓고 이용할 수 _______________. 이렇게만 된다면 외국 기업이 스스로 한국으로 들어오려고 할 것입니다.

01~09 다음 (   )안에 알맞은 것을 고르십시오.

01

동물도 자식을 (   ) 하물며 인간이 자식을 사랑하지 않을 수 있겠는가?

① 사랑하거늘 ② 사랑하던 차에
③ 사랑할라치면 ④ 사랑하는가 하면

02

빨리 서둘러야 (   ) 계속 회의만 하고 있으니 답답할 노릇이에요.

① 한 즉 ② 하고서야
③ 하다 못해 ④ 하는 마당에

03

내 얘기에는 관심이 없는지 (   ) 하고 자기 할 일만 해서 기분이 나빴다.

① 듣거들랑 ② 듣는 이상
③ 들을까 싶어 ④ 듣는 둥 마는 둥

04

생명의 (   ) 위기에 처한 인명을 구한 경찰관이 있어 화제가 되고 있다.

① 위협을 막론하고 ② 위협은커녕
③ 위협은 고사하고 ④ 위협을 무릅쓰고

05

사건에 대한 (   ) 확인되지 않은 소문까지 마치 사실인 양 확대되면서 억울한 피해자까지 나오고 있다.

① 진상에 비추어 ② 진상을 막론하고
③ 진상은 차치하고 ④ 진상에도 불구하고

06

우리 학회 창립 20주년을 기념하며, 새로운 도약과 앞으로의 발전 방향을 이야기 (   ) 개최하게 되었습니다.

① 하고자 ② 한 채로
③ 한 나머지 ④ 하기로서니

07

자신의 뜻을 펼치지도 못하고 하늘로 간 그를 생각하면 (   ).

① 안타까울 따름이다
② 안타깝기 일쑤이다
③ 안타까울 턱이 없다
④ 안타까울 겨를이 없다

08

그 팀이 강력한 팀인 것은 확실하지만 상대방의 전략을 철저히 분석하여 준비한다면 충분히 (   ).

① 이길 성싶다
② 이길 따름이다
③ 이길 겨를이 없다
④ 이길 여지가 없다

09

모든 부모들은 자식이 (   ) 그 이상 아무것도 바라지 않는다.

① 행복하고서는
② 행복하기는 하되
③ 행복하리만치
④ 행복하면 그만이지

10~12 다음 밑줄 친 부분과 의미가 가장 비슷한 것을 고르십시오.

10

새로 들어 온 신입사원은 업무 능력이 <u>떨어지는 것은 차치하고</u> 아직 사무실 분위기도 파악하지 못하고 있다.

① 떨어지는 것은 불구하고
② 떨어지는 것은 아니어도
③ 떨어지는 것은 둘째치고
④ 떨어지는 것은 막론하고

11

그 사람 혼자 그 많은 일을 다 하다니 그저 <u>놀라울 따름이다.</u>

① 놀라울 뿐이다
② 놀랍겠거니 하다
③ 놀라울 나위가 없다
④ 놀랄 겨를이 없다

12

옆집에서 음악 소리가 들리는 걸 보니 오늘도 잠을 못 <u>잘 성싶다.</u>

① 잘 듯하다
② 자기 십상이다
③ 잘 판이다
④ 잘리 만무하다

13~14 다음 글을 읽고 질문에 답하십시오.

철학이란 가장 근원적인 것에 대한 탐구이자 그 성격상 전체를 꿰뚫어보고자 하는 학문임을 어렴풋이나마 알게 되었다. 따라서 철학은 단순히 다양한 개별적 사실을 파악하는 것은 ㉠(   ) 그 전모를 파악하고자 한다는 점에서 '종합의 학문'이라고 할 수 있을 것이다. 그러나 이러한 종합이 제대로 이루어지기 위해서는 먼저 다양한 개별적인 것들이 정확이 파악되어야만 한다. 다시 말해 개별적 사실들의 근거와 본질 나아가 그 숨겨진 배경까지 낱낱이 분석되어야 하는 것이다. 그러므로 분석이란 사태의 핵심을 ㉡(   ) 애매하고 모호한 점을 전혀 허용하지 않으면서 모든 거짓과 속임수를 파헤치는 탐구의 과정이다.

13 ㉠에 알맞은 것을 고르십시오.

① 차치하고   ② 고사하고
③ 불구하고   ④ 무릅쓰고

14 ㉡에 알맞은 것을 고르십시오.

① 알고자   ② 알자니
③ 알라치면   ④ 알고서야

　　북한 노동신문은 김정은이 11일 백령도와 11㎞ 떨어진 월내도를 시찰해 백령도 내 국군 주요시설의 타격 순서까지 지시하는 등 "명령을 내리면 적들을 모조리 불도가니에 쓸어 넣으라"고 말했다며 12일 보도했다. 한편 우리 군은 지난 6일 북한 도발 시 지휘세력까지 응징하겠다고 경고했다. 합참의장은 이날 국회 국방위원회 전체회의에 출석해 "북한이 핵무기로 공격할 징후가 포착되면 자위권 차원에서 전쟁을 ㉠(　　　　　) 선제 타격할 것"이라고 했다. 박 대통령도 13일 "북한 핵은 결코 용납할 수 없고, 도발에는 철저하게 대응하겠다"고 밝혔다. 현 상황에서 보듯 한반도의 위기는 점차 고조돼 가고 있다. 하지만 이번 위기는 북한 김정은이 3차 핵실험을 강행함으로써 북한체제 결속과 주민 불만을 해소하고 남한을 핵 인질로 잡으려는 ㉡의도인 것으로 보인다.

15 ㉠에 알맞은 것을 고르십시오.

　① 둘째치고　　　　　　　　　② 고사하고
　③ 무릅쓰고　　　　　　　　　④ 막론하고

16 ㉡과 바꾸어 쓸 수 있는 것을 고르십시오.

　① 의도일 성싶다　　　　　　　② 의도일 리가 없다
　③ 의도일 턱이 없다　　　　　　④ 의도임에 틀림없다

‑ㄴ/는댔자

의미 앞 문장을 인정한다고 해도 결과가 기대에 못 미치거나 별것이 아님을 나타낸다.

- 가 : 저 식당 음식이 그렇게 맛이 있대요. 우리도 먹으러 갈까요?
  나 : 음식이 맛있**댔자** 얼마나 맛있겠어요? 그냥 다른 거 먹으러 가요.

예문

(1) 탕훙 씨가 돈이 많**댔자** 얼마나 많겠어요?

(2) 지금 택시를 **탄댔자** 수업 시작 전에 도착할 수 있겠어요?

(3) 구두쇠인 명수 씨가 쇼핑을 **했댔자** 돈이 아까워서 얼마 못 샀을 거예요.

(4) 가 : 하나 씨, 어제 내가 읽으라고 한 책 다 읽었어요?
  나 : 아니요, 선생님, 아무리 빨리 읽**는댔자** 하루는 걸릴 거예요.

(5) 가 : 우와, 자야 씨가 드디어 사장님이 되었다면서요? 축하해요.
  나 : 축하는요. 사장**이랬자** 조그만 가게 사장인걸요.

1 ‘‑ㄴ/는댔자’는 ‘‑ㄴ/는다고 했자’의 줄임말이다.

  예 날씨가 **춥댔자** 얼마나 춥겠어요?
    = 날씨가 **춥다고 했자** 얼마나 춥겠어요?

2 ‘‑ㄴ/는댔자’는 ‘‑ㄴ/는다고 해도’, ‘‑아/어 봤자’, ‘‑ㄴ/는다 한들’ 등과 바꿔 사용할 수 있다.

  예 이제 와서 **서두른댔자** 이미 늦었다.
    = 이제 와서 **서두른다고 해도** 이미 늦었다.
    = 이제 와서 **서둘러 봤자** 이미 늦었다.
    = 이제 와서 **서두른다 한들** 이미 늦었다.

3 ‘‑ㄴ/는댔자’는 앞 문장에 ‘아무리’를, 문장의 뒤에 주로 ‘부정적인 내용’이나 ‘반어적 의문문’을 함께 사용한다.

  예 아이가 **아무리** 많이 먹는댔자 **얼마나 먹겠어요?**
    보석이 **아무리** 비싸댔자 사람의 목숨만큼 **비싸겠는가?**
    아이가 **아무리** 똑똑하댔자 어른들도 못 푸는 문제는 **풀 수 없다.**

☞ '-ㄴ/는댔자'는 상대방을 무시하거나 깔보는 어감을 나타내기도 한다.

[예] 민호가 아무리 열심히 공부**한댔자** 나를 이길 수는 없다.

자야 씨가 아무리 한국어를 잘**한댔자** 한국에서 살다 온 탕홍 씨만 하겠어요?

※ 다음 보기 와 같이 '-ㄴ/는댔자'를 사용하여 대화를 완성하십시오.

보기

가 : 왕홍 씨, 며칠 후면 시험인데 공부 안 해요?

나 : 시험이 얼마 남지도 않았는데 지금부터 <u>공부한댔자</u> 얼마나 할 수 있겠어요?

가 : 제가 도와줄 테니까 노력해 보세요. 열심히 공부한 만큼 성적이 나올 거예요.

(1) 가 : 하나 씨, 이번에 개봉하는 영화는 소설을 영화로 만든 거래요. 우리도 한번 보러 갈까요?

　　나 : 글쎄요. 이런 영화들은 대부분 원작만 못하더라고요. 아무리 영화 속 배우의 연기나 영

　　　　상이 ＿＿＿＿＿＿＿＿ 원작이 주는 감동만하겠어요?

(2) 가 : 히로미 씨, 왜 저녁을 굶고 그래요? 또 다이어트 시작한 거예요?

　　나 : 네, 다음 주에 중요한 면접이 있거든요. 요즘은 면접에서 외모도 본다기에 무작정 저

　　　　녁을 굶으면서 다이어트를 하고 있어요.

　　가 : 굶어서 살이 ＿＿＿＿＿＿＿＿ 그 순간은 날씬해지겠지만 며칠 뒤엔 다시 살이 찌게

　　　　될 거예요.

(3) 가 : 요즘 지하철이나 길거리에서 폐지를 주워서 파시는 노인들이 부쩍 많아졌는데, 폐지

　　　　의 가격이 계속 떨어지고 있어서 노인들의 생활도 그만큼 더 어려워질 거래요.

　　나 : 정말 너무하네요. 노인들이 힘들게 주워 모은 폐지가 ＿＿＿＿＿＿＿＿ 얼마나 비싸

　　　　겠어요? 하루를 꼬박 모아도 2만 원 정도밖에 안 된다던데 정말 안타깝네요.

(4) 가 : 요즘 불을 켠 채로 잠이 들었더니 아침에 일어나도 피곤하고, 상쾌하지가 않아요.

　　나 : 저도 야근하고 난 뒤 잠을 자고 일어나면 상쾌하지 않더라고요.

　　가 : 맞아요. 햇빛이 들어오다 보니 커튼으로 햇빛을 ＿＿＿＿＿＿＿＿ 깊이 잠들 수 없

　　　　는 것 같아요. 푹 자려면 주위를 어둡게 해야 할 것 같아요.

(5) 가 : 요즘 물가가 많이 올라서 그런지 살기가 참 힘드네요.

　　나 : 맞아요. 요즘 시장에 가보면 물가가 얼마나 올랐는지 고기값은 물론이고, 채소 값도 턱

　　　　없이 비싸서 도대체 뭘 사야할지 모르겠더라고요. 계속 이렇게 물가가 치솟는다면 회

　　　　사에서 아무리 월급을 ＿＿＿＿＿＿＿＿ 형편이 나아지진 않을 거예요.

–(으)리라

의미

① 말하는 사람의 추측을 나타낼 때 사용한다.

- 가 : 히로미 씨, 기다리게 해서 미안해요. 차가 막히는 바람에 늦었어요.
  나 : 괜찮아요. 안 그래도 퇴근 시간이라서 좀 늦**으리라** 생각했어요.

② 말하는 사람의 의지를 나타낼 때 사용한다.

- 가 : 새해 아침에 일출을 보면서 무슨 다짐을 했어요?
  나 : 올해에는 무슨 일이 있어도 기필코 담배를 끊**으리라** 다짐했어요.

예문

(1) 사진을 보니 죽기 전에 반드시 가보**리라** 다짐했던 아프리카가 떠올랐다.

(2) 친구와 헤어지게 되면 그저 서운하**리라** 생각했는데 이렇게 울**리라**고는 생각도 못했다.

(3) 일이 힘들어 지칠 때에는 휴가만 받으면 당장 여행을 떠나**리라** 다짐하며 이겨내곤 했다.

(4) 가 : 한국에 머무는 동안 어디를 여행할 거예요?

　　나 : 언젠가 한국에 오면 꼭 가보**리라** 생각했던 제주도에 가려고 해요.

(5) 가 : 명수 씨, 왜 그렇게 잠을 설치고 그래요?

　　나 : 한국에 가면 만나보**리라** 다짐했던 그녀를 내일 드디어 만난다고 생각하니 설레서 잠을
　　　　 잘 수가 있어야죠.

1 '–(으)리라'는 '–겠다고', '–(으)ㄹ 것이라고'와 바꿔 사용할 수 있다.

예 퇴근 시간이라서 좀 늦**으리라** 생각했다.

　　= 퇴근 시간이라서 좀 늦**겠다고** 생각했다.

　　= 퇴근 시간이라서 좀 늦**을 것이라고** 생각했다.

예 올해에는 무슨 일이 있어도 기필코 담배를 끊**으리라고** 다짐했어요.

　　= 올해에는 무슨 일이 있어도 기필코 담배를 끊**겠다고** 다짐했어요.

　　= 올해에는 무슨 일이 있어도 기필코 담배를 끊**을 것이라고** 다짐했어요.

☞ ‘-(으)리라’는 ①의 의미일 때 문장의 뒤에 ‘생각하다, 예상하다, 기대하다’ 등의 단어와 주
로 사용한다.

예 운동을 꾸준히 하면 건강이 좋아지리라 **기대해 본다.**

내년에는 수출의 증가로 경제가 회복되리라 **예상한다.**

책에서 봤던 그 곳에 언젠가는 꼭 가 볼 수 있으리라 **생각했다.**

☞ ‘-(으)리라’는 ②의 의미일 때 문장의 뒤에 ‘다짐하다, 약속하다, 맹세하다’ 등의 단어와 주
로 사용한다.

예 내일은 반드시 지각하지 않으리라 **다짐했다.**

죽을 때까지 당신을 사랑하리라 **맹세하겠소.**

새해에는 금연에 성공하리라 나 자신과 **약속했다.**

※ 다음 보기 와 같이 '−(으)리라'를 사용하여 대화를 완성하십시오.

보기

> 가 : 왕홍 씨, 얼굴이 안 좋아 보여요. 어디 아파요?
> 나 : 요즘 저녁을 굶었더니 힘이 없어서 그래요. 새해가 되면서 다이어트를 해 보리라 결심했거든요.
> 가 : 다이어트도 좋지만 건강을 먼저 생각하세요. 그러다 큰일 나겠어요.

(1) 가 : 김 박사님은 올해 물가가 어떨 것이라고 예상하십니까?

　　나 : 며칠 후면 설날인데요. 설을 맞아 과일 값과 고기 값이 크게 오르면서 전반적으로 물가가 ＿＿＿＿＿＿＿＿＿＿ 예상됩니다.

(2) 가 : 제시카 씨, 이번 방학에 어디로 여행할 계획이에요?

　　나 : 혹시 영화 '맘마미아' 본 적 있어요? 그 영화에 나오는 그 파란 섬에 한번 가보고 싶어요. 영화를 볼 때 섬이 너무 아름다워서 시간이 되면 언젠가는 꼭 ＿＿＿＿＿＿＿＿ ＿＿＿＿＿ 생각했거든요.

(3) 가 : 명수 씨, 정부가 택시 기사들의 임금을 보호하기 위해 내년부터 택시 요금을 단계적으로 인상하고, 추가 요금이 붙는 시간도 기존보다 늘리기로 했대요.

　　나 : 그래요? 그러면 택시 기사들의 불만은 해결되겠지만 택시를 이용하는 승객들의 불만은 ＿＿＿＿＿＿＿＿＿＿ 예상되는데요.

(4) 가 : 김여나 씨, 이번에 캐나다에서 열린 선수권대회에서 발목 부상을 당했는데 좀 괜찮아지셨습니까?

　　나 : 다행히 크지 않은 부상이라 치료만 잘하면 별 이상 없이 회복될 수 있을 것 같습니다. 이참에 좀 쉬면서 3달 뒤에 있을 대회를 준비한다면 더 좋은 성적을 낼 수 ＿＿＿＿＿ ＿＿＿＿＿＿ 생각됩니다.

(5) 가 : 요즘 신생아나 영유아의 남녀 비율을 보면 남자 아이가 여자 아이보다 월등히 높음을 알 수 있는데요, 이런 남녀 성비의 불균형이 갈수록 심화되고 있어 문제입니다.

　　나 : 네, 지금 초등학교에만 가 봐도 남자 아이들이 많아서 남녀가 짝이 되는 활동을 제대로 할 수 없다고 합니다. 이런 성비 불균형은 나중에 결혼에도 지장을 줄 수 있어 사회적인 문제가 ＿＿＿＿＿＿＿＿＿＿ 예상됩니다.

–아/어서인지

의미 뒤 문장에 나타난 일의 원인이나 이유를 불확실하게 추측할 때 사용한다.

- 가 : 오늘이 주말도 아닌데 공원에 사람이 많네요.
  나 : 날씨가 좋**아서인지** 산책을 하러 나온 사람이 많은 것 같아요.

예문 (1) 그는 시험에 떨어**져서인지** 기운이 없어 보였다.

(2) 교실이 답답**해서인지** 많은 학생들이 밖으로 나와 있었다.

(3) 물가가 올**라서인지** 만 원으로 살 수 있는 게 별로 없었다.

(4) 가 : 명수 씨, 요즘 일하시는 할아버지, 할머니들이 많아졌어요.

　　나 : 맞아요. 살기가 힘들**어서인지** 할아버지, 할머니까지도 돈을 벌러 나오시는 것 같아요.

(5) 가 : 안과에 갔었는데 대기 환자가 많아서 한 시간이나 기다려야 했어요.

　　나 : 요즘이 환절기**여서인지** 눈병에 걸린 환자가 많은가 봐요.

① '–아/어서인지'는 '–아/어서 그런지', '–아/어서 그런가', '–기 때문인지'와 바꿔 사용할 수 있다.

　예 구두 굽이 **높아서인지** 조금만 걸어도 다리가 아팠다.
　　= 구두 굽이 **높아서 그런지** 조금만 걸어도 다리가 아팠다.
　　= 구두 굽이 **높아서 그런가** 조금만 걸어도 다리가 아팠다.
　　= 구두 굽이 **높기 때문인지** 조금만 걸어도 다리가 아팠다.

　☞ '–아/어서인지'는 '–아/어서'와 다르게 '이유에 대한 불확실한 추측'을 나타낸다.

　예 비가 **와서** 공원에 사람이 거의 없었다. (확실한 이유)
　　비가 **와서인지** 공원에 사람이 거의 없었다. (이유에 대한 불확실한 추측)

② '–아/어서인지'는 앞 문장에 과거, 미래를 사용할 수 없다.

　예 아이는 배가 **고파서인지** 갑자기 울기 시작했다. (○)
　　아이는 배가 **고팠어서인지** 갑자기 울기 시작했다. (×)
　　아이는 배가 **고플 것이어서인지** 갑자기 울기 시작했다. (×)

③ '–아/어서인지'는 문장의 뒤에 명령, 청유와 함께 사용할 수 없다.

　예 피곤해서인지 빨리 **퇴근하거라**. (×)
　　음식이 싱거워서인지 소금 좀 **주세요**. (×)

연습문제   e x e r c i s e

※ 다음 보기 와 같이 '–아/어서인지'를 사용하여 대화를 완성하십시오.

> 보기
>
> 가 : 방학 동안 집에만 <u>있어서인지</u> 살이 찐 것 같아요.
>
> 나 : 저도 그래요. 이제 날씨도 좀 풀렸으니 운동을 시작해 보는 게 어때요?

(1) 가 : 아침부터 백화점 특별 할인 행사에 간다더니 잘 다녀왔어요? 복잡하지는 않았어요?

    나 : 네, 저도 복잡할 것 같아서 서둘러 갔는데 의외로 사람이 많이 없더라고요. 요즘 경기
가 ________________ 사람들이 소비를 많이 줄인 것 같아요.

(2) 가 : 요즘 컴퓨터로 자주 ________________ 눈이 자주 아파요. 사무실에만 있으면 눈이
따끔거려서 눈물도 자주 나는 것 같고요.

    나 : 컴퓨터로 작업을 자주 하는 직장인에게는 누구나 그런 증상이 잘 나타난대요. 그럴 때
는 눈을 잠시 쉬게 하는 게 도움이 될 거예요.

(3) 가 : 민호 씨, 아침에 뭘 먹었길래 배가 아픈 거예요?

    나 : 아침에 우유를 ________________ 계속 화장실에 가고 싶네요. 다른 사람들은 아무
리 마셔도 괜찮던데 왜 저만 이렇죠?

    가 : 몸속에 우유에 있는 단백질을 분해하는 성분이 많이 없으면 그럴 수도 있대요. 우유를
마실 때 조금 따뜻하게 데워 드시면 괜찮을 거예요.

(4) 가 : 저는 쇼핑할 때 인터넷을 자주 이용하는 편인데 참 편리하더라고요. 하나 씨는 주로 어
떻게 쇼핑을 하세요?

    나 : 저는 인터넷 쇼핑이 오히려 불편하던데요. 컴퓨터 화면으로 보는 거랑 실제가 다르기
도 하고, 신발이나 옷 같은 경우는 사이즈가 맞지 않은 경우도 많거든요. 이런 점이 ___
________________ 저는 인터넷 쇼핑을 꺼리게 되더라고요.

(5) 가 : 한 연구 결과를 보니 한국인의 기대 수명이 점점 더 증가하고 있다는데요. 이에 대한
우려의 목소리도 있던데 자세한 설명 좀 부탁드립니다.

    나 : 기대 수명이 연장되는 것은 좋은 일이지만 반면에 그로 인해 증가하는 노인 문제나 자
녀들의 경제적 부담 등이 문제가 되고 있는 것입니다. 하지만 정부가 그에 대한 마땅
한 대책을 ________________ 국민들의 우려가 점점 커지고 있는 것이죠.

–(으)ㄹ지니

의미

앞 문장이 '당연히 그럴 것이다'라는 의미로 뒤 문장의 원인, 근거가 됨을 나타낸다.

- 가 : 이번에도 면접시험에 떨어졌어요. 저는 아무리 노력해도 안 되나 봐요.

  나 : 열심히 노력하다 보면 또 기회가 있**을지니** 포기하지 말고 힘내세요.

예문

(1) 내일은 내일의 해가 **뜰지니** 결코 좌절하지 말자.

(2) 공부도, 결혼도 다 때가 있**을지니** 그 때를 놓치지 말아야 한다.

(3) 죄를 지으면 벌을 받는 것이 마땅**할지니** 대통령이라도 피할 순 없다.

(4) 가 : 민호 씨가 제 발을 밟고는 사과하지도 않고 가 버렸어요.

   나 : 민호가 모르고 한 실수**였을지니** 크게 마음에 담아 두지 말거라.

(5) 가 : 어제 면접을 봤는데 결과가 어떨지 걱정이에요. 이번에는 꼭 붙었으면 좋겠어요.

   나 : 원하면 원하는 대로 이루어**질지니** 희망을 가지고 기다려 보세요.

1 '–(으)ㄹ지니'는 '–(으)ㄹ 것이니'와 바꿔 사용할 수 있다.

   예 시간이 지나면 **해결될지니** 걱정하지 마세요.

   = 시간이 지나면 **해결될 것이니** 걱정하지 마세요.

2 '–(으)ㄹ지니'는 그 의미를 강조하기 위해 앞 문장에 '마땅히, 반드시'를 함께 사용한다.

   예 그는 **반드시** 올지니 조금만 더 기다려보자.

   내일은 내일의 태양이 **마땅히** 솟을지니 좌절하지 마라.

3 '–(으)ㄹ지니'는 예스러운 표현으로 문장의 뒤에 주로 명령, 청유 또는 추측의 '–(으)리라'
와 함께 사용한다.

   예 힘든 일이 있으면 좋은 일도 있을지니 희망을 **가집시다**.

   부모님께 효도하는 것이 자식의 도리일지니 부모님이 걱정하실 일을 **하지 마라**.

   그가 한 말은 아마도 거짓말이었을지니 다시 확인할 필요가 **없으리라** 본다.

※ 다음 보기 와 같이 '–(으)ㄹ지니'를 사용하여 대화를 완성하십시오.

> 보기
>
> 가 : 할아버지, 새해를 맞아 덕담 한 말씀 해 주세요.
> 나 : 부모는 자식에게 존경받는 것이 <u>당연할지니</u> 항상 바르게 행동하고, 자식은 부모
>   에게 효도하는 것이 <u>당연할지니</u> 항상 부모를 사랑하고 존경하거라.

(1) 가 : 올해 대학생들이 가장 닮고 싶은 인물 1위에 뽑히셨는데, 대학생들에게 해 주고 싶은
        말씀이 있으신지요?

  나 : '누구에게나 자기만이 잘할 수 있는 것이 ＿＿＿＿＿＿＿ 자신감을 갖고 포기하지
      말라'고 말해 주고 싶군요.

(2) 가 : 스티브 씨, 어제 제가 그토록 들어가고 싶었던 회사에 면접을 보러 갔었거든요. 오전
        중에 연락이 오기로 했는데 아직 안 오는 걸 보면 떨어진 게 분명해요.

  나 : 내일은 내일의 해가 ＿＿＿＿＿＿＿ 실망하지 말고 힘을 내세요. 열심히 하다 보면
      언젠가는 좋은 기회가 있을 거예요.

(3) 가 : 엄마, 사실은 오늘 명수랑 크게 싸웠어요. 명수가 화가 나서 나에게 해서는 안 될 말을
        했거든요. 실수였다고, 용서해 달라고 사과를 하는데도 저는 마음이 풀리지 않아요.

  나 : 명수가 본심으로 한 ＿＿＿＿＿＿＿ 너무 마음에 담아 두지 마렴. 그리고 진심으로
      사과를 하니 받아주는게 어떨까?

(4) 가 : 이번에 담배 값이 또 오른다고 하네요. 담배 값이 인상된 지 몇 년 안 된 거 같은데 또
        인상을 하면 도대체 어떡하라는 건지….

  나 : 담배가 비싸지면 경제적으로 ＿＿＿＿＿＿＿ 자연스럽게 흡연율 또한 줄어들 것으
      로 예상되는데요. 비록 부담이 되기는 하지만 흡연율을 낮추는 데에 도움이 되리라 생
      각해요.

(5) 가 : 지희 씨, 늦게나마 대학에 입학한 거 축하해요. 그런데 어떻게 대학갈 생각을 했어요?

  나 : 저는 학교에 다닐 때 공부도 때가 있다는 걸 가르쳐 주는 사람이 없었어요. 그래서 친
      구들 대학 갈 때 저는 일을 해야 했죠. 그런데 막상 일을 해 보니 대학을 나와야 더 많
      은 기회를 얻게 된다는 걸 알게 되었어요. 공부도 때가 ＿＿＿＿＿＿ 학생 때 열심
      히 해야 한다는 걸 깨닫게 되었죠.

–(으)ㄴ/는 까닭에

의미 앞 문장의 이유와 원인이 뒤 문장에 나타난 일의 결과에 영향을 미칠 때 사용한다.

- 가 : 현우 씨, 엊그제 회사 앞 자동차 공장에서 큰 화재사고가 났었대요!
  나 : 네, 저도 들었어요. 다행히 신년 연휴**였던 까닭에** 인명피해는 없었대요.

예문 (1) 그 배우는 뛰어난 연기를 보여 **준 까닭에** 관객의 사랑을 한몸에 받았다.

(2) 새로 들어온 신입 사원은 실수를 많이 **한 까닭에** 부장님의 눈 밖에 났대요.

(3) 기업 간의 마찰이 양국의 우호 관계에까지 영향을 미**친 까닭에** 양국 정부는 서둘러 사태를 진정시켰다.

(4) 가 : 탕홍 씨, 회사의 재정 마련에 관한 안건은 잘 마무리 되었대요?
  나 : 아니요, 부서마다 서로의 주장만 내세**운 까닭에** 아직도 결론이 나지 않았대요.

(5) 가 : 하나 씨, 시골 생활이 좋은가 봐요. 도시에 있을 때보다 얼굴이 더 좋아 보이네요.
  나 : 그렇죠? 생각 이상으로 공기도 좋고, 물도 맑**은 까닭에** 건강이 좋아진 것 같아요.

1 '–(으)ㄴ/는 까닭에'는 '–기 때문에', '–기에', '–(으)므로', '–(으)ㄴ/는지라', '–(으)므로 인하여', '–(으)ㅁ으로 말미암아' 등과 바꿔 사용할 수 있다.

예 새로 들어온 신입 사원은 실수를 많이 **한 까닭에** 부장님의 눈 밖에 났다.
= 새로 들어온 신입 사원은 실수를 많이 **했기 때문에** 부장님의 눈 밖에 났다.
= 새로 들어온 신입 사원은 실수를 많이 **했기에** 부장님의 눈 밖에 났다.
= 새로 들어온 신입 사원은 실수를 많이 **했으므로** 부장님의 눈 밖에 났다.
= 새로 들어온 신입 사원은 실수를 많이 **했는지라** 부장님의 눈 밖에 났다.
= 새로 들어온 신입 사원은 실수를 많이 **했음으로 인하여** 부장님의 눈 밖에 났다.
= 새로 들어온 신입 사원은 실수를 많이 **했음으로 말미암아** 부장님의 눈 밖에 났다.

☞ '–(으)ㄴ/는 까닭에'는 예스러운 표현으로 주로 문어체, 격식체에서 사용하며 긍정문과 부정문에서 모두 사용할 수 있다.

2 '–(으)ㄴ/는 까닭에'의 '까닭'은 '일이 나타나게 된 원인이나 조건'의 뜻을 가진 명사로도 사용된다.

예 그 사람은 일이 잘 안 풀리면 **까닭** 없이 주위 사람들에게 화를 내곤 했다.
= 그 사람은 일이 잘 안 풀리면 **이유** 없이 주위 사람들에게 화를 내곤 했다.

※ 다음 보기 와 같이 '-(으)ㄴ/는 까닭에'를 사용하여 대화를 완성하십시오.

> 보기
>
> 가 : 제시카 씨가 최근에 시청 옆에 있는 5층짜리 건물을 구입했다면서요?
>
> 나 : 네, 그런데 건물이 조금 <u>노후된 까닭에</u> 시세보다 싸게 구입할 수 있었대요.

(1) 가 : 수영 씨, 명수 씨가 하루 종일 풀이 죽어 있네요. 혹시 무슨 일이 생긴 게 아닐까요?

　　나 : 그러게요. 제 생각엔 건축 공모전에서 ______________ 마음이 상한 것 같아요. 이번 만큼은 꼭 입상할 수 있으리라 기대하고 있었잖아요.

(2) 가 : 하나 씨, 이 사진에 있는 사람이 정말 하나 씨가 맞아요? 정말 믿기지 않네요!

　　나 : 정말 저예요! 원래는 날씬한 몸매였는데, 몇 년 동안 일이 바쁘다는 핑계로 인스턴트 음식만 ______________ 이렇게 체중이 늘고 말았어요.

(3) 가 : 민호 씨, 오늘 우리 부서에서 인기투표를 하잖아요. 민호 씨 생각엔 누가 1등을 할 것 같아요?

　　나 : 글쎄요. 명수 씨는 활발하고 적극적인 ______________ 남녀노소를 가리지 않고 모든 사람들과 잘 어울리잖아요. 그러니 1등은 당연히 명수 씨가 차지하지 않겠어요?

(4) 가 : 어제 신문에서 읽었는데, 화장품 샘플 판매 금지법이 실행되고 있음에도 불구하고 여전히 샘플 판매가 공공연하게 이루어지고 있대요.

　　나 : 맞아요. 요즘 화장품 값이 ______________ 저렴하게 판매되는 샘플을 찾는 소비자가 많아서 그렇다네요.

(5) 가 : 자야 씨, 이번 추석에 '아이돌 가수 특집 수영 대회'라는 프로그램을 봤어요? 신문마다 온통 슈퍼아이돌의 서동 씨가 모든 경기에서 일등을 했다는 기사밖에 없네요.

　　나 : 서동 씨가 원래 수영선수였잖아요. ______________ 다른 가수보다 월등히 잘할 수밖에 없었던 거고요.

–(으)로 하여금

의미 어떤 대상에게 무엇을 하도록 하는 것을 나타낸다.

- 가 : 김 작가님, 이번에 쓰신 작품에 대해서 소개를 해 주시겠습니까?
  나 : 네, 이번 작품은 청소년들**로 하여금** 자신이 진정으로 이루고 싶은 꿈을 찾을 수
  있도록 희망의 메시지를 담고자 했습니다.

예문 (1) 감독님께서는 선수들**로 하여금** 빠짐없이 모두 동계 훈련에 참여시키셨다.

(2) 산업 사회의 여러 부정적인 면은 우리**로 하여금** 진정한 행복의 의미를 다시 한번 생각하게
한다.

(3) 러시아의 한 유명 소설가는 '습관은 인간**으로 하여금** 어떤 일이든지 하게 만든다.'라는 말을
남겼다.

(4) 가 : 요즘 컴퓨터를 자주 사용하다보니 눈이 빨리 피곤해지네요.
  나 : 그럼 조그만 화분이라도 책상 위에 두는 게 어때요? 녹색은 보는 사람**으로 하여금** 편안
  함을 준다고 하잖아요.

(5) 가 : 주말에는 항상 집에서 잠만 잤는데 이번 주부터는 여가 생활을 즐기며 의미있게 시간을
  보내야겠어요.
  나 : 당연하죠. 여가생활은 업무에 지친 현대인들**로 하여금** 몸과 마음을 재충전할 수 있도
  록 도와주니까요.

1 '–(으)로 하여금'은 '–이/가', '–에게'로 바꿔 사용할 수 있다.

  예 이 작품은 청소년들**로 하여금** 진정으로 이루고 싶은 꿈을 찾도록 도와 줄 것이다.
  = 이 작품은 청소년들**이** 진정으로 이루고 싶은 꿈을 찾도록 도와 줄 것이다.

  이번 농촌 체험 캠프는 도시 아이들**로 하여금** 자연을 만끽할 수 있게 해 줄 것이다.
  = 이번 농촌 체험 캠프는 도시 아이들**에게** 자연을 만끽할 수 있게 해 줄 것이다.

2 '–(으)로 하여금'은 '–(으)로 하여금 ～ –게 하다', '–(으)로 하여금 ～ –게끔 하다', '–(으)
로 하여금 ～ –도록 하다'의 형태로 자주 사용한다.

  예 부모님의 격려가 나**로 하여금** 시험에 최선을 다할 수 있**게 했다.**
  이곳의 내부 장식은 보는 이**로 하여금** 자연의 편안함을 느낄 수 있**도록 해 줍니다.**

※ 다음 보기 와 같이 '–(으)로 하여금'을 사용하여 대화를 완성하십시오.

> 보기
> 가 : 히로미 씨, 어떤 책이 한국어능력시험을 준비하는 데 도움이 될까요? 좋은 문법
> 책 한 권만 추천해 주시겠어요?
> 나 : '토픽문법'이라는 책을 사 보세요. 그 책은 설명도 아주 쉽고 정확해서 한국어
> 학습자들로 하여금 많은 호응을 얻고 있대요.

(1) 가 : 수영 씨, 어떤 대통령이 존경할 만한 대통령이라 할 수 있을까요?

　　나 : 아무래도 ＿＿＿＿＿＿＿＿＿ 편안한 생활을 누릴 수 있도록 하는 대통령이 아닐까요?
　　　　국민들의 삶을 돌아보고 챙기는 대통령이 존경할 가치가 있다고 봐요.

(2) 가 : 왕홍 씨, 과학 기술의 발전은 인간의 수고를 덜어 준 것은 사실이지만 ＿＿＿＿＿＿
　　　　＿＿＿＿＿＿ 과학 기술을 맹신하게끔 만들기에 많은 부작용도 가져오리라 봐요.

　　나 : 맞아요. 그렇기 때문에 저는 과학 기술을 맹목적으로 믿기만 해서는 안 된다고 봐요.

(3) 가 : 하나가 오늘 또 명수 선배를 만나고서는 울더라. 명수 선배와 이야기를 한 사람들은 모
　　　　두 힘들어 하는 것 같아.

　　나 : 명수 선배는 충고를 할 때 너무 직설적이어서 ＿＿＿＿＿＿＿＿＿ 감정을 상하게 할
　　　　때가 많은 것 같아.

(4) 가 : 감사합니다. 교수님의 강의 내용은 ＿＿＿＿＿＿＿＿＿ 많은 것을 깨닫게 했습니다.
　　　　교수님의 말씀대로 남과 나를 비교하지 않고 주변의 작은 것에서부터 행복을 찾는 사
　　　　람이 되겠습니다.

　　나 : 제 이야기로 인해 많은 것을 깨달았다니 오히려 제가 더 감사할 따름입니다.

(5) 가 : 수영아, 너 어제 '엄마와 함께하는 1박2일'이라는 프로그램을 봤니? 엄마와 아이가 단
　　　　둘이 여행을 가면서 겪는 이야기들을 보여 주는 내용이었는데, 재미있기도 했지만 꾸
　　　　밈없이 있는 그대로의 모습을 보여줘서 더 좋았던 것 같아.

　　나 : 맞아. 원래 무엇이든지 각색하지 않은 사실 그대로의 이야기가 ＿＿＿＿＿＿＿＿＿
　　　　더 생생한 감동을 받게 하는 법이잖아.

–자면

의미

① 앞 문장에 무엇을 의도하거나 앞으로의 상황을 가정하고, 뒤 문장에는 이를 실현하기 위한 조건이나 행동을 나타낸다.

- 가 : 지희야, 요즘 아르바이트하느라 고생이 많다면서?
  나 : 요즘 같은 시대에 비싼 학비를 마련하**자면** 이 정도의 고생은 당연히 해야지.

② 누군가가 무엇을 제안하거나 권유를 하는 경우를 가정할 때 사용한다.

- 가 : 하나야, 우리 뭘 먹는 게 좋을까? 이 음식은 어때?
  나 : 네가 먹**자면** 난 뭐든지 다 괜찮으니까 네 마음대로 주문해도 좋아.

예문

(1) 정부가 출산율을 늘리**자면** 출산 장려법의 개정부터 시행해야 한다.
(2) 네가 이번 방학 때 배낭여행을 가**자면** 난 함께 가 볼 생각이야.
(3) 문제를 해결하**자면** 팀원 중 누구도 빠짐없이 적극적인 노력을 기울여야 한다.
(4) 가 : 현우야, 발표 준비를 이번 주까지 끝내**자면** 지금부터 서둘러야 해.

   나 : 응. 알았어. 그럼 먼저 도서관에 가서 발표 내용과 관련된 자료부터 찾아보자.
(5) 가 : 여보, 아이가 많을수록 경제적 부담도 늘어날 게 뻔하니 둘째 아이를 가지는 것에 대해
       다시 한번 생각해 보는 게 어떨까요?

   나 : 그래요, 당신이 그러**자면** 저도 당신 생각에 따를게요.

1 '–자면'이 ①의 의미일 때 '–(으)려면'과 바꿔 사용할 수 있다.

  예 발표 준비를 이번 주까지 모두 **끝내자면** 지금부터 서둘러야 한다.
    = 발표 준비를 이번 주까지 모두 **끝내려면** 지금부터 서둘러야 한다.

2 '–자면'이 ①의 의미일 때 주로 문어체, 격식체에서 명령이나 당위의 '–아/어야 하다'와 함께 사용한다.

  예 발표 준비를 이번 주까지 모두 끝내자면 지금부터 서두르**십시오**.
    문제를 해결하자면 팀원 중 한 사람도 빠짐없이 적극적인 노력을 기울**여야 한다**.

3 '–자면'이 ②의 의미일 때 '–자고 하면'의 줄임말이다.

  예 여행을 가고 싶은 마음은 없지만 네가 같이 가**자면** 다시 생각해 볼 의향은 있어.
    = 여행을 가고 싶은 마음은 없지만 네가 같이 가**자고 하면** 다시 생각해 볼 의향은 있어.

☞ 앞 문장에 명령을 가정하는 경우에는 '–라고 하면'의 줄임말로 '–라면'을 사용한다.

예 부장님이 제품을 재차 검사하**라고 하면** 다시 해야지요.
= 부장님이 제품을 재차 검사하**라면** 다시 해야지요.

④ '–자면'은 부정 표현의 사용에서 다음과 같은 제약이 있다.

	안	–지 않다	못	–지 못하다	–지 말다
①	○	○	×	×	×
②	×	×	×	×	○

예 ① : 지각을 **안 하자면** 일찍 일어나는 습관을 길러야 한다. (○)
지각을 **하지 않자면** 일찍 일어나는 습관을 길러야 한다. (○)
지각을 **못 하자면** 일찍 일어나는 습관을 길러야 한다. (×)

② : 명수가 그 일을 **하지 말자면** 그렇게 하도록 해. (○)
명수가 그 일을 **안 하자면** 그렇게 하도록 해. (×)
명수가 그 일을 **하지 않자면** 그렇게 하도록 해. (×)

※ 다음 보기 와 같이 '–자면'을 사용하여 대화를 완성하십시오.

> 보기
>
> 가 : 내년부터 정부가 사회적 약자를 위한 복지 분야의 예산을 대폭 늘리기로 했대요!
>
> 나 : 그런데 복지 분야의 예산을 늘리자면 다른 분야의 예산을 줄여야 하니 말처럼 쉽게 시행될 리가 없을 거예요.

(1) 가 : 하나야, 사람들도 아직 다 안 모였는데, 우리 10분만 더 기다렸다가 시작하는 게 어때?

　　나 : 이미 발등에 불이 떨어졌는데 무슨 소리야! 오늘까지 발표 준비를 ______________ 지금부터 서두르지 않으면 안 돼.

(2) 가 : 자야 씨, 우리 이 영화를 보는 게 어때요? 멜로 영화를 안 본지도 오래되었고, 영화의 시사회 평점도 높은 편이니 나쁘지 않을 것 같네요.

　　나 : 그래요. 좋아요. 자야 씨가 ______________ 전 무슨 영화든지 상관없어요.

(3) 가 : 노조가 평화적으로 ______________ 먼저 끊임없는 대화를 통해 서로 간의 입장의 차이를 줄여나가는 것이 필요하다고 봅니다.

　　나 : 네, 맞습니다. 무엇보다도 서로의 입장을 바꿔서 생각해 보는 것이 협상에서는 중요하지요.

(4) 가 : 우리 회사가 경쟁 업체와의 경쟁에서 ______________ 아무리 힘든 일이 많더라도 신상품 개발을 포기해서는 안 되겠죠?

　　나 : 모든 부서마다 사원들이 야근까지 하며 상품 개발에 몰두하고 있으니 좋은 결과가 있을 겁니다.

(5) 가 : 명수 씨, 외국 생활이 이렇게나 힘든 것인지 예전에는 꿈에도 몰랐어요. 아는 사람도 없고, 말도 안 통해서 스트레스를 많이 받네요.

　　나 : 낯선 환경에서 적응하느라 고생이 많아요. 제 생각엔 스트레스를 ______________ 먼저 자기가 처한 상황을 긍정적인 시선으로 바라보는 것이 중요한 것 같아요.

–(으)로 미루어

의미　앞 문장에서 이미 알려진 내용을 바탕으로 뒤 문장의 사실을 짐작하거나 추측할 때 사용한다.

- 가 : 이 형사, 이번 화재의 원인은 무엇 때문인가?
  나 : 네, 천장 환풍기 쪽에서 연기가 나고 있었다는 목격자들의 진술**로 미루어** 환풍기의 과열로 인해 불이 난 것 같습니다.

예문
(1) 편지의 내용**으로 미루어** 보건대 그녀는 아마도 잘 지내고 있는 것 같아요.
(2) 왕홍 씨의 성격**으로 미루어** 보면 이렇게 힘든 일은 아예 시작도 하지 않을 거예요.
(3) 현재 상황**으로 미루어** 짐작하건대 앞으로 몇 년 안에 지구 빙하의 절반이 녹아 없어질 것이다.
(4) 가 : 명수 씨, 회사에서 왜 중국에 대해 문외한인 저를 현지 답사를 보내려는지 정말 이해가 안 돼요.
　　나 : 그러게요, 제 경험**으로 미루어** 봐도 조금이라도 현지 사정에 밝은 사람이 가는 것이 훨씬 좋을 것 같은데요.
(5) 가 : 하나 씨, 오늘 아침에 기숙사 앞에 세워 놓은 제 자전거를 명수 씨가 말도 없이 타고 간 것 같아요.
　　나 : 설마요. 명수 씨의 평소 행동**으로 미루어** 보면 절대로 그런 일을 저지를 사람이 아니에요.

1 '–(으)로 미루어' 뒤에는 주로 동사 '보다', '짐작하다', '추측하다', '추정하다' + '–건대, –(으)면'이 합쳐진 형태로 주로 사용된다.

　예 편지의 **내용으로 미루어 보건대** 그녀는 아마도 잘 지내고 있는 것 같아요.
　　= 편지의 **내용으로 미루어 보면** 그녀는 아마도 잘 지내고 있는 것 같아요.
　　= 편지의 **내용으로 미루어 짐작하건대** 그녀는 아마도 잘 지내고 있는 것 같아요.
　　= 편지의 **내용으로 미루어 짐작하면** 그녀는 아마도 잘 지내고 있는 것 같아요.

　☞ 뒤 문장에서도 이와 같은 동사를 함께 사용할 수 있다.

　예 경찰들은 수사 과정에서 목격자들의 진술**로 미루어** 범인이 누구인지 **짐작했다**.
　　여러 증거들**로 미루어** 과거 화성에도 생명체가 존재했을 가능성이 있다고 **본다**.

※ 다음 보기 와 같이 '–(으)로 미루어'를 사용하여 대화를 완성하십시오.

> 보기
>
> 가 : 사회적으로 큰 파장을 일으킨 연쇄 살인범이 빨리 잡혀야 할 텐데, 정말 큰일이네요.
>
> 나 : 오늘 뉴스에서 경찰은 범인이 범행 도구를 <u>미리 준비한 것으로 미루어</u> 계획된 범죄로 보고 수사를 진행하고 있대요.

(1) 가 : 공부도 안하고 매일 여행만 다니던 왕홍 씨가 한국어 능력 시험에 합격했대요! 정말 놀랍지 않아요? 혹시 부정행위를 한 건 아니겠죠?

　　나 : 설마요. 평소 왕홍 씨의 ＿＿＿＿＿＿＿＿＿＿＿＿＿＿＿＿＿절대 그런 일을 할 사람이 아니에요.

(2) 가 : 제시카 씨는 아프리카에서 잘 지내고 있을까요? 어제 아프리카 빈민지역 구호활동에 관한 프로그램을 보다가 문득 제시카 씨가 떠오른 거 있죠.

　　나 : 안 그래도 어제 제시카 씨로부터 이메일을 받았어요. ＿＿＿＿＿＿＿＿＿＿＿＿＿＿＿ 우리가 생각하는 것 이상으로 훨씬 잘 지내고 있는 듯해요.

(3) 가 : 하나 씨, 요즘 아침, 저녁으로 쌀쌀한 게 환절기는 환절기인가 봐요.

　　나 : 그렇죠? 그래서 그런지 목도 따끔거리고 열도 나는 것 같아요.

　　가 : 제가 작년 이맘때쯤 감기로 얼마나 고생했는지 아시죠? ＿＿＿＿＿＿＿＿＿＿＿＿＿ 보건대 그러다가는 감기 몸살에 걸릴게 뻔하니 꼭 약을 먹도록 하세요.

(4) 가 : 과거에 화성에도 지구처럼 생명체가 존재했을까요?

　　나 : 아마도 그렇지 않을까요? 화성은 온도도 지구와 비슷하고, 자전축이나 자전주기도 지구와 거의 똑같잖아요. 이러한 ＿＿＿＿＿＿＿＿＿＿＿＿＿＿＿생명체가 살았을 가능성이 크다고 봐요.

(5) 가 : 왕홍 씨, 제가 이번에 해외여행을 다니면서 느낀건데요. 현지의 문화를 무시하는 무책임한 여행객들을 보면서 여행지의 문화와 전통을 있는 그대로 존중하는 것이 정말 중요하다는 걸 깨달았어요.

　　나 : 맞아요. 그래서 최근에는 여행객들이 현지 문화에 대한 책임감을 가지고 여행하게끔 '책임 여행'이라는 개념도 등장했잖아요. 또한 이러한 개념이 점점 ＿＿＿＿＿＿＿＿＿＿＿＿ 앞으로는 나라마다 성숙한 여행 문화가 정착되지 않겠어요?

–을/를 비롯해(서)

의미

여러 대상 중에 앞 문장에 제시된 대상을 시작이나 대표로 삼고, 뒤 문장에 제시된 대상까지 모두 포함하는 경우에 사용한다.

- 가 : 지희 씨, 한국의 대통령이 새로 선출되면서 총리도 바뀌었다면서요?
  나 : 네, 총리**를 비롯해** 기타 부처의 장관까지 모두 교체되었어요.

예문

(1) 근대 초기 사진술의 발달은 초상화가**를 비롯해** 미술가들에게도 큰 영향을 미쳤다.

(2) 학생들**을 비롯해** 대학의 관계자들까지도 개정된 등록금 제도를 비판하고 있다.

(3) 최근 한국 사회에서는 사물놀이**를 비롯해** 전통문화의 중요성이 점점 커지고 있다.

(4) 가 : 하나야, 환경오염을 줄이기 위해 새로 개발된 미래형 자동차에 대해 들어봤니?
  나 : 응, 자동차의 에너지원을 태양열**을 비롯해** 풍력 등과 같은 환경 에너지로 대체하는 자동차잖아.

(5) 가 : 스티브 씨, 한국의 뮤지컬 '명성왕후'가 국내**를 비롯해** 해외에서도 호평을 받고 있대요.
  나 : 그래요? 다채로운 볼거리가 많은가 봐요. 기회를 만들어서라도 꼭 봐야겠는데요!

1 '–을/를 비롯해(서)'는 의미적으로 해석하여 '–을/를 포함해서(포함하여)', '–부터 시작해서(시작하여)'와 바꿔 사용할 수 있다.

예 **학생들을 비롯해** 대학의 관계자들까지도 개정된 등록금 제도를 비판하고 있다.
  = **학생들을 포함해서** 대학의 관계자들까지도 개정된 등록금 제도를 비판하고 있다.
  = **학생들부터 시작해서** 대학의 관계자들까지도 개정된 등록금 제도를 비판하고 있다.

2 '–을/를 비롯해(서)'가 '–에서 비롯된 것이다'의 형태로 사용되는 경우, 이때 의미는 어떠한 일이 시작되는 원인이나 이유로 해석되며, '–에서 야기된 것이다'로 바꿔 사용할 수 있다.

예 사교육의 열풍은 내 아이가 남보다 뒤쳐질까 두려운 불안감**에서 비롯된 것이다**.
  = 사교육의 열풍은 내 아이가 남보다 뒤쳐질까 두려운 불안감**에서 야기된 것이다**.

※ 다음 보기 와 같이 '-을/를 비롯해(서)'를 사용하여 대화를 완성하십시오.

> 보기
>
> 가 : 이 박사님, 의학을 비롯해 다양한 기술의 발달이 인간의 평균수명을 연장시켰지 않습니까? 그렇다면 이와 더불어 나타날 수 있는 문제점에는 어떤 것이 있을까요?
> 나 : 네, 우선 노후의 생계를 어떻게 해결해야 하는가에 관한 문제가 있겠지요.

(1) 가 : 자야 씨, 저는 무언가를 창조하는 일을 하고 싶어서 디자이너가 되었는데, 막상 이 일을 하다 보니 이 분야에 소질이 없는 것 같아 고민이 많아요.

　　나 : 제 생각에 직업은 자신의 ＿＿＿＿＿＿＿＿ 적성에도 맞는 것이 가장 이상적인 것 같아요.

(2) 가 : 민호 씨, 한국 대학의 이공계 기피 현상이 나아지기는커녕 오히려 점점 심해지고 있대요. 이러다가는 우리 같은 기업 연구소의 인력난이 더욱더 심해질 게 분명해요.

　　나 : 맞아요. 연구원의 부족으로 인해 신제품 연구를 포기하다시피 한 기업들도 점점 증가하고 있으니, 결국에는 ＿＿＿＿＿＿＿＿ 국가적으로도 막대한 손실을 가져오지 않겠어요?

(3) 가 : 현우 씨, 현대인의 불규칙적인 식사습관이 심장병을 야기시키는 가장 대표적인 원인이래요.

　　나 : 네, ＿＿＿＿＿＿＿＿ 과도한 스트레스도 병을 생기게 하니까 너무 무리해서 일하려들지 말고, 쉬엄쉬엄 하는 게 좋을 것 같아요.

(4) 가 : 공장 노동자들의 파업이 길어질수록 우리 부서뿐만 아니라 회사 전체가 받는 손해가 커질 텐데 걱정이에요. 임금 문제가 아직까지 해결이 안 된 거예요?

　　나 : 네, 노동자 대표가 말하길 ＿＿＿＿＿＿＿＿ 복지 문제 등 논의를 해야 할 게 한두 가지가 아니래요. 어쨌든간에 양측이 서로의 입장을 존중해서 잘 마무리가 되었으면 좋겠어요.

(5) 가 : 수영 씨, 저도 현우 씨처럼 서울에서 태어났으면 좋았을 걸 그랬어요. 아무리 노력해도 사투리가 고쳐지지 않으니 사람들 앞에서 말하는 것이 너무 부끄러워요.

　　나 : 하나 씨, 제가 사용하는 ＿＿＿＿＿＿＿＿ 하나 씨가 사용하는 방언 등, 모든 언어에는 그 언어를 사용해 온 사람들의 오랜 경험과 지혜가 담겨있기 마련이에요.

–되

의미 앞 내용을 인정하고 허락하지만 단서나 조건이 있을 때 사용한다.

- 가 : 급한 일이 있어서 그런데 지금 컴퓨터를 좀 사용해도 될까요?
  나 : 네, 사용하시**되** 다 쓰신 후에는 반드시 전원을 꺼 주세요.

예문

(1) 디자인이 중요하니까 신경을 쓰**되** 제품의 질 또한 신경을 써 주세요.

(2) 네가 하고 싶은 일을 하**되** 그다음에 일어나는 모든 일은 네가 책임을 져야 한다.

(3) 회사에서는 이 규정을 다음 달부터 시행하**되** 올해 말까지 유예 기간을 두기로 하였다.

(4) 가 : 어머니, 저는 성형수술을 해서라도 지금보다 훨씬 예뻐지고 싶어요.
  나 : 성형수술을 하**되** 지금은 네가 너무 어려서 위험할 수도 있으니 어른이 된 후에 하는 건
     어떠니?

(5) 가 : 지희 씨, 우리 남편은 아프면 다른 방법은 찾지 않고 약만 찾아요.
  나 : 약에 의존을 많이 하는 사람은 약을 복용하**되** 식이요법이나 운동도 병행하는 게 좋대요.

① '–되'는 앞 뒤 사실을 대립적으로 이어줄 때도 사용할 수 있으나 그 쓰임이 많지 않다.

  예 그 사람은 돈은 많**되** 시간이 없어 삶을 즐길 줄 모른다.

  ☞ 이 경우는 '–지만'으로 바꿔 사용할 수 있다.

  예 그 사람은 돈은 많**지만** 시간이 없어 삶을 즐길 줄 모른다.

② '–되'는 '–기는 하되'로도 자주 사용된다.

  예 마지막 여행이니까 제주도로 가**기는 하되** 비용이 모자라니 숙박은 유스호스텔에서
     합시다.

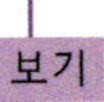

※ 다음 보기 와 같이 '-되'를 사용하여 문장을 완성하십시오.

> 보기
>
> 가 : 급한 일이 있어서 그러는데 지금 컴퓨터를 좀 사용해도 될까요?
>
> 나 : 네, <u>사용하시되</u> 다 쓰신 후에는 반드시 전원을 꺼 주세요.

(1) 가 : 선생님, 오늘은 토론수업을 하는 게 어떻습니까?

　　나 : 좋습니다. 그러면 우리 ＿＿＿＿＿＿＿＿ 한국말로만 하는 걸로 하죠.

(2) 가 : 그 신부님은 어떻게 그런 극악무도한 범죄자를 사랑할 수 있을까요?

　　나 : 그러게요. 죄는 ＿＿＿＿＿＿＿＿ 사람은 미워하지 말라는 말을 실천하는 것이겠죠.

(3) 가 : 생명 공학이 비약적으로 발전하고 있지만 부작용에 대해서도 논의가 필요하다고 생각
됩니다.

　　나 : 그렇죠. 하지만 이러한 부작용에 대해 ＿＿＿＿＿＿＿＿ 이로 인해 연구가 위축되
어선 안 된다고 생각합니다.

(4) 가 : 이번 방학에 성형수술을 하려고 하는데 무섭기도 하고 좀 고민이 돼.

　　나 : 나는 네가 ＿＿＿＿＿＿＿＿ 다른 사람의 시선 때문이 아니라 너 자신의 자신감 회
복을 위해서 했으면 좋겠어.

(5) 가 : 우리 아들이 요즘 컴퓨터 게임에만 빠져 학교 공부는 하려고 들지 않아 걱정이 이만저
만이 아니에요.

　　나 : 그러면 ＿＿＿＿＿＿＿＿ 규칙을 만들어 아이 스스로가 시간을 정해서 게임을 하도
록 해 보세요.

–겠거니

> V, A, 있다/없다 + 겠거니 ; 가겠거니, 먹겠거니, 예쁘겠거니
> N + 이겠거니 ; 여자이겠거니, 사람이겠거니
> V, A, 있다/없다 + 았/었겠거니 ; 갔겠거니, 먹었겠거니, 예뻤겠거니
> N + 였/이었겠거니 ; 여자였겠거니, 사람이었겠거니

의미 앞 문장의 내용을 미리 짐작하거나 단정하여 뒤 문장의 어떤 행동을 함을 나타낸다.

- 가 : 오늘 다들 오시는 줄 알았는데 왜 이렇게 많이 안 오셨죠?
  나 : 죄송합니다. 다들 오시**겠거니 하고** 미리 연락을 안 드려서 그런 것 같아요.

예문

(1) 항상 고기를 잘 먹길래 잘 먹**겠거니** 했는데 오늘은 고기에 입도 대지 않네요.

(2) 으레 그 사람이 모든 일을 준비하니까 오늘도 그 사람이 준비하**겠거니** 해서 저는 아무것도 안 가지고 왔어요.

(3) 유명한 브랜드 제품이라서 당연히 품질은 좋**겠거니** 했는데 확인을 했더니 가방이 찢어져 있었다.

(4) 가 : 어제 미식가 친구가 소개해 준 식당에 갔다면서요, 좋았어요?
  나 : 미식가인 친구가 소개해 준 식당이라 맛있**겠거니** 생각하고 갔는데 생각보다 맛이 없어 실망했어요. 그러니까 그 식당에는 가지 마세요.

(5) 가 : 김 과장, 이 계획서 왜 이래? 행사 기간이랑 장소, 시간 다 엉터리잖아.
  나 : 죄송합니다. 이 대리가 워낙 잘해서 이번에도 잘하**겠거니** 하고 확인을 안 했더니 그만 실수가 있었던 것 같습니다. 다시 수정하겠습니다.

① '–겠거니'는 보통 '–(으)려니', '–(으)ㄹ 줄 알다'와 바꿔 사용할 수 있다.

　예 아버지는 딸이 오늘 **돌아오겠거니** 하고 하루 종일 기다렸는데 오지 않았다.
　　= 아버지는 딸이 오늘 **돌아오려니** 하고 하루 종일 기다렸는데 오지 않았다.
　　= 아버지는 딸이 오늘 **돌아올 줄 알고** 하루 종일 기다렸는데 오지 않았다.

② '–겠거니'는 보통 '–겠거니 하고', '–겠거니 해서', '–겠거니 했는데', '–겠거니 하다', '–겠거니 여기다'의 형태로 사용된다.

　예 다들 오시**겠거니 하고** 미리 연락을 안 드렸어요.
　　친구가 소개해 준 분이라 당연히 좋은 분**이겠거니 했어요.**

※ 다음 보기 와 같이 '–겠거니'를 사용하여 문장을 완성하십시오.

> 보기
>
> 가 : 오늘 다들 오시는 줄 알았는데 왜 이렇게 많이 안 오셨죠?
>
> 나 : 죄송합니다. 다들 <u>오시겠거니 하고</u> 미리 연락을 안 드렸더니 많이 참석을 안 하
> 신 것 같습니다.

(1) 가 : 사람들은 봉사나 나눔은 특별한 사람만 한다고 생각하는 것 같아요.

　　나 : 맞아요. 내가 아니라도 ________________ 남에게 미루는 것 같아요.

(2) 가 : 학생에게 담배를 팔면 어떻게 합니까?

　　나 : 학생이라니요? 나이가 좀 있는 거 같아서 당연히 ______________ 담배를 팔았죠.

(3) 가 : 겨울치고 날씨가 따뜻해서 산책하기에 좋네요.

　　나 : 그렇네요. 겨울이라 으레 날씨가 ________________ 종일 집에 있었는데 오랜만에
　　　　나오니 따뜻하고 바람도 상쾌하네요.

(4) 가 : 오늘 중요한 안건을 결정하는 데 필요한 사람들은 모두 왔죠?

　　나 : 아니요, 시간이 이렇게 지났으니 다들 ______________ 아직 아무도 안 왔어요.

(5) 가 : 될 수 있으면 같이 하지 왜 아이 혼자 놔둬서 이런 사고가 생기게 만들어요?

　　나 : 아이들이 이제 컸으니까 혼자 ________________ 혼자하게 내버려 둬서 그런 것
　　　　같아요.

–(으)ㅁ직하다/–(으)ㅁ 직하다

V, A, 있다/없다 + (으)ㅁ직하다 / (으)ㅁ직 하다 ; 먹음직하다, 있음직하다 / 감 직하다, 봄 직하다
V, A, 있다/없다 + (으)ㅁ직했다 / (으)ㅁ직 했다 : 먹음직했다, 있음직했다 / 감 직했다, 봄 직했다

의미

① 어떠한 대상이 가지고 있는 특성, 정도가 가치가 있음을 나타낸다.

- 가 : 그 사과가 진짜 맛있게 보이네요.
  나 : 그러게요. 사과가 빨갛게 익어서 그런지 정말 **먹음직합니다.**

② 어떠한 상태가 되거나 행동이 일어날 가능성이 많음을 나타낸다.

- 가 : 아까 미아 방송을 하던데, 잃어버린 아이는 찾았나요?
  나 : 아니요, 아직 찾지 못 했어요. 아이가 **갔음 직한** 곳은 모조리 다 찾아 봤는데도
  안 보이네요.

예문

(1) 그 열매는 아주 탐스럽게 열려서 **먹음직했다.**
(2) 피자가 여러 사람이 먹어도 될 만큼 **큼직하다.**
(3) 그가 확실하게 범인이 누구라고 이야기를 하는 걸 보니 그 사건 현장을 **봄 직하다.**
(4) 가 : 어떻게 처음 보는 사람에게 중요한 일을 맡길 수 있어요?
  나 : 처음 보는 사람이긴 하지만 꽤 **믿음직해** 보여서 그 사람에게 일을 맡겼어요.
(5) 가 : 이번에 개봉한 영화 '우리들만의 세상'이 사실적인 묘사로 현실감을 높여, 관객들의 호
  응을 얻으며 흥행을 하고 있대요.
  나 : 저도 며칠 전에 봤는데, 우리 주위에서 **있음 직한** 이야기이기에 인기가 있는 것 같아요.

1 '–(으)ㅁ직하다'는 ①의 의미일 때는 붙여 쓰고, ②의 의미일 때는 띄어 쓴다.

예 사과가 **먹음직하다.**
  그는 그 사건을 **봄 직하다.**

2 '–(으)ㅁ직하다'가 ①의 의미일 때 '–(으)ㄹ 만하다'와 바꿔 사용할 수 있다.

예 그 열매는 너무 탐스럽게 열려서 **먹음직했다.**
  = 그 열매는 너무 탐스럽게 열려서 **먹을 만하다.**

☞ '–(으)ㅁ직하다'는 뒤에 접미사 '–스럽다'를 붙여 '–(으)ㅁ직스럽다' 형태로 사용되기도 한다.

예 그 열매는 아주 탐스럽게 열려서 먹**음직했다.**
  = 그 열매는 아주 탐스럽게 열려서 먹**음직스럽다.**

③ '-(으)ㅁ직 하다'가 ②의 의미일 때 '-(으)ㄹ 법하다', '-(으)ㄹ 성싶다' '-(으)ㄹ 것 같다'와
바꿔 사용할 수 있다.

[예] 이 영화는 현실에서 **있음 직한** 이야기를 다루고 있다.
= 이 영화는 현실에서 **있을 법한** 이야기를 다루고 있다.
= 이 영화는 현실에서 **있을 성싶은** 이야기를 다루고 있다.
= 이 영화는 현실에서 **있을 것 같은** 이야기를 다루고 있다.

※ 다음 보기 와 같이 '-(으)ㅁ직하다/-(으)ㅁ 직하다'를 사용하여 문장을 완성하십시오.

> 보기
>
> 가 : 그 사과가 진짜 맛있게 보이네요.
> 나 : 그러게요. 사과가 빨갛게 익어서 정말 <u>먹음직합니다</u>.

(1) 가 : 김이 나는 송편이 맛있어 보이네요

　　나 : 그러네요. 따끈따끈해 보이는 송편이 정말 ＿＿＿＿＿＿＿＿＿＿.

(2) 가 : 이 책상에 모든 사람들이 다 앉을 수 있겠죠?

　　나 : 네, 충분한 것 같아요. 여러 사람이 앉을 수 있을 만큼 ＿＿＿＿＿＿＿＿＿＿.

(3) 가 : 이 사진에서 키가 크고 체격이 좋은 사람이 제 약혼자예요. 제 부모님이 믿음이 가게 생겼다고 아주 좋아하세요.

　　나 : 정말 그러네요. 인상도 좋고 체격도 좋아서 그런지 ＿＿＿＿＿＿＿＿＿＿.

(4) 가 : 어제 발표 잘 했어요? 사장님 앞에서 발표하는 거라 정말 준비 많이 했잖아요.

　　나 : 말도 마세요. 눈치 없는 자야 씨 때문에 제가 얼마나 고생했다고요. 발표 도중에 조그만 실수를 했는데 다른 사람이면 모르는 척 ＿＿＿＿＿＿＿＿＿＿ 자야 씨는 그걸 못참고 다 말해 버리더라고요. 좀 넘어가 줬으면 좋았을 텐데 말이에요.

(5) 가 : 인구 비율 중 노인층은 점차 증가하고 청장년층은 점차 줄어들고 있는데, 이러한 현상에 대해 어떻게 생각하십니까?

　　나 : 이는 젊은 세대들의 결혼 시기가 늦어지고 또한 자녀 양육비 부담으로 출산을 꺼려하여 생긴 현상으로 결코 ＿＿＿＿＿＿＿＿＿＿ 현상은 아니라고 생각합니다. 이로 인한 여러 사회 문제가 새롭게 대두되고 있기 때문입니다.

–기(가) 그지없다

의미

어떤 상태가 끝이 없을 정도임을 나타낸다.

- 가 : 어제 제 아이 때문에 학교에 갔는데 아직도 촌지를 요구하는 선생님이 있더라고요.
  나 : 그래요? 아직도 그런 비양심적인 선생님이 있다니 한심하**기 그지없네요.**

예문

(1) 웨딩드레스를 입은 그녀의 모습은 아름답**기 그지없었다.**

(2) 학생들이 보는 앞에서 그런 수모를 당하니 부끄럽**기 그지없었다.**

(3) 한 사람의 실수로 인해 여러 사람이 목숨을 빼앗겼다니 불쌍하**기 그지없네요.**

(4) 가 : 그렇게 촉망받던 사람이 그런 실수를 하다니 믿기지 않아요.
  나 : 그렇죠? 저도 실망스럽**기 그지없네요.**

(5) 가 : 힘든 가정에서 자란 네가 이렇게 의젓한 선생님이 되어 있으니 자랑스럽**기 그지없구나.**
  나 : 감사합니다. 모든 것이 선생님의 가르침 덕분입니다.

1 '–기(가) 그지없다'는 '–기 짝이 없다' 또는 '–기 한이 없다' 등과 바꿔 사용할 수 있다.

  예 내가 하지도 않은 일을 했다고 우겨대니 **분하기 그지없었다.**
    = 내가 하지도 않은 일을 했다고 우겨대니 **분하기 짝이 없었다.**
    = 내가 하지도 않은 일을 했다고 우겨대니 **분하기 한이 없었다.**

2 '–기(가) 그지없다'는 부사 '그지없이'로 바꿔 사용할 수 있다.

  예 그렇게 촉망받던 사람이 그런 실수를 하다니 실망스럽**기 그지없네요.**
    = 그렇게 촉망받던 사람이 그런 실수를 하다니 **그지없이** 실망스럽다.

3 '–기(가) 그지없다'는 긍정과 부정의 의미에서 모두 사용된다.

  예 웨딩드레스를 입은 그녀의 모습은 아름답**기 그지없었다.**
    아직도 촌지를 요구하는 선생님이 있다니 한심하**기 그지없네요.**

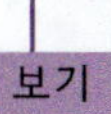

※ 다음 보기 와 같이 '-기(가) 그지없다'를 사용하여 문장을 완성하십시오.

> 보기
>
> 가 : 구조대원 한 명의 희생 덕분에 많은 사람들이 목숨을 구했대요.
> 나 : 저도 들었어요. 그 구조대원의 사랑은 <u>따뜻하기 그지없네요.</u>

(1) 가 : 어제 새로 개봉한 영화 어땠어?

　　나 : 기대를 많이 했는데 너무 뻔한 내용이어서 ＿＿＿＿＿＿＿＿＿＿.

(2) 가 : 어머니 덕분에 오늘날의 제가 있을 수 있게 되었습니다. 감사합니다.

　　나 : 가난한 가정에서 이렇게 훌륭하게 자라 준 네가 ＿＿＿＿＿＿＿＿＿＿.

(3) 가 : 어제 본 일몰 광경은 잊을 수 없을 거 같아.

　　나 : 맞아. 지금까지 그렇게 아름다운 광경은 내 생애 처음이야. 일몰 뒤에 비치는 바다는
　　　　정말 ＿＿＿＿＿＿＿＿＿＿.

(4) 가 : 김 대리님, 결혼을 진심으로 축하해요. 신부에게 첫눈에 반하셨다면서요?

　　나 : 네, 그녀는 제가 상상 속에 그리던 이상형이었어요. 착하고 아름다워요. 더욱이 나를
　　　　부르는 그녀의 목소리는 ＿＿＿＿＿＿＿＿＿＿.

(5) 가 : 이번에 열린 '세계수영대회'에서 소지성 선수가 동양인 최초로 금메달을 땄대요.

　　나 : 저도 들었어요. 다른 선수들에 비해 키도 작은데 자신의 한계를 뛰어 넘고 금메달을 따
　　　　다니 정말 대단한 것 같아요.

　　가 : 맞아요. 게다가 소지성 선수는 수영을 전문적으로 시작한지 불과 1년 밖에 되지 않았
　　　　다고 하니 정말 ＿＿＿＿＿＿＿＿＿＿.

–기(가) 이를 데 없다

의미   어떤 정도가 굉장하여 더 말할 수 없음을 나타낸다.

- 가 : 금요일이라서 그런지 교통이 복잡하**기가 이를 데 없**네요.
  나 : 그러니까요. 괜히 택시를 탔나 봐요. 서울역에서 학교까지 가는 데 택시비가 3만 원이나 나왔어요.

예문

(1) 그 사람은 성격과 외모 모두 평범하**기 이를 데 없다.**

(2) 더욱이 이 지역의 땅값은 다른 지역보다 비싸**기가 이를 데 없어요.**

(3) 그는 꼼꼼하**기 이를 데 없어서** 시험 때가 되면 친구들은 항상 그에게 책을 빌린다.

(4) 가 : 아드님이 결혼하신다면서요? 기쁘시겠어요!
  나 : 네, 노총각 아들 때문에 걱정이 많았는데 결혼한다고 하니 기쁘**기 이를 데 없**네요.

(5) 가 : 이번에 신축한 기숙사로 배정받았다면서? 좋겠다. 기숙사는 어때?
  나 : 새 건물이라서 그런지 편의 시설도 모두 최신 시설이고 아주 깨끗해서 생활하는 데 편하**기가 이를 데 없어.**

[1] '–기 이를 데 없다'는 '–기 그지없다', '–기 짝이 없다', '–기 한이 없다' 등과 바꿔 사용할 수 있다.

  예) 그 사람은 성격과 외모 모두 **평범하기 이를 데 없다.**
    = 그 사람은 성격과 외모 모두 **평범하기 그지없다.**
    = 그 사람은 성격과 외모 모두 **평범하기 짝이 없다.**
    = 그 사람은 성격과 외모 모두 **평범하기 한이 없다.**

[2] '–기 이를 데 없다'는 부사 '이를 데 없이'로 바꿔 사용할 수 있다.

  예) 그녀는 사랑스럽**기가 이를 데 없다.**
    = 그녀는 **이를 데 없이** 사랑스럽다.

    아이는 귀엽**기가 이를 데 없다.**
    = 아이는 **이를 데 없이** 귀엽다.

[3] '–기 이를 데 없다'는 긍정과 부정의 의미에서 모두 사용된다.

  예) 노총각 아들이 결혼한다고 하니 기쁘**기 이를 데 없**네요.
    금요일이라서 그런지 교통이 복잡하**기가 이를 데 없**네요.

※ 다음 보기 와 같이 '-기(가) 이를 데 없다'를 사용하여 대화를 완성하십시오.

> 보기
>
> 가 : 아무리 부동산 가격이 오르기만 한다고 해도 이 지역의 집값은 너무 비싼 것 같아요.
>
> 나 : 맞아요. 주위에 병원이나 슈퍼마켓과 같은 편의시설이 없는데도 <u>비싸기 이를 데 없어요.</u>

(1) 가 : 아드님이 결혼하신다면서요? 기쁘시겠어요.

　　나 : 네, 노총각 아들 때문에 걱정이 많았는데 결혼한다고 하니 ____________________.

(2) 가 : 요즘 휴가철이라서 그런지 비행기표를 구할래야 구할 수가 없네요.

　　나 : 그러니깐요. 해외로 휴가를 가는 사람이 어찌나 많은지 비행기표도 없을 뿐더러 표값도 ____________________.

(3) 가 : 현우 씨가 여자들에게 인기가 많네요. 성격도 별로고 그렇게 잘생긴 것도 아닌 것 같은데 다른 특별한 이유가 있나요?

　　나 : 그렇죠? 성격도 ____________________, 돈도 그렇게 많지 않은데 여자들에게 인기가 많은 게 저도 이해가 잘 안 되네요.

(4) 가 : 이번에 신축한 아파트로 옮겼다면서? 좋겠다. 새 아파트는 어때?

　　나 : 새 건물이라서 그런지 편의 시설도 모두 최신 시설에 깨끗하기까지해서 생활하는 데 ____________________.

(5) 가 : 아무리 공부해도 시험에 떨어지기만 하니 가슴이 ____________________. 그래서 그런지 도서관에 가도 공부가 잘 안 돼요.

　　나 : 너무 우울해 하지 마세요. 가슴이 답답할 때는 공부만 하지 말고, 기분전환이라도 할 겸 여행을 떠나보는 것도 좋아요.

01~08 다음 ( )안에 알맞은 것을 고르십시오.

01

'인간만사 새옹지마'라고 힘든 일이 있으면 좋은 일도 반드시 ( ) 좌절하지 말고 희망을 가지세요.

① 있을세라   ② 있을지니
③ 있을라치면   ④ 있을 바에야

02

많은 종교인들이 '죄는 ( ) 사람은 미워하지 말라'는 말을 실천하며 살아가고 있다.

① 미워하되   ② 미워하다가
③ 미워하자니   ④ 미워하고서야

03

엄마는 아이가 ( ) 곳은 다 찾아 봤지만 아직도 찾지 못하고 있다.

① 갔음 직한   ② 갔을 리 없는
③ 갔을 뿐만 아닌   ④ 갔을 리 만무한

04

체조를 시작한지 1년 밖에 안 된 신인 선수가 우승을 차지하다니 정말 ( ).

① 놀란 셈치다   ② 놀라울 리가 없다
③ 놀랍기 나름이다   ④ 놀랍기 그지 없다

05

노심초사하며 기다렸던 이번 실험의 결과는 ( ) 큰 실망을 하게 만들었다.

① 나로 미루어   ② 나로 하여금
③ 나로 인하여   ④ 나로 말미암아

06

남에게 존중을 ( ) 자기 자신이 먼저 스스로를 가치 있는 존재라 인정할 필요가 있다.

① 받자니   ② 받고자면
③ 받으련마는   ④ 받기로서니

07

> 그는 다양한 자격증을 많이 따 (　　　　　) 남들보다 일찍 취업에 성공했다.

① 두게끔　　　　　　　　　　② 둘지언정
③ 두어서인지　　　　　　　　④ 두기는커녕

08

> 천문학자들은 여러 (　　　　　) 과거 화성에도 생명체가 존재했을 가능성이 있었을 것이라 여기고 있다.

① 증거들을 비롯해　　　　　② 증거들로 미루어
③ 증거들로 하여금　　　　　④ 증거들을 막론하고

09~14 다음 밑줄 친 부분과 의미가 가장 비슷한 것을 고르십시오.

09

> 아무리 열심히 다이어트를 <u>한댔자</u> 운동을 병행하지 않는다면 아무 소용이 없을 거야.

① 한 이상　　　　　　　　　　② 한다면야
③ 한 나머지　　　　　　　　　④ 한다고 한들

10

> 그는 성공을 하기 위해서는 실패를 경험해 보는 것도 반드시 <u>필요하리라</u> 생각했다.

① 필요하거늘　　　　　　　　② 필요하거니와
③ 필요하겠다고　　　　　　　④ 필요하는지라

11

> 물가가 작년보다 많이 <u>오른 까닭에</u> 소비자들이 많은 고충을 겪고 있대요.

① 올랐겠거니　　　　　　　　② 올랐을진대
③ 올랐는지라　　　　　　　　④ 올랐거들랑

12

> 자기가 잘못을 하고도 반성은커녕 오히려 더 화를 내다니 정말 <u>뻔뻔하기 이를 데 없다.</u>

① 뻔뻔할 따름이다　　　　　② 뻔뻔할 리가 없다
③ 뻔뻔하기 마련이다　　　　④ 뻔뻔하기 짝이 없다

13

최근 개봉한 영화는 출연 배우들의 뛰어난 연기력 덕분에 <u>국내를 비롯해</u> 해외에서도 호평을 받고 있다.

① 국내는 물론이고   ② 국내는 차치하고

③ 국내는 둘째치고   ④ 국내는 고사하고

14

여행을 가면 스트레스가 좀 <u>해소되려니</u> 했는데 오히려 짜증나는 일이 더 많이 생겨 버렸다.

① 해소되려고   ② 해소되기는

③ 해소되게끔   ④ 해소되겠거니

15~16 다음 글을 읽고 질문에 답하십시오.

최근 소비자들 사이에 동물과 자연 환경 보호에 대한 인식이 높아짐에 따라 기업들은 친환경, 유기농 등 자연주의를 표방한 상품들을 우후죽순 생산하고 있다. 이와 더불어 소비자들의 관심을 집중시키기 위해 동물 실험 반대 캠페인 ㉠(　　　　) 기부 활동, 광고 등으로 브랜드 이미지를 높이려는 기업들도 늘어나고 있다. 그러나 문제는 일부 기업들이 이를 제품 브랜드의 이미지를 높이기 위한 마케팅 수단으로만 활용하는 것에 있다. 즉, 소비자들이 '자연 친화적인 소비를 하자'는 의도를 ㉡<u>가지고 있다 해도</u> 실제로는 제품에 대한 정확한 정보 없이 브랜드의 이미지만 보고 상품을 구입하는 경우가 많기 때문이라 짐작된다.

15 ㉠에 알맞은 것을 고르십시오.

① 운동을 비롯해   ② 운동을 통하여

③ 운동을 막론하고   ④ 운동을 무릅쓰고

16 ㉡과 바꾸어 쓸 수 있는 것을 고르십시오.

① 가지고 있을지니   ② 가지고 있거니와

③ 가지고 있는 이상   ④ 가지고 있기에 망정이지

17~18 다음 글을 읽고 물음에 답하십시오.

　　오랜 시간동안 앉아서 일하는 것이 건강에 좋지 않다는 인식이 확산되면서 일을 하면서 가벼운 운동도 함께 하는 것이 ㉠(　　　　　) 여기는 사람들이 생기고 있다. 또한 기업마다 사무실을 벗어나 가까운 거리를 업무 파트너와 함께 걸으면서 회의를 하고 스마트폰 등과 같은 휴대 기기를 통해 중요한 사항들을 간단히 메모하는 방식으로 일을 하는 직장인이 증가하는 추세이다. 반면에 아직까지 많은 직장인들은 '일이란 사무실에 앉아서 하는 것'이라는 생각을 가지고 ㉡있는지라 이들의 업무 처리 태도에 불만을 품고 있는 경우도 적지 않다. 때문에 기업마다 이러한 입장 차이의 간격을 좁히기 위한 대책을 마련해야 할 것이다.

17 ㉠에 알맞은 것을 고르십시오.

① 바람직하다고　　　　　　　　② 바랄 턱이 없다고
③ 바르게끔 한다고　　　　　　　④ 바르기 나름이라고

18 ㉡과 바꾸어 쓸 수 있는 것을 고르십시오.

① 있는 대로　　　　　　　　　　② 있는 바에야
③ 있는 까닭에　　　　　　　　　④ 있는 셈치고

19~20 다음 글을 읽고 물음에 답하십시오.

우리가 자주 접할 수 있는 문학에는 어떠한 기능이 있을까? 많은 문학 학자들은 문학의 기능을 크게 쾌락적 기능과 교훈적 기능으로 나누고 있다.

먼저 문학의 쾌락적 기능은 ㉠(   ) 즐거움을 느낄 수 있게 하는 데 있다. 문학은 예술적인 아름다움을 추구하고 있기 때문에 독자에게 어떠한 사상이나 교훈을 가르치는 것이 아니라 정신적인 즐거움과 감동을 주면 그만이라는 것이다. 이에 문학을 통해 느낄 수 있는 '카타르시스'도 이러한 쾌락적 기능의 일종으로 볼 수 있다.

문학의 교훈적 기능이란 독자에게 어떠한 것을 가르치는 데 있다. 문학은 작가의 생각을 바탕으로 하여 독자에게 도덕적, 윤리적 교훈을 주거나 삶을 이끌어 갈 수 있는 의미와 방향을 제시할 수 있어야 한다는 것이다. 즉, 문학을 통해 독자 스스로 삶을 진지하게 성찰하며 ㉡살리라 다짐하게 될 때 문학의 진정한 기능이 실현될 수 있다고 본다.

19 ㉠에 알맞은 것을 고르십시오.

① 독자인 듯　　　　　　　　　② 독자이다 보니
③ 독자들로 인해　　　　　　　④ 독자들로 하여금

20 ㉡과 바꾸어 쓸 수 있는 것을 고르십시오.

① 살고서라도　　　　　　　　② 살겠답시고
③ 살 것이라고　　　　　　　　④ 살 리 없다고

–기(가) 무섭게

의미　　앞 문장의 일이 끝나자마자 바로 뒤 문장의 일이 일어남을 강조할 때 사용한다.

- 가 : 현우가 들어오는 소리가 나던데, 안 보이네요.
  나 : 집에 들어와서 '다녀왔습니다'라는 말이 끝나**기가 무섭게** 화장실로 달려갔어요.

예문　　(1) 상대방의 말이 끝나**기가 무섭게** 반론을 제기했다.

(2) 그는 수업을 마치**기가 무섭게** 바로 식당으로 향했다.

(3) 집에 도착하**기가 무섭게** 컴퓨터로 달려가서 게임을 하기 시작했다.

(4) 가 : 지희는 숙제 다 했어요?

　　나 : 당신이 숙제하라는 말이 끝나**기가 무섭게** 하더니 지금은 잠이 들었어요.

(5) 가 : 이번 국회에서 또 날치기 법안이 통과되었다면서요?

　　나 : 네, 의회가 시작되**기가 무섭게** 야당에서 날치기로 법안을 통과해 버렸어요.

①　'–기(가) 무섭게'는 앞 문장과 뒤 문장에는 형용사를 사용할 수 없다.

　예　날씨가 **어둡기가** 무섭게 **추웠다.**(×)
　　　기분이 **좋기가** 무섭게 다시 **우울했다.**(×)

　☞　단, 형용사에 '–아/어지다'를 사용하면 '–기(가) 무섭게'와 같이 사용할 수 있다.

　예　날씨가 **어두워지기가** 무섭게 **추워졌다.** (○)
　　　기분이 **좋아지기가** 무섭게 다시 **우울해졌다.** (○)

②　'–기(가) 무섭게'는 '–기(가) 바쁘게'와 바꿔 사용할 수도 있다.

　예　점심 식사가 끝나**기가 무섭게** 다시 회의가 시작되었다.
　　　= 점심 식사가 끝나**기가 바쁘게** 다시 회의가 시작되었다.

※ 다음 보기 와 같이 '-기(가) 무섭게'를 사용하여 대화를 완성하십시오.

> 보기
>
> 가 : 지희는 숙제 다 했어요?
> 나 : 당신이 숙제하라는 말이 <u>끝나기가 무섭게</u> 하더니 지금은 잠이 들었어요.

(1) 가 : 이번 국회에서 또 날치기 법안이 통과되었다면서요?

　　나 : 네, 의회가 ＿＿＿＿＿＿＿＿＿＿ 야당에서 날치기로 법안을 통과해 버렸다니까요.

(2) 가 : 현우 씨가 안 보이네요. 조금 전까지만 해도 같이 수업 들었던 것 같은데요.

　　나 : 오늘 급한 약속 있다더니 수업이 ＿＿＿＿＿＿＿＿＿＿ 강의실을 나가던데요.

(3) 가 : 이번에도 주식이 폭락하여 손해가 이만저만이 아니에요.

　　나 : 요샌 주식을 ＿＿＿＿＿＿＿＿＿＿ 떨어지기만 하니까 되도록 주식에 투자를 안 하
　　　　시는 게 좋을 것 같아요.

(4) 가 : 결혼하고 나서 그런지 남편의 사랑이 식어버린 것 같아요. 연애할 때는 안 그랬는데 조
　　　　금 섭섭하기도 하네요.

　　나 : 아직 결혼하신지 1년이 안 되었다고 하셨지요. 게다가 아직 아이도 없고요. 나중에 아
　　　　이가 생기면 아마 더 할걸요? 아이가 생기면 집에 ＿＿＿＿＿＿＿＿＿＿ 아이만 찾
　　　　거든요.

(5) 가 : 도대체 하나는 월급을 어디에다 쓰는지 항상 돈이 없다면서 빌려 달라고 해. 오늘도 돈
　　　　이 없다며 빌려달라는 거 있지?

　　나 : 너한테도 그래? 정말 하나는 쇼핑중독이야. 월급을 ＿＿＿＿＿＿＿＿＿＿ 백화점으
　　　　로 달려가니 월급이 남아 있을 리가 없지.

–(으)ㄴ/는 가운데

의미　어떤 행위나 사건의 상황, 배경 등을 나타낸다.

- 가 : 어제 김 선생님 결혼식 어땠어요? 이야기 좀 해 주세요.
  나 : 많은 하객들이 지켜보**는 가운데** 결혼식이 잘 끝났어요. 물론 김 선생님도 행복한 표정이셨어요.

예문

(1) 모든 사람이 모**인 가운데** 회의가 시작되었다.

(2) 어려운 생활을 하**는 가운데** 그는 희망을 잃지 않으려고 노력했다.

(3) 외국인 결혼 이민자들이 증가하**는 가운데** 한국 사회의 문화적 다양성도 날로 커지고 있다.

(4) 가 : 명수 씨는 혼자서 생활비를 마련하랴 등록금을 마련하랴 힘이 들 것 같아요.

　　나 : 맞아요. 게다가 그 어려**운 가운데** 어려운 사람들을 위해서 매달 기부도 한다고 해요.

(5) 가 : 아까 김 대리가 급하게 부장실로 가던데 무슨 일이 생겼나요?

　　나 : 글쎄요. 김 대리도 무슨 일인지 몰라 어리둥절**한 가운데** 부장님께 불려가던데요.

1　'–(으)ㄴ/는 가운데' 뒤에 조사 '–에, 에서, 도, 에서도' 등과 같이 사용하여 그 의미를 강조한다.

　　예　많은 사람이 지켜보는 가운데**에** 결혼식이 시작되었다.

　　　　비가 오는 가운데**에서도** 경기는 예정대로 진행되었다.

※ 다음 보기 와 같이 '-(으)ㄴ/는 가운데'를 사용하여 대화를 완성하십시오.

> 보기
>
> 가 : 아까 김 대리가 급하게 부장실로 가던데 무슨 일이 생겼나요?
>
> 나 : 글쎄요. 김 대리도 어리둥절한 가운데 부장님께 불려가던데요.

(1) 가 : 명수 씨는 혼자서 생활비에 등록금까지 마련하느라 참 힘들 것 같아요.

    나 : 맞아요. 그런데 요즘에는 그렇게 ____________________ 기부 활동까지 시작했대
요. 어려운 소년소녀 가장을 위해 매달 얼마씩 후원을 한다더라고요.

(2) 가 : 어제 김 선생님 결혼식 어땠어요? 이야기 좀 해주세요.

    나 : 많은 하객들이 ____________________ 결혼식이 잘 끝났어요. 물론 김 선생님도 행
복한 표정이셨고요.

(3) 가 : 경영진이 바뀐다는 소문에 대부분의 부서에서 일이 잘 이루어지지 않을뿐더러 어떤
부서에서는 팀이 와해되기도 했다더군요. 그런데도 영업팀에서는 아무 동요가 없다면
서요?

    나 : 네, 이렇게 회사 사정이 ____________________ 아무도 동요하지 않고 맡은 업무를
묵묵히 하는 걸 보면 김 팀장님의 능력이 참 대단한 것 같아요.

(4) 가 : 지역 간 출산율 차가 심해지면서 대책 마련을 위해 관련 시의회가 열렸다고 합니다. 김
현우 기자가 전해드리겠습니다.

    나 : 네, 여기는 의회장 앞입니다. 늦은 밤까지 끝나지 않은 상황입니다. 지역 간 출산율의
차이가 갈수록 ____________________ 정부는 뾰족한 대책 마련을 세우지 못하고
있는 실정입니다.

(5) 가 : 올 상반기에 이어서 하반기에도 기업들의 신규채용 규모가 줄어든다고들 해요.

    나 : 어휴, 기업들의 채용 규모도 ____________________ 공기업을 비롯한 공무원 신규
채용도 대폭 줄일 거라는 말도 나오던데 걱정이네요.

    가 : 갈수록 면접시험도 까다로워져 취업 준비하는 것도 만만치 않은데, 그럴 기회조차 줄
어든다니 정말 허탈하네요.

−을/를 막론하고

의미 무엇이든지 상관하지 않거나 따지거나 가리지 않는다는 뜻을 나타낸다.

- 가 : 이번 모 기업 횡령 사건 있잖아요. 그 여비서뿐만 아니라 직속 상사, 심지어 임직원도 관련이 되었다고 해요. 그래도 처벌은 여비서만 받겠지요.
  나 : 아니요, 이번 사건과 관련하여 지위의 고하**를 막론하고** 모두 처벌을 받는대요.

예문

(1) 이유 여하**를 막론하고** 이번 일은 네가 잘못했어.

(2) 다른 나라에 가면 이유**를 막론하고** 그 나라의 법을 따라야 한다.

(3) 현대 사회에서는 남녀노소**를 막론하고** 누구나 인간의 권리를 보장받을 수 있다.

(4) 가 : 오늘도 지각했다면서? 늦잠 좀 자지 말고 일찍 다녀.
   나 : 늦잠은 자지 않았는데 버스에서 졸아서 그래. 요즘 피곤해서 그런지 장소**를 막론하고** 아무데서나 졸아서 약속 시간에도 늦을 때가 많아.

(5) 가 : 탕홍도 지희를 좋아한대. 역시 모든 남자들은 예쁜 여자를 좋아하나 봐.
   나 : 그러게. 동서고금**을 막론하고** 남자들은 예쁜 여자를 좋아하는 법인가 봐.

1 '−을/를 막론하고'는 '−을/를 불문하고'와 바꿔 사용할 수 있다.

　예　다른 나라에 가면 이유**를 막론하고** 그 나라의 법을 따라야 한다.
　　= 다른 나라에 가면 이유**를 불문하고** 그 나라의 법을 따라야 한다.

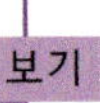

※ 다음 보기 와 같이 '−을/를 막론하고'를 사용하여 대화를 완성하십시오.

> 보기
>
> 가 : 탕홍도 지희를 좋아한대. 역시 모든 남자들은 예쁜 여자를 좋아하나 봐.
>
> 나 : 그러게. <u>동서고금을 막론하고</u> 남자들은 예쁜 여자를 좋아하는 법인가 봐.

(1) 가 : 오늘도 지각했다면서? 늦잠 좀 자지 말고 좀 일찍 다녀.

　　나 : 늦잠은 자지 않았는데 버스에서 졸아서 그래. 피곤해서 그런지 요즘 ＿＿＿＿＿＿＿＿＿
　　　　아무데서나 졸아서 약속 시간에도 늦을 때도 있어.

(2) 가 : 좀 늦게 도착한 게 그렇게 화를 낼 이유가 되는 거야? 도대체 내가 뭘 잘못했는지 모르
　　　　겠어.

　　나 : 이번이 처음도 아니고 매번 늦으니까 그렇지. 게다가 늦었는데도 오히려 네가 화를 냈
　　　　다면서? ＿＿＿＿＿＿＿＿＿＿ 이번 일은 네가 잘못했으니 현우한테 먼저 사과해.

(3) 가 : 오늘 아침 뉴스에서 보니까 아프리카에서 어머니가 자식을 살리기 위해서 달려오는
　　　　차에 대신 뛰어들었대요. 어느 나라건 어머니의 사랑이 대단하다는 걸 느껴요.

　　나 : 그러게요. ＿＿＿＿＿＿＿＿＿＿ 어머니의 사랑은 모두 같은가 봐요.

(4) 가 : 결국 신학교개정법이 통과되었네요. 이 법안을 통과시키기 위해 법 개정까지 했다면
　　　　서요?

　　나 : 네, 이번 법안은 ＿＿＿＿＿＿＿＿＿＿ 모두 찬성표가 나왔다지요? 이익 앞에서는 여야
　　　　가 똘똘 뭉치게 되는군요.

(5) 가 : 최근 모 국회의원의 자녀 병역 비리나 고위급 군인의 병역 비리 등 병역을 둘러싼 문제
　　　　가 많은데요. 이에 대해 어떻게 생각하십니까?

　　나 : 사회의 지도층으로서 본을 보여야 할 사람들이 이렇게 비리를 저지르는 걸 보면 한심
　　　　하기 그지 없습니다. 어떤 이유에서건 지위의 ＿＿＿＿＿＿＿＿＿ 모두 처벌을 받아야
　　　　한다고 생각합니다.

–건 (간에)

V, A, 있다/없다 + 건 간에 ; 가건 간에, 좋건 간에, 재미있건 간에
N + 이건 간에 ; 의사이건 간에, 학생이건 간에
V, A, 있다/없다 + 았/었건 간에 ; 갔건 간에, 좋았건 간에, 재미있었건 간에
N + 였/이었건 간에 ; 의사였건 간에, 학생이었건 간에

의미

어떠한 경우도 상관없음을 나타낸다.

- 가 : 사람들이 왜 이렇게 안 오죠? 조금 있으면 식이 시작되는데요.
  나 : 사람들이 언제 오**건 간에** 정해진 대로 진행합시다.

예문

(1) 선물이 무엇**이건 간에** 선물을 준 사람의 마음을 생각해야 한다.

(2) 날씨가 어떻**건 간에** 예정된 행사는 차질 없이 그대로 진행될 것이다.

(3) 학생이 무엇을 잘못**했건 간에** 너그러운 마음으로 용서해 줍시다.

(4) 가 : 결혼을 하면 어디에서 살 생각이에요?
  나 : 장소가 어디**건 간에** 같이 있으면 그것만으로도 행복할 거예요.

(5) 가 : 이번 선거에서 누가 대통령이 될지 참 궁금하네요.
  나 : 누가 대통령이 되**건 간에** 서민을 위한 정책이 많이 나왔으면 좋겠어요.

① '–건 (간에)'는 '–든(지) 간에', '–든(지) 상관없이', '–거나 상관없이'와 바꿔 사용할 수 있다.

  예 내일 날씨가 **어떻건 간에** 계획된 대로 진행합시다.

    = 내일 날씨가 **어떻든 간에** 계획된 대로 진행합시다.

    = 내일 비가 **어떻든지 상관없이** 계획된 대로 진행합시다.

    = 내일 날씨가 **어떻거나 상관없이** 계획된 대로 진행합시다.

  ☞ '–건 (간에)'는 그 의미를 강조하기 위해 문장의 뒤에 '상관없이'와 함께 사용하기도 한다.

  예 내가 무엇을 하**건 간에 상관없이** 신경 쓰지 마세요.

  ☞ '–건 (간에)'는 '거나 (간에)'의 줄임말이다.

  예 비가 오**건 간에** 계획된 대로 진행합시다.

    = 비가 오**거나 간에** 계획된 대로 진행합시다.

② '-건 (간에)'는 주로 앞 문장에 의문사 '무엇, 누구, 어디, 언제, 어떻게'와 함께 사용한다.

예 이유가 **어떻건 간에** 늦게 온 것은 혼나야 마땅한 일이다.
새로 오실 사장님이 **누구이건 간에** 크게 달라지는 것은 없을 것이다.
사는 곳이 **어디건** 먹는 것이 **무엇이건 간에** 마음만 편하면 그만이다.

연습문제 e x e r c i s e

※ 다음 보기 와 같이 '-건 (간에)'를 사용하여 대화를 완성하십시오.

> 보기
>
> 가 : 왕홍 씨, 여기에 쓰레기를 버리면 안 되죠. 지난번에도 말씀 드린 것 같은데요.
> 나 : 버린 게 아니라 잠시 놔 둔 거예요. 내가 <u>어떻게 하건 간에</u> 신경 좀 쓰지 마세요.

(1) 가 : 선생님, 제가 이번 시험에 합격해야 하는데 문제가 어렵거나 실수를 하면 어떡하죠?

　　나 : 지금까지 열심히 해 왔으니까 잘해 내리라 믿어요. 혹여 실수를 하더라도 충분히 합격할 테니까 걱정 말고요. 시험문제가 ＿＿＿＿＿＿＿＿＿ 자야 씨 실력이면 합격하고도 남으니까 걱정 마세요.

(2) 가 : 교수님, 어제 컴퓨터가 갑자기 고장 나서 과제를 완성하지 못했습니다. 오늘 제출하지 못 할 것 같은데 괜찮을까요?

　　나 : 이유가 ＿＿＿＿＿＿＿＿＿ 기한 내에 제출하지 못 하는 건 학생 책임이니까 어느 정도의 불이익은 있을 거예요. 그렇지 않으면 기한을 맞춘 학생들에게는 불공평한 일일 테니까요.

(3) 가 : 서울 가는 기차는 아침 5시부터 있기는 한데 명절이라서 모두 매진이 됐네요. 하지만 입석표는 아직 남아 있거든요. 손님이 원하시면 입석이라도 드릴까요?

　　나 : 네, 입석이라도 구할 수 있으면 좋겠어요. 자리가 ＿＿＿＿＿＿＿＿＿ 괜찮으니까 제일 빨리 출발하는 기차표로 예매해 주세요.

(4) 가 : 요즘 다들 '웰빙', '웰빙'하는데 도대체 '웰빙'이 뭐죠?

　　나 : 한마디로 말해서 좋은 것만 먹고 정신 건강에 좋은 것을 하는 걸 '웰빙'이라고 해요. 그래서 고기 대신 생선이나 유기농채소를 선호하고, 인스턴트 음식보다는 집에서 만든 음식을 먹는 거죠. 그런데 요즘은 지나치게 '웰빙' 문화를 선호하는 경향이 있기도 해요. 이유야 ＿＿＿＿＿＿＿＿＿ 행복을 추구하려는 모습이 보기 좋아요.

(5) 가 : 이번 대통령 선거에서 누가 승리할지 온 국민들의 관심이 모아지고 있는데요. 이번 선거에서 누가 당선될 거라고 예상하십니까?

　　나 : 아무래도 4,50대 층의 지지를 받는 보수당이 유력하지 않을까요? 2,30대 층이 선거를 한다 해도 4,50대 층의 투표율만 못할 테니까요. 결과가 ＿＿＿＿＿＿＿＿＿ 서민을 위한 대통령이 당선됐으면 좋겠네요.

–(으)ㄹ 겨를이 없다

의미

어떤 행동을 할 시간적 여유가 없음을 나타낸다.

- 가 : 요즘 아침은 잘 챙겨 먹고 다녀요?
  나 : 아니요, 아침 일찍 나오느라 밥 먹**을 겨를이 없거든요.**

예문

(1) 요즘 너무 바빠서 청소**할 겨를이 없다.**

(2) 일거리가 쌓여 있어서 잠시도 **쉴 겨를이 없어요.**

(3) 바쁘게 앞만 보고 달려가니 뒤를 돌아**볼 겨를조차 없다.**

(4) 가 : 병원에 입원했다는 말 왜 나한테 안 한 거야?
  나 : 갑자기 입원하게 된 거라 너한테 차마 말**할 겨를이 없었어.**

(5) 가 : 오늘 비 온다는 사실을 알았으면서 왜 우산을 안 가져왔어요?
  나 : 챙겨야지 했는데 갑자기 나오느라 우산을 챙길 **겨를이 없었어요.**

1. '–(으)ㄹ 겨를이 없다'는 '–(으)ㄹ 틈이 없다', '–(으)ㄹ 새가 없다'와 바꿔 사용할 수 있다.

   예 요즘 너무 바빠서 **숨 돌릴 겨를이 없다.**
   = 요즘 너무 바빠서 **숨 돌릴 틈이 없다.**
   = 요즘 너무 바빠서 **숨 돌릴 새가 없다.**

   ☞ '–(으)ㄹ 겨를이 없다'는 그 의미를 강조하기 위해 '–도', '–조차', '–(으)ㄴ/는커녕 –조차'와 함께 쓰기도 한다.

   예 급하게 나오느라 밥 먹을 겨를이 없었다.
   = 급하게 나오느라 밥 먹을 겨를**도** 없었다.
   = 급하게 나오느라 밥 먹을 겨를**조차** 없었다.
   = 급하게 나오느라 밥**은커녕** 물 마실 겨를**조차** 없었다.

2. '–(으)ㄹ 겨를이 없다'는 문장의 앞에 과거, 미래를 사용할 수 없다.

   예 해결해야 할 일이 많아서 **쉴 겨를도 없이** 일만 했다. (○)
   해결해야 할 일이 많아서 **쉬었을 겨를도 없이** 일만 했다. (×)
   해결해야 할 일이 많아서 **쉬겠을 겨를도 없이** 일만 했다. (×)

※ 다음 보기 와 같이 '-(으)ㄹ 겨를이 없다'를 사용하여 대화를 완성하십시오.

> 보기
>
> 가 : 자야 씨, 요즘 회사 일이 바쁘다더니 많이 피곤해 보이네요.
>
> 나 : 네, 요즘 연말이라서 그런지 처리해야 할 서류가 너무 많거든요.
>
> 어떨 때는 밀려드는 업무에 <u>밥 먹을 겨를도 없이</u> 일을 한 적도 있어요.

(1) 가 : 탕홍 씨, 어제 동창회에 잘 갔다 왔어요? 저는 수업이 늦게 끝나서 못 갔어요.

　　나 : 저도 수업이 늦게 끝나는 바람에 못 갈 뻔했어요. 수업이 끝나자마자 화장실에 ＿＿＿＿

　　　　＿＿＿＿＿＿＿＿ 바로 택시를 탔더니 택시 안에서 화장실이 급해서 혼났지 뭐예요.

(2) 가 : 자야 씨, 어제부터 아르바이트를 시작했다더니 어때요? 일은 할 만해요?

　　나 : 말도 마세요. 그 식당이 어찌나 유명한지 일하는 아르바이트생이 8명이었는데도 잠시

　　　　도 ＿＿＿＿＿＿＿＿＿＿ 계속 일해야 했어요. 나중에는 다리가 아파서 서 있지도

　　　　못하겠더라고요.

(3) 가 : 오늘 오전 부산의 한 주택에서 불이 나 주민들이 대피하는 사고가 있었습니다. 이 불은

　　　　현재 주변 건물들로 옮겨져 불길이 더 커지고 있는 상태인데요, 목격자의 말을 들어보

　　　　겠습니다.

　　나 : 집에서 설거지를 하고 있는데 갑자기 가스가 폭발하는 소리가 들렸어요. 너무 놀라서

　　　　신발을 ＿＿＿＿＿＿＿＿＿＿ 밖으로 뛰쳐나왔어요.

(4) 가 : 하나 씨, 하나 씨 언니가 임신을 했다면서요? 축하해요. 얼마나 기쁘겠어요?

　　나 : 네, 3년 만에 생긴 아기라서 가족 모두 기뻐하고 있어요. 게다가 쌍둥이래요. 그런데

　　　　요즘은 언니가 ＿＿＿＿＿＿＿＿＿ 쌍둥이가 태어나면 어떻게 키울지를 걱정하

　　　　고 있어요. 기뻐하는 것도 잠시 뿐이지 뭐예요.

(5) 가 : 히로미 씨, 방학하니까 심심하지 않아요?

　　나 : 심심하다니요? 저는 할 일이 얼마나 많은데요. 아침에 일어나면 운동을 하죠. 운동 후

　　　　에는 시장에 가서 장도 보고 집에 와서는 엄마랑 저녁을 준비하죠. 학교 다니느라 못

　　　　했던 것들을 할 수 있으니 저는 더 좋은데요. 명호 씨도 이렇게 계획을 짜서 해 보면 ＿

　　　　＿＿＿＿＿＿＿＿＿＿.

─(으)ㄹ 여지가 없다

의미 어떤 일이 일어날 희망이나 가능성이 전혀 없음을 나타낸다.

- 가 : 이번 대회에서 매번 1위였던 팀이 2위로 떨어지고 말았대요.
  나 : 그런데 1위와의 점수 차도 상당했다면서요? 패배에 대한 부분은 변명**할 여지가
  없는 것 같아요**.

예문 (1) 명수 씨가 범인이 아니라는 것에 대해서는 의심**할 여지가** 조금도 **없다**.

(2) 아침이 되면 해가 뜨고, 저녁이 되면 해가 진다는 것은 설명**할 여지가 없다**.

(3) 한국이 최단시간에 금융위기를 넘겼다는 것은 의심**할 여지가 없는** 사실이다.

(4) 가 : 테러 단체의 수장이 체포됐는데 결국엔 사형을 선고받았대요. 좀 불쌍하지 않아요?
  나 : 불쌍하기는요. 그런 사람은 동정은커녕 비난받**을 여지도 없어요**.

(5) 가 : 올 초부터 소비자 물가가 조금 안정될 거라고 하는데요. 기대해 봐도 될까요?
  나 : 글쎄요. 지금 상태로 봐서는 조금도 좋아**질 여지는 없는 것 같은데요**.

1 '─(으)ㄹ 여지가 없다'는 '─(으)ㄹ 리가 없다'와 바꿔 사용할 수 있다.

> 예 정부가 개입한다고 해서 물가가 **내려갈 여지는 없다**.
> = 정부가 개입한다고 해서 물가가 **내려갈 리는 없다**.

☞ '─(으)ㄹ 여지가 없다'는 '조차', '전혀', '조금도' 등과 같이 쓰여 그 의미를 강조하기도 한다.

> 예 아무리 사장님이 바뀐다고 해도 분위기가 개선될 여지**조차** 없다.
> 아무리 사장님이 바뀐다고 해도 분위기가 개선될 여지는 **전혀** 없다.
> 아무리 사장님이 바뀐다고 해도 분위기가 개선될 여지는 **조금도** 없다.

2 '─(으)ㄹ 여지가 없다'는 '명사 + 의 여지가 없다'의 형태로 쓰이기도 한다.

> 예 그가 범인이 아니라는 것은 의심할 여지가 없다.
> = 그가 범인이 아니라는 것은 **의심의 여지가 없다**.

※ 다음 보기 와 같이 '-(으)ㄹ 여지가 없다'를 사용하여 대화를 완성하십시오.

> 보기
>
> 가 : 자야 씨, 이번에 사장님이 바뀌면 회사 분위기가 좀 개선될까요? 현재로선 거기
> 에 기대를 걸어볼 수밖에 없겠는데요.
> 나 : 글쎄요. 이런 부정적인 분위기가 하도 오래돼서 사장님이 바뀐다고 <u>개선될 여
> 지는 없다고 봐요.</u>

(1) 가 : 오늘 열린 세계선수권대회에서 한국의 '김여나' 선수가 2위인 일본 선수를 압도적인
점수차로 누르고 1위를 차지했는데요.

　나 : 네, 그동안 공백이 있었음에도 불구하고 녹슬지 않는 실력을 보여준 김여나는 과연 세
계 1위라고 해도 ＿＿＿＿＿＿＿＿＿＿＿＿ 뛰어난 선수였습니다.

(2) 가 : 왕홍 씨, 외국어를 배울 때 가장 중요한 것이 뭐라고 생각하세요?

　나 : 저는 말하기가 제일 중요하다고 생각해요. 아무리 글을 잘 쓰고 잘 듣는다 해도 자신이
말하고자 하는 것을 제대로 표현하지 못한다면 그것은 진정한 능력이 아니니까요. 그
래서 외국어를 배울 때 말하기의 중요성은 더 이상 ＿＿＿＿＿＿＿＿＿＿＿ .

(3) 가 : 행복은 절대적인 것이 아니라 상대적인 것이라는 것은 ＿＿＿＿＿＿＿＿＿＿＿
사실입니다.

　나 : 맞습니다. '행복은 정확하게 무엇이다'라고 논할 수 없는 것입니다. 왜냐하면 행복은
사람의 기준에 따라 달라질 수 있기 때문입니다. 어떤 사람은 아이스크림을 먹으며 행
복해 하기도 하고, 또 어떤 사람은 일을 하며 행복해 하기 때문인 거죠.

(4) 가 : 요즘 부모들은 자녀의 교육과 관련해 불법을 저지르는 일이 많아졌다면서요?

　나 : 맞습니다. 좋은 학교가 있는 곳이라면 방법을 가리지 않고 자기 자녀를 보내려고 하는
데요. 자신의 자녀를 그 지역에 사는 것처럼 위장해서 신고한 뒤 그 지역 학교에 입학
시키는 것입니다. 하지만 이 또한 ＿＿＿＿＿＿＿＿＿＿＿ 명백한 범죄입니다.

(5) 가 : 오늘 아침 북한 방송에서 북한은 남한과 평화적으로 ＿＿＿＿＿＿＿＿＿＿＿ 밝
혔는데요. 평화적인 통일을 거부한 북한의 의도는 무엇일까요?

　나 : 며칠 전 '한국은 북한과 민주주의 안에서 통일하게 될 것이다'라는 기사가 한국 신문에
실렸는데 이에 격분한 북한이 맞서서 발표한 것으로 보입니다.

–(으)려고 들다

의미 어떤 행동의 적극적인 의도나 곧 일어날 행동을 나타낸다.

- 가 : 명수 씨와 영호 씨는 왜 저렇게 사이가 안 좋아요?
  나 : 몰라요. 두 사람은 만나기만 하면 싸우**려고 들어요.**

예문
(1) 우리 강아지는 인형만 보면 물어뜯**으려 들어요.**
(2) 내 친구들은 내가 공부라도 하**려 들면** 못하게 방해한다.
(3) 영호 씨는 승부욕이 강해서 경기만 했다하면 항상 이기**려고 들어요.**
(4) 가 : 하나 어머니, 왜 그렇게 피곤해 보여요?
   나 : 요즘 애가 아픈지 내가 눈이라도 붙이**려고 들면** 울기 시작하거든요.
(5) 가 : 최근 청소년들의 게임 중독이 사회적으로 문제가 되고 있잖아요.
   나 : 맞아요. 저희 집 아이도 시간만 났다하면 게임을 하**려고 들거든요.**

① '–(으)려고 들다'는 '–(으)려고 하다'와 바꿔 사용할 수 있다.

   예 두 사람은 만나기만 하면 **싸우려고 들어요.**
   = 두 사람은 만나기만 하면 **싸우려고 해요.**

   ☞ '–(으)려고 들다'는 '–(으)려고 하다'보다 더 적극적인 느낌을 나타낸다.

   예 내 동생은 시간만 나면 컴퓨터 게임을 하**려 한다.**
   → 내 동생은 시간만 나면 컴퓨터 게임을 하**려 든다.**

   ☞ '–(으)려고 들다' 앞 문장에 나무나 해, 돌 등과 같이 감정을 나타내지 못하는 무정 명사가
   오면 어색하다.

   예 해가 **뜨려 드니** 어서 서두릅시다. (×) → 해가 **뜨려 하니** 어서 서두릅시다. (○)
   하늘을 보니 비가 **오려 든다.** (×) → 하늘을 보니 비가 **오려 한다.** (○)

② '–(으)려고 들다'는 '–(으)려고 들면'의 형태로 쓰이면 '–(으)ㄹ라치면'과 바꿔 사용할 수
   있다.

   예 아침에 버스를 **타려고 들면** 항상 만원이다.
   = 아침에 버스를 **탈라치면** 항상 만원이다.

   빨래를 **하려 들면** 이내 날씨가 흐려지곤 한다.
   = 빨래를 **할라치면** 이내 날씨가 흐려지곤 한다.

③ '–(으)려고 들다'는 '–(으)려고 하다'로 쓰여 곧 일어날 행동이나 상태의 변화를 나타내기도
한다. 이때 '–고'는 생략되기도 한다.

> 예 하늘을 보니 비가 **오려고 하는 것 같다.**
> 슬픈 영화를 봐서 그런지 **눈물이 나려 한다.**
> 이번 휴가에 가족과 함께 **여행을 가려 한다.**

④ '–(으)려'와 '–(으)려고'는 뒤 문장에 함께 쓰이는 동사에서 제약이 있다.

–(으)려	–(으)려고
'하다', '들다'와만 결합	모든 동사와 결합
예 아이가 틈만 나면 게임을 하**려 한다.** = 아이가 틈만 나면 게임을 하**려 든다.**	예 아이가 틈만 나면 게임을 하**려고 생각한다.** 대학원에 진학하**려고** 한국어를 **공부하고 있다.**

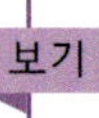

※ 다음 보기 와 같이 '-(으)려고 들다'를 사용하여 대화를 완성하십시오.

> 보기
>
> 가 : 왕홍 씨, 왜 그렇게 피곤해 보여요? 어제 잠을 제대로 못 잤어요?
>
> 나 : 옆집에서 파티를 하는지 제가 <u>잠이라도 자려 들면</u> 시끄럽게 굴어서 잠을 설쳤지 뭐예요. 어떻게 잤는지 모르겠어요.

(1) 가 : 하나 씨, 뭐 잃어버렸어요? 뭘 그렇게 찾고 있어요?

    나 : 제 지갑을 분명 여기에 뒀는데 안 보여서요. 뭔가가 필요해서 ___________________ 어디에 뒀는지 생각이 안 나는 거예요.

(2) 가 : 히로미 씨, 어제 한국 친구 돌잔치에 간다더니 잘 다녀왔어요?

    나 : 말도 마세요. 돌잔치가 6시였는데 일을 마무리 못해서 결국에는 못 갔지 뭐예요. 일이 마무리 되는가 싶어서 ___________________ 또 일이 생기고, 퇴근할라치면 또 일이 터지는 거예요. 늦게까지 퇴근도 못하고 돌잔치에도 못가고 정말 최악이었어요.

(3) 가 : 방학 잘 보냈어요? 저는 방학 전에 계획한 대로 평소에 읽고 싶었던 책을 모두 읽었어요. 바쁘게 살다가 여유롭게 독서를 즐기니까 감정도 풍부해지고, 마음도 치유되는 것 같았어요.

    나 : 좋겠어요. 저는 큰 맘 먹고 공부를 하려고 했지만 ___________________ 전화가 오고 친구가 찾아오는 거예요. 그래서 애초에 계획한 만큼은 달성하지 못했어요.

(4) 가 : 자야 씨, 한국에서 운전해 봤어요?

    나 : 저도 제 고향에서는 운전을 제법 잘하는 편인데, 한국에서는 운전하기가 힘들더라고요. 조금이라도 속도를 줄이면 다른 차들이 내 앞으로 ___________________ 사고가 날 뻔하기도 했어요.

(5) 가 : 며칠 전에 한국의 국회의원들이 국회에서 물건을 집어던지고 서로 욕을 하며 싸우던데 도대체 왜 그런 거예요?

    가 : 모든 국회의원이 그러는 건 아니고, 간혹 과격한 정치인들이 언쟁을 하다 보면 그런 일이 생기는 것 같아요. 국회의원들은 말이 안 통하면 무조건 ___________________ 정말 부끄러운 일이죠.

–에 비추어

의미 앞 문장에서 근거가 되는 대상을 들어서 말할 경우에 사용한다.

- 가 : 수영아, 오늘 내가 갑자기 급한 일이 생겨서 아동학 수업에 결석을 했잖아.
  혹시 과제가 있다면 알려 줄래?
  나 : 응, 교수님께서 아동발달 이론**에 비추어** 자신의 성장 과정을 써 오라고 하셨어.

예문

(1) 아이들의 인지 발달 능력**에 비추어** 무리한 조기 교육은 피하는 것이 마땅하죠.

(2) 유학 생활에는 반드시 인내심이 필요한데 이는 나의 경험**에 비추어** 말하는 것이다.

(3) 들리는 말**에 비추어** 보면 파견 근무의 대상자는 이미 내정되어 있는 것으로 예상된다.

(4) 가 : 임원들과 노조 사이의 협상은 도대체 언제쯤이면 끝날까요?
   나 : 현재의 상황**에 비추어** 보면 당분간 이런 상황은 계속될 것 같네요.

(5) 가 : 민호 씨, 의사 선생님 말씀**에 비추어** 보면 당분간은 기름지고 짠 음식을 삼가야 한대요.
   나 : 네, 그런데 갑자기 식습관을 바꾸려 하니 걱정부터 앞서는 게 사실이에요.

1 '–에 비추어'는 '–에 비추어 보면', '–에 비추어 볼 때'의 형태로 자주 사용된다.

   예 들리는 말**에 비추어 보면** 파견 근무의 대상자는 이미 내정되어 있는 것으로 예상된다.
   한 달 동안 지속된 노사 협정은 현재 논의과정**에 비추어 볼 때** 조만간 해결될 것 같다.

2 근거가 되는 대상이 '말'이고 다른 사람에게 이 사실을 알리거나 전하는 경우, '–에 비추어 보면', '–에 비추어 볼 때'는 '–(으)로는'으로 바꿔 사용하기도 한다.

   예 들리는 **말에 비추어 보면** 파견 근무의 대상자는 이미 내정되어 있는 것으로 예상**된대요**.
   = 들리는 **말로는** 파견 근무의 대상자는 이미 내정되어 있는 것으로 예상**된대요**.

   의사 선생님 **말씀에 비추어 보면** 스트레스성 위염에는 기름지고 짠 음식은 삼가야 **한대요**.
   = 의사 선생님 **말씀으로는** 스트레스성 위염에는 기름지고 짠 음식은 삼가야 **한대요**.

※ 다음 보기 와 같이 '-에 비추어'를 사용하여 대화를 완성하십시오.

> 보기
>
> 가 : 수영아, 오늘 내가 갑자기 급한 일이 생겨서 아동학 수업에 결석을 했잖아. 혹시
> 과제가 있다면 알려 줄래?
> 나 : 응, 교수님께서 아동발달 <u>이론에 비추어</u> 자신의 성장 과정을 써 오라고 하셨어.

(1) 가 : 자야 씨, 우리 회사 임원들과 노조 사이의 협상은 도대체 언제쯤이면 모두 끝날까요?
이러다가는 양측 모두가 다 지쳐 버리고 말 텐데, 정말 걱정이에요.

　　나 : 현재의 _______________ 볼 때 조만간 해결될 것 같기도 하니까 조금만 더 기다려
봐요.

(2) 가 : 하나야, 나의 _______________ 볼 때 유학 생활에서 가장 필요한 것은 열린 마음이
야. 그 나라의 사람들과 문화, 그리고 언어에 대해서 열린 마음으로 수용하는 자세가
필요한 것 같아.

　　나 : 고마워, 현우야. 나도 너처럼 성공적으로 유학생활을 마치고 돌아왔으면 좋겠어.

(3) 가 : 강력 범죄가 줄어들기는커녕 갈수록 빈번하게 나타나고 있지 않습니까? 그러므로 사
형 제도는 반드시 유지돼야 한다고 생각합니다.

　　나 : 네, 저도 박 의원님의 의견에 동의합니다. 국민들의 여론이 대부분 사형을 찬성하는 입
장이라면 _______________ 정부도 이를 반영하여 법을 시행할 필요가 있지 않겠습
니까?

(4) 가 : 현우 씨, 이 기사 좀 보세요. 경기가 어려워지면서 '새해에는 꼭 부자 되세요.'로 새해
인사가 점점 바뀌고 있대요.

　　나 : 그래요? '새해 복 많이 받으세요.'가 대표적인 인사였던 _______________ 이는 정말
현실을 반영하고 있는 인사이긴 한데, 한편으로 생각하니 정말 씁쓸하기 짝이 없네요.

(5) 가 : 민호야, 나 이번에도 임용시험에 떨어졌어. 나에게 선생님이 되는 것은 결코 이룰 수
없는 헛된 꿈인가 봐.

　　나 : 무슨 소리야! _______________ 보면 실현되기 어려운 꿈이지만 그래도 포기하지
않고 마지막까지 최선을 다한다면 미래의 결과는 그 누구도 장담할 수 없는 것 아니겠
니?

–(으)ㄴ/는 터에

의미 앞 문장에서 어떠한 상황이나 처지를 나타내는 경우에 사용한다.

- 가 : 자야 씨, 왕홍 씨 좀 보세요. 도서관에 와서 공부는커녕 계속 잠만 자네요.
  나 : 그러게 말이에요. 지금부터 열심히 해도 시원찮은 **터에** 저렇게 잠만 자다가
  는 큰코다치고 말 거예요.

예문

(1) 기말 고사가 얼마 남지 않은 **터에** 토픽 시험까지 겹쳐서 너무 힘들어요.

(2) 성인이 되면서 친구들은 모두 도시로 떠난 **터에** 나만 홀로 고향에 남았어요.

(3) 그는 자기 앞가림도 제대로 못하는 **터에** 시도 때도 없이 남의 일에 참견한다.

(4) 가 : 오랜만에 출전하는 경기라서 부담이 많이 됐지요?
   나 : 네, 부상으로 인한 공백기간이 많**았던 터라** 부담이 되기도 했지만 즐기려고 노력했어요.

(5) 가 : 민호 씨, 오늘 회의에서 무슨 안건에 대해 토의했기에 그렇게 기분이 안 좋아 보여요?
   나 : 지금 당장 회사에 필요한 운영 자금도 턱없이 부족**한 터에** 공장 신축을 위한 계획안이
   라니 너무 터무니없지 않아요?

① '–(으)ㄴ/는 터에'는 '–(으)ㄴ/는 판국에', '–(으)ㄴ/는 판에'와 바꿔 사용할 수 있다.

   예 그는 자기 앞가림도 제대로 **못하는 터에** 시도 때도 없이 남의 일에 참견한다.
      = 그는 자기 앞가림도 제대로 **못하는 판국에** 시도 때도 없이 남의 일에 참견한다.
      = 그는 자기 앞가림도 제대로 **못하는 판에** 시도 때도 없이 남의 일에 참견한다.

② '–(으)ㄴ/는 터에'는 앞 문장에 부정적인 원인이 되는 상황이 나타나는 경우, '–(으)ㄴ/는
   터라(서)'의 형태로 사용되기도 한다. 이 경우는 '–(으)ㄴ/는 탓에', '–(으)ㄴ/는 통에', '–는
   바람에'와 바꿔 사용할 수 있다.

   예 일이 밀려서 주말에도 쉬지 못하고 **출근한 터라** 결국 지쳐버리고 말았다.
      = 일이 밀려서 주말에도 쉬지 못하고 **출근한 탓에** 결국 지쳐버리고 말았다.
      = 일이 밀려서 주말에도 쉬지 못하고 **출근한 통에** 결국 지쳐버리고 말았다.
      = 일이 밀려서 주말에도 쉬지 못하고 **출근 하는 바람에** 결국 지쳐버리고 말았다.

③ '-(으)ㄴ/는 터에'는 앞으로의 일어날 일에 대한 예정이나 추측을 나타내는 경우, '-(으)ㄹ
터이다'의 형태로 사용되기도 한다.

예 당신의 도움이 없었다면 이 일은 완벽하게 처리하지 **못했을 터입니다**.
저는 당분간 고국으로 돌아가지 **않을 터이니** 제 대신 부모님께 안부를 전해 주세요.

※　다음 보기 와 같이 '-(으)ㄴ/는 터에'를 사용하여 대화를 완성하십시오

> 보기
>
> 가 : 자야 씨, 왕훙 씨 좀 보세요. 도서관에 와서 공부는커녕 계속 잠만 자네요.
>
> 나 : 그러게나 말이에요. 지금부터 열심히 해도 <u>시원찮은 터에</u> 저렇게 잠만 자다가
> 는 큰코다치고 말 거예요.

(1) 가 : 명수야, 나는 내일 졸업식에 참석하지 않을 생각이야. 취업도 ＿＿＿＿＿＿＿＿ 졸
업식에 가서 뭐 하겠어?

　　나 : 그깟 취업이 무슨 대수라고 그래? 한 번밖에 없는 졸업식인데 나중에 후회하지 말고같
이 참석하자.

(2) 가 : 자야 씨, 요즘 왜 이렇게 힘이 없어요? 무슨 일이라도 있는 거예요?

　　나 : 네, 제출해야 할 과제들도 잔뜩 ＿＿＿＿＿＿＿＿＿ 얼마 후에는 논문 예비발표까지
있어서 마음이 통 편하지 않아서 그래요.

(3) 가 : 현우야, 너 원래부터 민호랑 알던 사이 맞지? 평소 너답지 않게 처음 만난 사람과 그렇
게 이야기를 많이 하다니 정말 놀라울 따름이야.

　　나 : 하하하, 그래? 매일 너한테 민호에 대해 이야기를 많이 ＿＿＿＿＿＿＿ 처음 만났
음에도 불구하고 전혀 어색하지 않아서 그랬어.

(4) 가 : 히로미 씨, 뭘 그리 열심히 읽고 계세요?

　　나 : 네, 제시카 씨도 이 기사 좀 보세요. 자신의 형편도 ＿＿＿＿＿＿＿ 국내외를 막론
하고 매월 5명의 아이에게 3만 원 씩 후원금을 보내고 계신 한 할머니에 대한 내용이에
요. 이러한 이야기를 들을 때마다 마음이 따뜻해지는 것 같지 않아요?

(5) 가 : 수영 씨, 왜 그렇게 피곤해 보여요? 어제 잠 못 잤어요?

　　나 : 네, 같은 방을 쓰는 친구가 남자친구와 밤새도록 전화를 ＿＿＿＿＿＿＿ 잠을 이
룰 수가 있어야지요. 글쎄, 새벽 4시까지 전화를 해 대는 거 있죠?

–(으)ㄹ 나위(가) 없다

V + (으)ㄹ 나위(가) 없다 ; 더할 나위(가) 없다, 의심할 나위(가) 없다
V + (으)ㄹ 나위(가) 없었다 ; 더할 나위(가) 없었다, 의심할 나위(가) 없었다
V + (으)ㄹ 나위(가) 없겠다 ; 더할 나위(가) 없겠다, 의심할 나위(가) 없겠다

의미　앞 문장의 행동을 더 이상 할 필요가 없거나 여지가 없다고 생각하는 경우에 사용한다.

- 가 : 민수야, 새로 이사한 집은 마음에 들어?

  나 : 응, 월세도 비싸지 않을뿐더러 교통도 편리해서 더**할 나위 없이 좋아.**

예문
(1) 웃어른 앞에서 예의 있게 행동해야 하는 것은 두말**할 나위 없이** 당연한 일이다.

(2) 선생님께서는 학생들에게 다시 설명**할 나위가 없는** 완벽한 수업을 하셨다고 한다.

(3) 인간의 수명이 연장될 수 있다는 것은 의심**할 나위 없이** 반가운 소식임에 틀림없다.

(4) 가 : 명수 씨, 어제 본 영화는 어땠어요? 명수 씨가 재미있다고 하면 저도 보려고요.

　　나 : 네, 꼭 보세요. 여주인공의 연기가 두말**할 나위 없이** 아주 좋거든요.

(5) 가 : 민호 씨가 막상 결혼을 하자고 하니 정말로 내 남편감이 맞는지 의심스러운거 있죠!

　　나 : 하나 씨, 그만하면 좋은 신랑감이니 더 생각해 **볼 나위 없이** 그냥 결혼하세요.

① '–(으)ㄹ 나위(가) 없다'는 '–(으)ㄹ 필요(가) 없다'와 바꿔 사용할 수 있다.

　예　인간 수명이 연장될 수 있다는 것은 **더할 나위가 없이** 반가운 소식임에 틀림없다.
　　　= 인간 수명이 연장될 수 있다는 것은 **더할 필요가 없이** 반가운 소식임에 틀림없다.

② '–(으)ㄹ 나위(가) 없다'는 주로 다음 동사와 함께 관용 표현으로 사용된다.

동사	표현	뜻	예문
더하다	더할 나위가 없다	가장	저는 그를 **더할 나위 없이** 좋아해요. → 저는 그를 **가장** 좋아해요.
두말하다	두말할 나위가 없다	너무 뚜렷하게 나타난 일이라 다른 말을 보탤 필요가 없음 = 당연하다	그녀는 **두말할 나위 없이** 최고의 연기력을 가진 배우이다. → 그녀가 최고의 연기력을 가지고 있는 것은 아주 **당연한** 일이다.

※ 다음 보기 와 같이 '–(으)ㄹ 나위(가) 없다'를 사용하여 대화를 완성하십시오.

> 보기
>
> 가 : 어제 뉴스에서 봤는데, 얼마 전에 한 마을에서 일어난 연쇄 강도의 용의자로 그 마을 이장이 지목되었대.
>
> 나 : 응, 나도 봤어. 사실 지금까지 밝혀진 증거들로 봤을 때, 그가 용의자로 지목된 것은 더 의심할 나위가 없는 일인 것 같아.

(1) 가 : 히로미 씨, 하늘 좀 보세요. 어쩜 저렇게 구름 한 점 없이 맑을 수가 있죠? 나들이를 가거나 가까운 공원으로 산책가기에 _______________________ 좋은 날씨인 것 같아요.

   나 : 정말이네요. 이참에 오늘 퇴근 후 회사 앞 공원으로 나가 볼까요?

(2) 가 : 현우 씨, 오늘같이 험한 날씨에도 명수 씨는 평소처럼 일찍 출근해서 업무를 시작했대요. 전 날씨를 핑계로 조금 늦게 출근해도 되지 않을까 생각했는데…. 명수 씨처럼 부지런한 사람은 세상 어디에도 없을 거예요.

   나 : 맞아요. 명수 씨가 부지런한 사람이라는 것은 _______________________.

(3) 가 : 선생님, 요즘 우리 민호가 컴퓨터 게임에만 빠져 사는 것 같아서 걱정이에요. 제가 아무리 하지 말라고 말려도 듣지 않으니 어떡하면 좋을까요?

   나 : 민호 어머니, 컴퓨터 게임은 중독성이 강하기 때문에 아이들은 _______________ _________ 쉽게 빠져들게 되어 있습니다. 그러므로 이러한 것을 방지하기 위해서는 일정한 시간을 정해 게임을 하게 해야 합니다.

(4) 가 : 이번 주만큼은 도시를 벗어나 자연을 만끽하고 싶은데, 어디 좋은 곳이 없을까요?

   나 : 음, 그럼 전라도에 있는 녹차밭이나 강원도에 있는 수목원으로 가 보세요. 그곳들은 삼림욕과 편안한 휴식을 즐기기에 _______________________ 좋은 곳이에요.

(5) 가 : 여러분, 아무리 농산물 가격이 폭등한다 해도 전자제품이나 자동차를 수출한 값으로 농산물을 수입해 먹는다면 아무런 문제가 없는 것 아니겠습니까?

   나 : 김 의원님, 방금 의원님께서 제시하신 의견은 다시 _______________________ 잘못된 것 같습니다. 이런 식으로 계속해서 농산물 가격이 오른다면 수입한 농산물로 먹을거리를 대체하는 것도 결국에는 한계에 부딪칠 수밖에 없습니다.

–기(가) 짝이 없다

A + 기(가) 짝이 없다 ; 지루하기(가) 짝이 없다, 놀랍기(가) 짝이 없다
A + 기(가) 짝이 없었다 ; 지루하기(가) 짝이 없었다, 놀랍기(가) 짝이 없었다

의미 정도나 감정이 비교할 대상이 없을 만큼 대단하거나 심할 경우에 사용한다.

- 가 : 어제 새로 개봉한 영화는 어땠어요?
  나 : 사실 기대를 많이 하고 갔는데 원작 소설보다 못해서 지루하**기 짝이 없었어요**.

예문 (1) 오랜만에 옛 고향 친구들을 만나니 정말 반갑**기가 짝이 없었다**.

(2) 잘못을 하고도 반성은 고사하고 도리어 화를 내다니 부끄럽**기가 짝이 없다**.

(3) 그는 돈이 많은 부자임에도 불구하고 불쌍한 이들을 나 몰라라 하는 인색하**기 짝이 없는** 사람이다.

(4) 가 : 수영아, 너도 어제 밤에 열린 올림픽 수영 결승전을 봤지?
  나 : 응, 처음 올림픽에 출전한 신인 선수가 우승을 하다니 정말 놀랍**기가 짝이 없지 않니?**

(5) 가 : 고령화 사회로 접어들면서 노인들의 일자리 부족이 사회 문제로 대두되고 있대요.
  나 : 그렇죠? 그러나 정부는 관심은커녕 나 몰라라 뒷짐만 지고 있으니 정말 한심 하**기가 짝이 없네요**.

① '–기(가) 짝이 없다'는 주로 구어체에서 '–기(가) 그지없다', '–기(가) 한이 없다', '–기(가) 이를 데(가) 없다'와 바꿔 사용할 수 있다.

  예 처음 올림픽에 출전한 신인 선수가 우승을 하다니 정말 **놀랍기(가) 짝이 없다**.
    = 처음 올림픽에 출전한 신인 선수가 우승을 하다니 정말 **놀랍기(가) 그지없다**.
    = 처음 올림픽에 출전한 신인 선수가 우승을 하다니 정말 **놀랍기(가) 한이 없다**.
    = 처음 올림픽에 출전한 신인 선수가 우승을 하다니 정말 **놀랍기(가) 이를 데(가) 없다**.

② '–기(가) 짝이 없다'는 긍정과 부정의 의미에서 모두 사용할 수 있다.

  예 그녀는 외모뿐만 아니라 마음 씀씀이도 **아름답기 짝이 없는** 사람이다.
    오랜만에 본 그의 얼굴은 예전과 달리 **못생기기 짝이 없게** 변해 있었다.

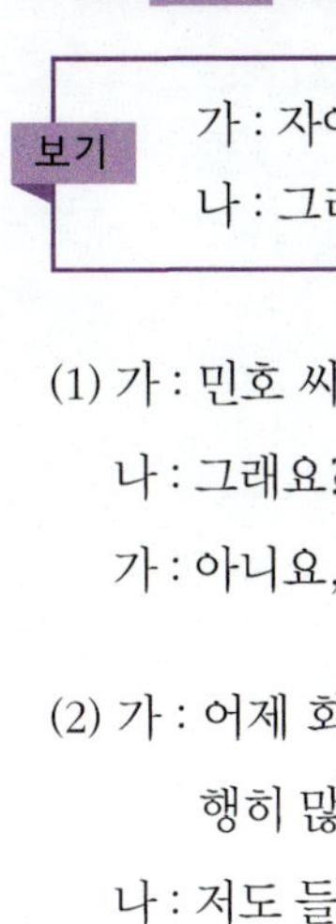

※ 다음 보기 와 같이 '-기(가) 짝이 없다'를 사용하여 대화를 완성하십시오.

> 보기
>
> 가 : 자야 씨, 한국에서의 한 달이란 긴 여정도 이제 끝이 보이네요.
> 나 : 그러게요. 벌써 내일이 여행의 마지막 날이라니 정말 <u>아쉽기가 짝이 없어요.</u>

(1) 가 : 민호 씨, 저 어제 잠시 들렀던 서점에서 우연히 10년 전 첫사랑을 만났지 뭐예요.

　　나 : 그래요? 많이 떨렸겠어요. 모습은 많이 변했던가요?

　　가 : 아니요, 10년 전 그 모습 그대로 ________________________.

(2) 가 : 어제 회사 옆 건물에서 발생한 화재 사고 말이에요. 구조대원 한 명의 희생 덕분에 다
　　　행히 많은 사람들의 목숨을 구할 수 있었대요.

　　나 : 저도 들었어요. 그 구조대원의 희생과 사랑은 정말 ________________________.

(3) 가 : 수영아, 왜 말도 없이 내 사전을 사용하는 거야? 앞으로 사전을 보려거든 꼭 말을 하고
　　　빌려가도록 해.

　　나 : 모르는 단어가 있어서 잠깐 찾아 봤기로서니 그렇게까지 화를 낼 필요는 없잖아. 고작
　　　이만한 일로 화를 내다니 정말 ________________________.

(4) 가 : 어제 자연과 동물에 관한 다큐멘터리를 봤는데 비가 내리기 전 벌들은 그것을 미리 예
　　　측하고 벌통으로 들어가고, 개미의 경우에는 떼를 지어서 자신들의 집으로 이동하더
　　　라고요.

　　나 : 그래요? 기상 변화가 있기 전 동물들도 그걸 예측할 수 있나 보네요. 자연의 신비란 참
　　　으로 ________________________.

(5) 가 : 왕홍 씨, 오늘부터 학교에서 외국인 유학생을 대상으로 장학금 신청을 받던데, 우리 같
　　　이 신청하러 가 볼래요?

　　나 : 안 그래도 제가 학교 홈페이지에서 그에 관련된 자료를 찾아 봤는데 신청 자격이 전 과
　　　목 평점 A학점 이상의 성적에다가 총 유학 기간은 2년 미만, 또 뭐가 있더라? 어쨌든 자
　　　격 조건이 ________________________ 저는 안 될 것 같더라고요.

01~05 (   )에 알맞은 말을 고르십시오.

01

경주는 외국인들이 한국의 역사와 전통 문화를 경험하기에 (   ) 좋은 곳이다.

① 더할 바 없는
② 더하기 나름인
③ 더하고도 남을
④ 더할 나위 없이

02

의학의 발달로 인해 인간의 수명이 연장되고 있다는 것은 (   ).

① 의심할 따름이다
② 의심할 모양이다
③ 의심할 겨를이 없다
④ 의심할 여지가 없다

03

대통령 선거 후보자들은 (   ) 5세 이하 아동의 무상 보육에 대한 정책을 내 놓고 있다.

① 여야를 무릅쓰고
② 여야를 고사하고
③ 여야를 막론하고
④ 여야를 비롯해서

04

위인들의 (   ) 실패가 없는 성공은 결코 있을 리가 없는 것 같다.

① 삶으로 하여금
② 삶으로 말미암아
③ 삶에도 불구하고
④ 삶에 비추어 볼 때

05

연구원들은 새로 맡게 된 실험에만 몰두한 나머지 주위를 둘러 (   ).

① 보고도 남았다
② 볼 여지가 없었다
③ 볼 겨를이 없었다
④ 보기 이를 데 없었다

06

자기 앞가림도 제대로 <u>못하는 판에</u> 시도 때도 없이 남의 일에 참견하다가는 망신만 당하기 마련이다.

① 못하는 이상　　　　　　　　② 못하는 대로
③ 못하는 터에　　　　　　　　④ 못하는 까닭에

07

불법 선거운동을 하고도 반성을 하지 않는 정치인을 보니 정말 <u>한심하기 짝이 없군요.</u>

① 한심하기 그지 없군요　　　　② 한심하기 십상이군요
③ 한심할 나위가 없군요　　　　④ 한심하겠거니 하군요

08

지난 해 여름에 <u>사기가 무섭게</u> 고장이 났던 에어컨을 오늘에서야 수리를 마쳤다.

① 사자마자　　　　　　　　　　② 사고서야
③ 사던 차에　　　　　　　　　　④ 사기라도 하듯

09

나는 상대방의 조언이나 충고를 <u>듣는 사이에</u> 풀지 못했던 고민이 해결되곤 한다.

① 듣던 차에　　　　　　　　　　② 듣는 가운데
③ 듣는가 하면　　　　　　　　　④ 들으면 몰라도

10

그는 사람들과 잘 어울리지 못하고 항상 혼자서만 <u>있으려 하는</u> 사람인 듯하다.

① 있을까 싶은　　　　　　　　　② 있으려 드는
③ 있기에 망정인　　　　　　　　④ 있을 턱이 없는

11~12 다음 글을 읽고 물음에 답하십시오.

리셋 증후근이란, 컴퓨터가 제대로 작동하지 않을 때 재빨리 리셋(Reset)버튼을 누르면 시스템이 다시 살아나는 것처럼, 현실 세계에서도 이것을 동일하게 적용할 수 있다고 착각하는 증상을 말한다. 그렇기 때문에 이 증후근에 걸린 사람들은 남녀노소 ㉠누구를 막론하고 현실 상황에서 잘못을 저지르거나 실수를 해도 리셋버튼만 누르면 해결될 수 있다고 생각하고 행동하게 된다. 즉, 지금까지 진행해 놓은 일을 마음에 들지 않는다는 핑계로 쉽게 포기 ㉡(   ) 자기 마음에 들지 않는 행동을 하는 사람과의 관계를 쉽게 끊어 버리고 다른 사람과 새로운 관계를 맺고자 하는 것이다.

11 ㉠과 바꾸어 쓸 수 있는 것을 고르십시오.

① 누구를 불문하고　　　　　　② 누구를 무릅쓰고
③ 누구는 차치하고　　　　　　④ 누구는 둘째치고

12 ㉡에 알맞은 것을 고르십시오.

① 할지언정　　　　　　② 할까 싶어
③ 하려 들거나　　　　　　④ 하기에 망정이지

13~15 다음 글을 읽고 물음에 답하십시오.

1968년 미국의 심리학자 로젠탈 교수는 샌프란시스코의 한 초등학교 전교생을 대상으로 지능 검사를 실시하였고, 검사의 결과와 상관없이 각 반에서 20% 정도의 학생들을 무작위로 선발한 뒤, 교사들에게 이들은 지적 능력과 학업의 성취가 ㉠(　　　) 우수한 학생들이므로 특별한 기대를 가지고 관심을 둘 것을 당부하였다. 8개월이 지난 후, 로젠탈 교수는 학생들에게 이전과 동일한 지능 검사를 받게끔 하였는데 그 결과 8개월 전 무작위로 선발된 학생들의 결과가 나머지 학생들보다 훨씬 높게 나왔음을 확인할 수 있었다.

이러한 검사의 ㉡(　　　)교사의 기대와 격려가 학생들의 성적 향상에 중요한 요인으로 작용하며 실제로도 큰 영향을 미친다는 것을 입증할 수 있는데, 이처럼 누군가에 대한 사람들의 기대나 신뢰가 그 대상에게 직접적으로 영향을 미쳐서 자신들도 ㉢<u>모르는 사이에</u> 기대하는 것과 똑같이 실현되는 현상을 '피그말리온 효과'라고 한다.

13 ㉠에 알맞은 것을 고르십시오.

① 두말할 법도 한　　　　　　　② 두말하기 나름인
③ 두말하겠거니 한　　　　　　　④ 두말할 나위 없이

14 ㉡에 알맞은 것을 고르십시오.

① 결과로 하여금　　　　　　　　② 결과를 비롯하여
③ 결과에도 불구하고　　　　　　④ 결과에 비추어 보면

15 ㉢과 바꾸어 쓸 수 있는 것을 고르십시오.

① 모르던 차에　　　　　　　　　② 모르는 이상
③ 모르는 가운데　　　　　　　　④ 모르는 나머지

속담

ㅅ

• 소 잃고 외양간 고친다

가 : 태풍 때문에 무너진 곳을 다시 수리해야 해요.

나 : 다음부터는 소 잃고 외양간 고치지 않도록 비가 오기 전에 미리 대비하세요.

• 순풍에 돛을 단 배

뮤지컬 '소나기'의 성공은 순풍에 돛을 단 배처럼 국내에서뿐만 아니라 해외에서도 계속 이어지고 있다.

ㅇ

• 우물을 파도 한 우물만 파라

이제 한 우물만 파는 전문가의 시대는 지나고 학문 간의 경계를 자유로이 넘나들며 소통할 수 있는 인재를 요구하는 시대가 찾아왔다.

• 원숭이도 나무에서 떨어진다

가 : 오늘 한국어시험 너무 못 친 것 같아

나 : 원숭이도 나무에서 떨어진다고 아무리 한국어에 자신이 있어도 꾸준히 공부를 했어야지.

• 입에 쓴 약이 몸에 좋다

지금 당장은 주위 사람들의 충고가 듣기 싫겠지만 입에 쓴 약이 몸에 좋다고 나중에 분병히 큰 도움이 될 것이니 불평하지 마세요.

ㅈ

• 지성이면 감천

지성이면 감천이라고 그는 5년간 음악에만 몰두하면서 훌륭한 작품을 많이 발표했고, 드디어 여러 음악가들에 의해 작품성을 인정 받기 시작했다.

ㅊ

• 친구 따라 강남 간다

가 : 친한 친구가 이 회사에서 일하고 있어서 저도 여기에 지원하게 됐습니다.

나 : 친구 따라 강남 간다더니 정말로 놀랍네요!

ㅌ

• 티끌 모아 태산

가 : 한 달에 만원씩 모아서 이번 휴가 때는 꼭 해외여행을 가려고요.

나 : 네. 티끌 모아 태산이라고는 하지만 한 달에 만 원씩은 너무 적은 것 같지 않아요?

ㅎ

• 하늘은 스스로 돕는 자를 돕는다

그는 하늘은 스스로 돕는 자를 돕는다는 말처럼 온갖 어려움에도 포기하지 않고 최선을 다한 결과 마침내 올림픽에서 금메달을 목에 걸었다.

연습문제 정답
실전문제 정답

Ⅰ 이거 모르면 떨어진다. (최다빈도)

【 -(으)련마는 】

(1) 오르면 좋으련마는
(2) 합격하면 좋으련마는
(3) 가련마는
(4) 찾으면 좋으련마는
(5) 있으랴마는(있겠냐마는)

【 -ㄴ/는다 한들 】

(1) 마사지를 받는다 한들
(2) 월급이 인상된다 한들
(3) 노력한다 한들
(4) 갔었다 한들
(5) 반값 등록금제도가 시행된다 한들

【 -거니와 】

(1) 성격이 밝거니와
(2) 당연히 떠오르거니와
(3) 절약하거니와
(4) 무겁거니와
(5) 비싸거니와

【 -(으)ㄹ 바에 】

(1) 수리를 할 바에
(2) 살 바에
(3) 취업을 못 할 바에
(4) 먹일 바에
(5) 직접 만날 바에

【 -느니 】

(1) 하느니
(2) 청탁을 하느니
(3) 도망치느니
(4) 후회하느니
(5) 채식과 소식을 하느니

【 -뿐더러 】

(1) 한국어도 잘할뿐더러
(2) 게으를뿐더러
(3) 생기를 되찾게 할뿐더러
(4) 출산율이 저하될뿐더러
(5) 환경을 보호할뿐더러

【 -기로서니 】

(1) 자녀가 잘 되기를 바라기로서니
(2) 출장이 많기로서니
(3) 불만을 품었기로서니
(4) 시험에 떨어졌기로서니
(5) 헤어졌기로서니

【 -(으)ㄹ라치면 】

(1) 잘라치면
(2) 여행을 갈라치면
(3) 살라치면
(4) 볼라치면
(5) 팔라치면

【 -(으)ㅁ에도 불구하고 】

(1) 비쌈에도 불구하고
(2) 반대함에도 불구하고
(3) 있음에도 불구하고
(4) 높음에도 불구하고
(5) 내렸음에도 불구하고
　　올렸음에도 불구하고

【 -던 차에 】

(1) 잠이 들려고 하던 차에
(2) 구하려던 차에
(3) 고르던 차에
(4) 고민하던 차에
(5) 생각하던 차에

【 -고서야 】

(1) 이해하고서야
(2) 기름때를 닦고서야
(3) 일을 하고서야
(4) 떨어지고서야
(5) 그렇지 않고서야

【 -다시피하다 】

(1) 살다시피 하고 있어요
(2) 밤을 새우다시피 해서
(3) 굶다시피 해서
(4) 애원하다시피 해서
(5) 살다시피 해서

【 -ㄴ/는다면야 】

(1) 있다면야
(2) 많다면야
(3) 구한다면야
(4) 절약할 수 있다면야
(5) 적다면야

【 -게끔 】

(1) 반하게끔
(2) 참석하게끔
(3) 하게끔
(4) 해결하게끔
(5) 취직할 수 있게끔
　　일할 수 있게끔

【 -(으)면 몰라도 】

01
(1) 부족하면 몰라도
(2) 선수라면 몰라도
(3) 추가되었으면 몰라도
(4) 충분하면 몰라도
(5) 전문가면 몰라도

02
(1)　① 예산이 충분할 경우에만 당장　장애인을 위한 복지
　　　정책이 확대될 것이다.
　　② 예산이 충분하다 해도 당장은 장애인을 위한 복지 정
　　　책이 확대되지 않을 것이다.

(2)　① 새로운 기능이 추가되었을 경우에만 이 휴대폰을 살
　　　거예요.
　　② 새로운 기능이 추가되었다 해도 이 휴대폰을 사지 않
　　　을 거예요.

(3)　① 현우만이 이런 어려운 상황에서 포기하지 않을 거예요.
　　② 현우라고 해도 이런 어려운 상황에서는 포기할 거예요.

【 -(으)ㄴ/는 것일지라도 】

(1) 흥행하는 것일지라도
(2) 해결하기 어려운 것일지라도
(3) 드는 것일지라도
(4) 좋은 것일지라도
(5) 적성에 맞지 않는 것일지라도

【 –는 듯(이) 】

(1) 있는 듯(이)
(2) 자는 듯(이) 마는 듯(이)
(3) 만난 듯(이)
(4) 않은 듯(이)
(5) 위하는 듯(이)

【 –(으)ㄹ지언정 】

(1) 명성이 있는 의사일지언정
(2) 예쁠지언정
(3) 맛집일지언정
(4) 대통령 후보일지언정
(5) 부도가 날지언정

【 –다(가) 보니 】

(1) 취업이 안 되다(가) 보니
(2) 살다(가) 보니
(3) 있다(가) 보니
(4) 출산과 육아의 부담이 있다(가) 보니
(5) 듣다(가) 보니

【 –(으)ㄹ망정 】

(1) 바쁠망정
(2) 사과는 못할망정
(3) 낡았을망정
(4) 못 남길망정
(5) 투자에 적극적이지 못 할망정

【 –은/는 고사하고 】

(1) 여행은 고사하고
(2) 결혼 준비는 고사하고
(3) 인정하기는 고사하고
(4) 줄어들기는 고사하고
(5) 운동은 고사하고

【 –건마는 】

(1) 말했건마는
(2) 오르건마는
(3) 일했건마는
(4) 기여했건마는
(5) 많았던 아이였건마는

【 –다 못해 】

(1) 참다 못해
(2) 견디다 못해
(3) 보다 못해
(4) 맵다 못해
(5) 참다 못해

【 –은/는커녕 】

(1) 결혼은커녕
(2) 경기는커녕
(3) 도착하기는커녕
(4) 여행은커녕
(5) 늘어나기는커녕

II 이거 모르면 불안하다. (고빈도)

【 –(으)려니 해도 】

(1) 신으려니 해도
(2) 도착하려니 해도
(3) 회복되려니 해도
(4) 풀리려니 해도
(5) 모르겠으려니

【 ‒(으)ㄴ/는 이상 】

(1) 없는 이상

(2) 참가한 이상

(3) 사인을 한 이상, 동의한 이상

(4) 마음을 먹은 이상

(5) 전문가인 이상

【 ‒(으)ㄹ세라 】

(1) 다 팔릴세라

(2) 말을 걸세라

(3) 뒤처질세라

(4) 놓칠세라

(5) 들을세라

【 ‒느니만큼 】

(1) 만들었으니만큼

(2) 있느니만큼

(3) 저렴하니만큼

(4) 늘어나고 있느니만큼

(5) 행사이니만큼

【 ‒(으)ㄹ진대 】

(1) 중요하게 생각할진대

(2) 권리일진대

(3) 당연할진대

(4) 자리일진대

(5) 노력이 있었을진대

【 ‒다기보다(는) 】

(1) 시작한다기보다(는)

(2) 많다기보다(는)

(3) 음식을 먹는다기보다(는)

(4) 걸린다기보다(는)

(5) 잘 그린다기보다(는)

【 ‒(으)ㄹ 법하다 】

(1) 만족할 법한데

(2) 지칠 법한데

(3) 많을 법한데

(4) 포기할 법한데

(5) 이해해 주실 법한데

【 ‒(으)ㄹ 리가 만무하다 】

(1) 퇴출당할 리가 만무해요

(2) 당첨될 리가 만무해요

(3) 저질렀을 리가 만무해요

(4) 지켜질 리가 만무해요

(5) 잘 할 리가 만무해요

【 ‒(으)ㅁ으로써 】

(1) 직업을 선택함으로써

(2) 보조금을 지급함으로써

(3) 대중교통을 이용함으로써

(4) 휴대용품을 사용함으로써

(5) 엔화가 급증함으로써

【 ‒기에 망정이지 】

(1) 숙소에 있었기에 망정이지

(2) 미리 사 놨기에 망정이지

(3) USB에 보관했으니 망정이지

(4) 비치해 놨기에 망정이지

(5) 두었기에 망정이지

【 ‒(으)ㄴ 나머지 】

(1) 놀란 나머지, 슬픈나머지

(2) 산 나머지

(3) 복잡한 나머지

(4) 추운 나머지

(5) 사용한 나머지

【 -ㄴ/는답시고 】

(1) 한답시고
(2) 도와준답시고
(3) 지운답시고
(4) 늘린답시고
(5) 공부를 한답시고

【 -기에 】

(1) 오르고 있기에
(2) 사랑하기에
(3) 듣는다기에
(4) 나쁘다기에
(5) 존재했었기에

【 -기 나름이다 】

(1) 쓰기 나름이니(까)
(2) 자기가 하기 나름이니(까)
(3) 준비하기 나름이야
(4) 생각하기 나름이야
(5) 이해하기 나름이야(생각하기 나름이야)

【 -(으)ㄴ/는가 하면 】

(1) 참여하는가 하면
(2) 다쳤는가 하면
(3) 있는가 하면
(4) 배우는가 하면
(5) 주는가 하면

【 -건 말건(간에) 】

(1) 뭐라고 하건 말건(간에)
(2) 받건 말건(간에)
(3) 잘 하건 말건(간에)
(4) 하건 말건(간에)
(5) 오르고 있건 말건(간에)

【 -는 한 】

(1) 잃는 한
(2) 좋지 않은 한
(3) 가능한 한(될 수 있는 한)
(4) 노력하는 한
(5) 사용하는 한

【 -는 양 】

(1) 보이는 양
(2) 사실인 양
(3) 여행을 가는 양
(4) 주인인 양
(5) 좋은 사람인 양

【 -(으)ㅁ으로 말미암아 】

(1) 나빠짐으로 말미암아
(2) 잘못으로 말미암아
(3) 고통으로 말미암아
(4) 통과되지 못함으로 말미암아
(5) 부상으로 말미암아

【 -(으)ㄹ 대로 】

(1) 나빠질 대로 나빠져서
(2) 낡을 대로 낡았더라고
(3) 썩을 대로 썩은
(4) 삭막해질 대로 삭막해진
(5) 될 대로

【 -자니 】

(1) 결혼하자니
(2) 보내자니
(3) 해임하자니
(4) 보내자니
(5) 정리하자니

【 -(으)ㄹ 턱이 없다 】

(1) 알 턱이 없잖아
(2) 괜찮을 턱이 없지요
(3) 했을 턱이 없잖아
(4) 해가 없을 턱이 없지요
(5) 모을 턱이 없잖아

【 -(으)리만치 】

(1) 신기하리만치
(2) 말할 수 없으리만치
(3) 예상할 수 없으리만치
(4) 이상하리만치
(5) 놀라우리만치

【 -기 십상이다 】

(1) 살이 찌기 십상이니
(2) 생각하기 십상이지만
(3) 건조해지기 십상이니(까)
(4) 오르기 십상이니(까)
(5) 실패하기 십상이니(까)

【 -거들랑 】

(1) 춥거들랑
(2) 있거들랑
(3) 다 못하거들랑
(4) 화가 나거들랑
(5) 있거들랑

【 -(으)ㄹ까 싶어(서) 】

(1) 우승할까 싶어(서)
(2) 도움이 될까 싶어(서)
(3) 살이 찔까 싶어(서)
(4) 밀릴까 싶어(서)
(5) 미칠까 싶어(서)

【 -(으)ㄴ/는 탓에 】

(1) 가려 먹은 탓에
(2) 긴장한 탓에
(3) 커피를 많이 마신 탓으로
(4) 출발한 탓에
(5) 줄어든 탓이라고

【 -ㄴ/는다손 치더라도 】

(1) 영화라손 치더라도
(2) 어리다손 치더라도
(3) 샌다손 치더라도
(4) 바쁘다손 치더라도
(5) 빠르다손 치더라도

【 -(으)ㄴ/는/(으)ㄹ 판이다 】

(1) 그만두는 판에
(2) 먹을 판이에요
(3) 시작해야 할 판이에요
(4) 나가는 판에
(5) 넘어갈 판에

【 -노라면 】

(1) 내려 보노라면
(2) 보노라면
(3) 타노라면
(4) 하노라면
(5) 먹노라면

【 -고서 】

(1) 예약하고서
(2) 무더위가 지나고서
(3) 걸리고서
(4) 졸업하고서
(5) 내고서

【 -ㄴ/는다거나 】

(1) 여자친구라거나
(2) 선생님이 되고 싶다거나
(3) 무섭다거나
(4) 경찰이라거나
(5) 화를 낸다거나

【 -아/어 봤자 】

(1) 고쳐봤자
(2) 먹어 봤자
(3) 신문에 내 봤자
(4) 지원해 봤자
(5) 사용해 봤자

【 -거든 】

(1) 옷이 작거든
(2) 살을 빼려거든
(3) 배우려거든
(4) 빛내려거든
(5) 생각하거든

【 -(으)ㄴ/는 셈 치다 】

(1) 운동한 셈 칠게요
(2) 낸 셈 칠 테니까
(3) 경험이 없는 셈 치고는
(4) 쌓은 셈 치려고요
(5) 없는 셈 치고

【 -(으)ㄴ/는 한편 】

(1) 찾는 한편
(2) 포기하는 한편
(3) 규제하는 한편
(4) 느껴졌던 한편
(5) 외부적인 문제가 있는 한편

【 -건대 】

(1) 추측하건대
(2) 바라건대
(3) 보건대
(4) 생각하건대
(5) 추측하건대

【 -(으)ㄴ즉 】

(1) 들어본즉
(2) 이유인즉
(3) 던지고 본즉
(4) 줄인즉
(5) 앞장선즉

【 -(으)ㄴ/는바 】

(1) 풍부한바
(2) 아는 바와 같이
(3) 뽑힌바
(4) 찾아 본바
(5) 보시는 바와 같이

【 -기(가) 일쑤이다 】

(1) 되기(가) 일쑤예요
(2) 잊어버리기(가) 일쑤예요
(3) 화내기(가) 일쑤잖아요
(4) 놓치기(가) 일쑤이다
(5) 돌리기(가) 일쑤잖아요

【 -고도 】

(1) 예약하고도
(2) 먹고도
(3) 기쁘고도
(4) 세금을 내고도
(5) 졸업하고도

Ⅲ. 이것도 알면 고득점 (저빈도)

【 -거늘 】

(1) 중요하거늘
(2) 키워야 하거늘
(3) 할 수 있거늘
(4) 아끼고 사랑하거늘
(5) 조언을 했거늘

【 -(으)ㄴ/는 마당에 】

(1) 없는 마당에
(2) 무산된 마당에
(3) 많은 마당에
(4) 짧은 마당에
(5) 없는 마당에

【 -는 둥 마는 둥 】

(1) 밥을 먹는 둥 마는 둥
(2) 듣는 둥 마는 둥
(3) 인사를 하는 둥 마는 둥
(4) 하는 둥 마는 둥
(5) 공부를 하는 둥 마는 둥

【 -을/를 무릅쓰고 】

(1) 어려운 상황을 무릅쓰고
(2) 강추위를 무릅쓰고
(3) 부모님의 반대를 무릅쓰고
(4) 비난을 무릅쓰고
(5) 생사를 무릅쓰고

【 -은/는 차치하고(차치하더라도) 】

(1) 행동은 차치하고
(2) 폭행사건은 차치하고
(3) 성실함은 차치하고
(4) 연기력은 차치하고
(5) 문학적 미는 차치하고

【 -고자 】

(1) 주고자
(2) 우승하고자
(3) 분위기를 바꾸고자
(4) 기념하고자
(5) 휴학을 하고자

【 -(으)ㄹ 따름이다 】

(1) 놀라울 따름이네요
(2) 놀렸을 따름인데
(3) 신기할 따름이네요
(4) 미안할 따름입니다
(5) 안타까울 따름이에요

【 -(으)ㄴ/는/(으)ㄹ 성싶다 】

(1) 좋아할 성싶었어
(2) 못 갈 성싶어
(3) 문제없을 성싶어
(4) 좋을 성싶어요
(5) 않을 성싶어서요

【 -(으)면 그만이다 】

(1) 빌려주면 그만이지
(2) 축구라면 그만이에요
(3) 아니면 그만이야
(4) 거절하면 그만이에요
(5) 있으면 그만이에요

【 -ㄴ/는댔자 】

(1) 좋댔자
(2) 빠진댔자
(3) 비싸댔자
(4) 가린댔자
(5) 올린댔자

【 -(으)리라 】

(1) 오르리라
(2) 가보리라
(3) 커지리라
(4) 있으리라
(5) 되리라

【 -아/어서인지 】

(1) 나빠서인지
(2) 작업을 해서인지
(3) 마셔서인지
(4) 불편해서인지
(5) 마련하지 못 해서인지

【 -(으)ㄹ지니 】

(1) 있을지니
(2) 뜰지니
(3) 말은 아닐지니
(4) 부담이 될지니
(5) 때가 있을지니

【 -(으)ㄴ/는 까닭에 】

(1) 떨어진 까닭에
(2) 먹은 까닭에
(3) 성격인 까닭에
(4) 오른 까닭에
(5) 수영선수인 까닭에

【 -(으)로 하여금 】

(1) 국민들로 하여금
(2) 인간으로 하여금
(3) 다른 사람으로 하여금
(4) 저로 하여금
(5) 시청자로 하여금

【 -자면 】

(1) 마치자면
(2) 보자면
(3) 협상을 하자면
(4) 해소하자면
(5) 이기자면

【 -(으)로 미루어 】

(1) 실력으로 미루어 보면
(2) 편지의 내용으로 미루어
(3) 제 경험으로
(4) 사실로 미루어 보면
(5) 확산되고 있는 것으로 미루어

【 -을/를 비롯해(서) 】

(1) 소질을 비롯해(서)
(2) 기업을 비롯해(서)
(3) 불규칙적인 식사습관을 비롯해(서)
(4) 임금 문제를 비롯해(서)
(5) 서울말을 비롯해(서)

【 -되 】

(1) 토론수업을 하되
(2) 미워하되
(3) 논의가 필요하되
(4) 성형수술을 하되
(5) 게임을 하게하되

【 -겠거니 】

(1) 누군가 하겠거니 하고
(2) 성인이겠거니 하고
(3) 춥겠거니 하고
(4) 모였겠거니 했는데
(5) 할 수 있겠거니 하고

【 -(으)ㅁ직하다 / -(으)ㅁ 직하다】

(1) 먹음직하네요

(2) 큼직하네요

(3) 믿음직하네요

(4) 넘어감 직한데

(5) 바람직한

【 -기(가) 그지없다 】

(1) 지루하기(가) 그지 없었어

(2) 자랑스럽기(가) 그지 없어

(3) 아름답기(가) 그지 없었어

(4) 매력적이기(가) 그지 없었어

(5) 놀랍기(가) 그지 없네요

【 -기(가) 이를 데 없다 】

(1) 기쁘기(가) 이를 데 없네요

(2) 비싸기(가) 이를 데 없네요

(3) 나쁘기(가) 이를 데 없고

(4) 편리하기(가) 이를 데 없어

(5) 답답하기(가) 이를 데 없어요

【 -기(가) 무섭게 】

(1) 열리기가 무섭게

(2) 끝나기가 무섭게

(3) 사기가 무섭게

(4) 오기가 무섭게

(5) 받기가 무섭게

【 -(으)ㄴ/는 가운데 】

(1) 어려운 (생활) 가운데

(2) 지켜보는 가운데

(3) 힘든 가운데/어려운 가운데

(4) 심해지는 가운데

(5) 줄어드는 가운데

【 -을/를 막론하고 】

(1) 장소와 시간을 막론하고

(2) 이유를 막론하고

(3) 동서고금을 막론하고

(4) 여야를 막론하고

(5) 고하를 막론하고

【 -건 간에 】

(1) 어떻건 간에

(2) 무엇이건 간에/ 어떻건 간에

(3) 어디이건 간에

(4) 무엇이건 간에

(5) 어떻건 간에

【 -(으)ㄹ 겨를이 없다 】

(1) 갈 겨를도 없이

(2) 쉴 겨를도 없이

(3) 신을 겨를도 없이

(4) 기뻐할 겨를도 없이

(5) 심심할 겨를도 없을 거예요

【 -(으)ㄹ 여지가 없다 】

(1) 의심할 여지가 없이

(2) 논할 여지가 없는 것 같아요

(3) 의심할 여지가 없는 논할

(4) 의심할 여지가 없는

(5) 통일할 여지가 없다고

【 -(으)려고 들다 】

(1) 찾으려고 들면

(2) 퇴근하려고 들면

(3) 공부를 하려고 들면

(4) 추월하려고 들어서

(5) 싸우려고 드니

【 －에 비추어 】

(1) 상황에 비추어
(2) 경험에 비추어
(3) 국민의 의견에 비추어
(4) 과거에 비추어 보면
(5) 지금 상황에 비추어 보면

【 －(으)ㄴ/는 터에 】

(1) 못 한 터에
(2) 밀려 있는 터에
(3) 들은 터라
(4) 어려운 터에
(5) 해 대는 터에

【 －(으)ㄹ 나위(가) 없다 】

(1) 더할 나위(가) 없이
(2) 의심할 나위(가) 없지요
(3) 두말할 나위(가) 없이
(4) 더할 나위(가) 없이
(5) 생각해 볼 나위(가) 없이

【 －(기)가 짝이 없다 】

(1) 예쁘기(가) 짝이 없었어요
(2) 따뜻하기(가) 짝이 없네요
(3) 한심하기(가) 짝이 없구나
(4) 신기하기(가) 짝이 없네요
(5) 까다롭기(가) 짝이 없어서

I 이거 모르면 떨어진다. (최다빈도)

p 43

01 ③	02 ④	03 ①	04 ③
05 ④	06 ③	07 ④	08 ④
09 ①	10 ④	11 ③	12 ④
13 ①	14 ④	15 ①	16 ②
17 ①	18 ③	19 ③	20 ③
21 ①	22 ④		

p 77

01 ①	02 ④	03 ④	04 ①
05 ①	06 ①	07 ①	08 ④
09 ①	10 ②	11 ④	12 ④
13 ②	14 ③	15 ①	16 ④
17 ②	18 ④	19 ①	21 ①

II 이거 모르면 불안하다. (고빈도)

p 113

01 ③	02 ①	03 ④	04 ①
05 ④	06 ②	07 ④	08 ②
09 ①	10 ④	11 ②	12 ④
13 ①	14 ①	15 ②	16 ①
17 ①	18 ②	19 ①	20 ②

p 150

01 ④	02 ①	03 ①	04 ②
05 ④	06 ②	07 ②	08 ①
09 ④	10 ④	11 ④	12 ②
13 ①	14 ②	15 ④	16 ②

17 ④	18 ②	19 ①	20 ④
21 ②	22 ②	23 ③	24 ③

p 183

01 ②	02 ③	03 ①	04 ③
05 ③	06 ②	07 ①	08 ①
09 ①	10 ①	11 ③	12 ③
13 ①	14 ④	15 ①	16 ②
17 ③	18 ①	19 ③	20 ③
21 ②	22 ③	23 ③	

III. 이것도 알면 고득점 (저빈도)

p 208

01 ①	02 ④	03 ④	04 ④
05 ③	06 ①	07 ①	08 ①
09 ④	10 ③	11 ①	12 ①
13 ①	14 ①	15 ③	16 ①

p 244

01 ②	02 ①	03 ①	04 ④
05 ②	06 ②	07 ③	08 ②
09 ④	10 ②	11 ③	12 ④
13 ①	14 ④	15 ①	16 ②
17 ①	18 ③	19 ④	20 ③

p 274

01 ④	02 ④	03 ③	04 ④
05 ③	06 ③	07 ①	08 ①
09 ②	10 ②	11 ①	12 ③
13 ④	14 ④	15 ③	

색인

ㄱ

-거늘 190
-거니와 18
-거든 163
-거들랑 144
-건 (간에) 255
-건 말건(간에) 120
-건대 170
-건마는 70
-게끔 48
-겠거니 235
-고도 180
-고서 156
-고서야 37
-고자 200
-기 나름이다 111
-기 십상이다 134
-기(가) 그지없다 240
-기(가) 무섭게 249
-기(가) 이를 데 없다 242
-기(가) 일쑤이다 178
-기(가) 짝이 없다 272
-기로서니 28
-기에 108
-기에 망정이지 102

ㄴ

-ㄴ/는다 한들 15

-ㄴ/는다거나 159
-ㄴ/는다기보다(는) 94
-ㄴ/는다면야 41
-ㄴ/는다손 치더라도 138
-ㄴ/는답시고 106
-ㄴ/는댔자 212
-노라면 140
-느니 24
-느니만큼 90
-는 둥 마는 둥 194
-는 듯(이) 57
-는 양 124
-는 한 122
-(으)ㄴ/는 한편 168

ㄷ

-다 못해 72
-다(가) 보니 62
-다시피 하다 39
-던 차에 35
-되 233

ㅇ

-아/어 봤자 161
-아/어서인지 218
-에 비추어 265
-(으)ㄴ 나머지 104

-(으)ㄴ/는 가운데 251

-(으)ㄴ/는 것일지라도 54

-(으)ㄴ/는 까닭에 222

-(으)ㄴ/는 마당에 192

-(으)ㄴ/는 바 176

-(으)ㄴ/는 셈치다 166

-(으)ㄴ/는 이상 86

-(으)ㄴ/는 탓에 146

-(으)ㄴ/는 터에 267

-(으)ㄴ/는/(으)ㄹ 판이다 148

-(으)ㄴ/는가 하면 118

-(으)ㄴ즉 173

-(으)ㄹ 겨를이 없다 258

-(으)ㄹ 나위(가) 없다 270

-(으)ㄹ 대로 128

-(으)ㄹ 따름이다 202

-(으)ㄹ 리가 만무하다 98

-(으)ㄹ 바에 21

-(으)ㄹ 법하다 96

-(으)ㄹ 성싶다 204

-(으)ㄹ 세라 88

-(으)ㄹ 여지가 없다 260

-(으)ㄹ 턱이 없다 132

-(으)ㄹ까 싶어(서) 136

-(으)ㄹ라치면 31

-(으)ㄹ망정 64

-(으)ㄹ뿐더러 26

-(으)ㄹ지니 220

-(으)ㄹ지언정 60

-(으)ㄹ진대 92

-(으)려고 들다 262

-(으)려니 해도 84

-(으)련마는 12

-(으)로 미루어 229

-(으)로 하여금 224

-(으)리라 215

-(으)리만치 142

-(으)ㅁ에도 불구하고 33

-(으)ㅁ으로 말미암아 126

-(으)ㅁ으로써 100

-(으)ㅁ직하다/-(으)ㅁ 직하다 237

-(으)면 그만이다 206

-(으)면 몰라도 50

-은/는 고사하고 67

-은/는 차치하고(차치하더라도) 198

-은/는커녕 74

-을/를 막론하고 253

-을/를 무릅쓰고 196

-을/를 비롯해(서) 231

-자니 130

-자면 226

빈도별 토픽 문법 (고급)